EDUCAÇÃO EM DIREITOS HUMANOS
A LUTA PELO RECONHECIMENTO DA DIVERSIDADE NA ESCOLA PÚBLICA

Editora Appris Ltda.
1.ª Edição - Copyright© 2025 do autor
Direitos de Edição Reservados à Editora Appris Ltda.

Nenhuma parte desta obra poderá ser utilizada indevidamente, sem estar de acordo com a Lei nº 9.610/98. Se incorreções forem encontradas, serão de exclusiva responsabilidade de seus organizadores. Foi realizado o Depósito Legal na Fundação Biblioteca Nacional, de acordo com as Leis nos 10.994, de 14/12/2004, e 12.192, de 14/01/2010.

Catalogação na Fonte
Elaborado por: Dayanne Leal Souza
Bibliotecária CRB 9/2162

S586e
2025

Silva, Itamar Nunes da
　　Educação em direitos humanos: a luta pelo reconhecimento da diversidade na escola pública / Itamar Nunes da Silva. – 1. ed. – Curitiba: Appris, 2025.
　　255 p. ; 23 cm. – (Coleção Educação e Direitos Humanos. Diversidade de Gênero, Sexual e Étnico-Racial).

　　Inclui referências.
　　ISBN 978-65-250-7511-2

　　1. Direitos humanos. 2. Diversidade. 3. Democracia. I. Silva, Itamar Nunes da. II. Título. III. Série.

CDD – 323

Livro de acordo com a normalização técnica da ABNT

Appris editorial

Editora e Livraria Appris Ltda.
Av. Manoel Ribas, 2265 – Mercês
Curitiba/PR – CEP: 80810-002
Tel. (41) 3156 - 4731
www.editoraappris.com.br

Printed in Brazil
Impresso no Brasil

Itamar Nunes da Silva

EDUCAÇÃO EM DIREITOS HUMANOS
A LUTA PELO RECONHECIMENTO DA DIVERSIDADE NA ESCOLA PÚBLICA

Appris editora

Curitiba, PR
2025

FICHA TÉCNICA

EDITORIAL	Augusto Coelho
	Sara C. de Andrade Coelho
COMITÊ EDITORIAL E CONSULTORIAS	Ana El Achkar (Universo/RJ)
	Andréa Barbosa Gouveia (UFPR)
	Antonio Evangelista de Souza Netto (PUC-SP)
	Belinda Cunha (UFPB)
	Délton Winter de Carvalho (FMP)
	Edson da Silva (UFVJM)
	Eliete Correia dos Santos (UEPB)
	Erineu Foerste (Ufes)
	Fabiano Santos (UERJ-IESP)
	Francinete Fernandes de Sousa (UEPB)
	Francisco Carlos Duarte (PUCPR)
	Francisco de Assis (Fiam-Faam-SP-Brasil)
	Gláucia Figueiredo (UNIPAMPA/ UDELAR)
	Jacques de Lima Ferreira (UNOESC)
	Jean Carlos Gonçalves (UFPR)
	José Wálter Nunes (UnB)
	Junia de Vilhena (PUC-RIO)
	Lucas Mesquita (UNILA)
	Márcia Gonçalves (Unitau)
	Maria Margarida de Andrade (Umack)
	Marilda A. Behrens (PUCPR)
	Marília Andrade Torales Campos (UFPR)
	Marli C. de Andrade
	Patrícia L. Torres (PUCPR)
	Paula Costa Mosca Macedo (UNIFESP)
	Ramon Blanco (UNILA)
	Roberta Ecleide Kelly (NEPE)
	Roque Ismael da Costa Güllich (UFFS)
	Sergio Gomes (UFRJ)
	Tiago Gagliano Pinto Alberto (PUCPR)
	Toni Reis (UP)
	Valdomiro de Oliveira (UFPR)
SUPERVISORA EDITORIAL	Renata C. Lopes
PRODUÇÃO EDITORIAL	Daniela Nazario
REVISÃO	Letícia Della Giacoma de França
DIAGRAMAÇÃO	Luciano Popadiuk
CAPA	Sheila Alves
REVISÃO DE PROVA	Jibril Keddeh

COMITÊ CIENTÍFICO DA COLEÇÃO EDUCAÇÃO E DIREITOS HUMANOS: DIVERSIDADE DE GÊNERO, SEXUAL E ÉTNICO-RACIAL

DIREÇÃO CIENTÍFICA	Toni Reis
CONSULTORES	Daniel Manzoni (UFOP)
	Belidson Dias (UBC Canadá)
	Jaqueline Jesus (UNB)
	Leonardo Lemos (Unicamp)
	Wanderson Flor do Nascimento (UNB)
	Marie Lissette (The American)
	Guilherme Gomes (PUCRS)
	Cleusa Silva (Unicamp)
	Sérgio Junqueira (Univ. Pontifícia Salesiana-Roma-Italia)
	Alexandre Ferrari (UFF)
	Araci Asinelli (UFPR)
	Fabio Figueiredo (PUCMG)
	Grazielle Tagliamento (USP)
	Magda Chinaglia (Unicamp)
	Miguel Gomes Filho (Faed-UFGD)
	Tereza Cristina (UFBA)
	Jucimeri Silveira (PUC-SP)
	Marcelo Victor (UFMS)
	Cristina Camara (IFCS/UFRJ)
	Vera Marques (Unisinos)
	Antonio Pádua (UFRJ)
	Lindamir Casagrande (UTFPR)
	Mario Bernardo (UFRJ)
	Helena Queiroz (Universidad de La Empresa-Montevidéu)
	Moisés Lopes (UNB)
	Marco José de Oliveira Duarte (UERJ)
	Marcio Jose Ornat (UEPG)

*À minha mãe, **Judite Nunes** (in memoriam), mulher de fibra, aguerrida, de personalidade forte, e em que pesem os muitos obstáculos de sua existência, nunca perdeu a amorosidade pelo trabalho como professora, musicista, regente, cantora, pastora e pelos filhos e filhas, ensinando-os com dedicação os caminhos éticos do bom viver. Embora apresentando divergências com relação à temática da diversidade, por causa de seus princípios religiosos, foi capaz de reconhecer a importância desta obra.*

*À minha querida tia **Carminha Costa**, que, aos 100 anos, se apresenta como uma mulher de personalidade forte e de coração afetuoso. Católica e temente a Deus, dedicou sua vida aos esquecidos pelo sistema. Sou grato pela força e pelo estímulo que me deu antes e ao longo da construção deste empreendimento.*

*À minha companheira, amiga, amante e esposa, **Célia Costa**, pelas horas dedicadas à elaboração deste projeto, comungando esforços, dividindo alegrias e dissabores, estando ao meu lado em todos os momentos.*

*Aos meus filhos, **Lidiane e Augusto**, que desde cedo aprenderam comigo as lições do respeito à alteridade e a conviver com a diferença.*

*À **Liz**, minha neta de sangue, e ao **Tiago**, neto coração, os mais novos membros da família. Espero que vocês aprendam, desde cedo, a conviver e a respeitar as diferenças.*

AGRADECIMENTOS

À **Prof.ª Dr.ª Aída Maria Monteiro Silva**, orientadora e amiga que, no processo acadêmico, foi capaz de manter relação mais do que profissional, respeitando o ritmo da minha produção e me orientando com firmeza. Por isso, tem minha eterna gratidão.

Ao grande professor e amigo **Dr. Alexandre Simão de Freitas**, a quem aprendi a admirar pela autenticidade, pela competência acadêmica, pela profundidade teórica, pelo compromisso social e pela disponibilidade no servir.

Aos professores doutores do Programa de Pós-Graduação em Educação da UFPE, pela socialização de saberes e pelas belas lições compartilhadas, especialmente a **Ferdinand Röhr** e **Rosangela Tenório Carvalho**, a quem aprendi a respeitar como pessoas de grande valor e de compromisso ético.

À Prof.ª Dr.ª e amiga **Zélia Granja Porto**, pessoa de grande profundidade teórica e possuidora da sabedoria da simplicidade, a quem agradeço pelas primeiras lições dialogadas em análise de discurso.

Ao professor e amigo **Dr. Flávio Brayner**, como eu, amante da música e do piano, pelo inconteste apoio e pela tradução do resumo em francês.

À professora e grande amiga **Dr.ª Márcia Maria de Oliveira Melo**, por ser grande incentivadora deste empreendimento e contribuir para a sua realização.

Aos colegas e companheiros(as) do doutorado, especialmente **Brunna**, **Débora** e **João**, pela troca de saberes e pelo compartilhamento de bons momentos de estudo com alegria.

Aos atores sociais da SE/PE, das GREs e das escolas, meus sinceros agradecimentos, pois por meio deles foi possível compreender a complexidade do reconhecimento recíproco da alteridade nas escolas estaduais de Pernambuco.

APRESENTAÇÃO

Esta obra, *Educação em Direitos Humanos: a luta pelo reconhecimento da diversidade na escola pública*, é fruto de estudos e pesquisas a partir da Teoria do Reconhecimento de Axel Honneth e da Teoria Crítica dos Direitos Humanos de Herrera Flores.

Partimos do pressuposto de que a escola, depois da família, é o local onde crianças e adolescentes passam mais tempo no seu processo de aprendizagem acadêmico, moral e ético. É na escola que se aprende a respeitar pais e mães, professor e professora, pedagogos e pedagogas, gestores e gestoras e, principalmente, companheiros e companheiras de classe, numa palavra, o respeito à dignidade do outro.

É também na escola que crianças e adolescentes começam a se descobrir como pessoa humana que tem uma subjetividade, uma individualidade, uma identidade que é diferente de todos os outros companheiros e companheiras de classe.

É nesse processo que a Educação em Direitos Humanos (EDH) passa a ser pensada como elemento indispensável à criação de uma cultura de respeito e ampliação dos Direitos Humanos, tanto em âmbito internacional, como nacional.

Para Honneth (2003), o respeito à alteridade é um princípio ético que contribui para autoconfiança, autorrespeito e autoestima, elementos imprescindíveis que integram a autorrealização das pessoas. Os muitos conflitos que ocorrem na escola são frutos, na maioria das vezes, do desrespeito à dignidade das pessoas.

Em nível global, observamos que grande parte das tensões que assistimos, nos dias de hoje, aponta para a falta de reconhecimento no campo da cultura e nas relações intersubjetivas, o que implica a violação de Direitos Humanos. A diversidade cultural que presenciamos no mundo globalizado demanda o reconhecimento das diferentes tradições e de costumes, pois o entendimento das interações sociais e culturais podem ser experienciadas de numerosas formas. Honneth (2003), com sua teoria do reconhecimento, intenta preencher essa lacuna que, no passado, foi inicialmente desenvolvida por Hegel (1992). Charles Taylor (2000) e Nancy Fraser (2003), são alguns dos outros pensadores contemporâneos que desenvolvem estudos e pesquisas no campo da teoria do reconhecimento.

Observamos, assim, a partir dos teóricos supracitados, que existe, historicamente, uma luta por reconhecimento recíproco das identidades individuais e coletivas que buscam a sua autorrealização como pessoas de direitos.

Na mesma direção, Herrera Flores, com sua Teoria Crítica dos Direitos Humanos, ratifica os processos de luta pela dignidade e acrescenta que os Direitos Humanos não são produtos de essências, nem são imutáveis, tampouco universais, pois se constituem a partir das lutas sociais pela dignidade. Isso implica afirmar que a efetivação dos direitos, necessariamente, não se firma apenas a partir de resoluções, convenções ou declarações, mas, sobretudo, a partir de setores organizados da sociedade, das lutas sociais que, assim, buscam garantir a sua instituição e implementação.

No Brasil, no atual momento histórico, com a ascensão de um governo extemporâneo de espectro ultraliberal, assistimos a um grande retrocesso do ponto de vista de políticas públicas governamentais que apontem para o respeito à alteridade e à dignidade da pessoa humana. O aumento da miséria humana, da fome, do desemprego, da exclusão social, da agressão à natureza, dos conflitos étnico-raciais, religiosos e dos povos indígenas, em síntese, a negação dos Direitos Humanos transforma-se, cinicamente, num novo normal referendado pelo governo, que, a todo momento, mostra a sua incompatibilidade com o regime democrático e a convivência com os movimentos sociais, com as lutas dos trabalhadores e dos excluídos. Esses muitos limites que presenciamos, tal como uma espécie de nova barbárie — ou como diria Hobbes (2006, p. 46), de "[...] uma guerra de todos contra todos" —, levantam questionamentos quanto à possibilidade de construção de uma ordem democrática alicerçada na ética, na moral e no direito.

Isso nos mostra o quão é frágil a luta pela dignidade das pessoas e pelo reconhecimento das diferenças culturais e das identidades de grupos sociais historicamente excluídos, a exemplo do LGBTQIA+ (lésbicas, gays, bissexuais, transexuais ou transgêneros, *queer*, intersexo, assexual e outras possibilidades de orientação sexual e identidade de gênero) e de outros movimentos de minorias estigmatizados por meio do preconceito, da discriminação, da exclusão social e dos crimes de ódio, fatos que presenciamos quase que cotidianamente. Nesse sentido, o Brasil se coloca no ranking mundial como um dos países que mais agride física e moralmente e assassinam os segmentos sociais que lutam por Direitos Humanos e pelo reconhecimento das diferenças.

É nessa direção que a Educação em Direitos Humanos pode contribuir para formação de alunos e alunas, cidadãos e cidadãs aptos a respeitarem a dignidade das pessoas humanas e a se engajarem nos processos de lutas pela dignidade humana e pelo reconhecimento da alteridade.

Por fim, os estudos e pesquisas contidos neste livro dão um corte para as políticas de Educação em Direitos Humanos implementadas em Pernambuco durante o primeiro governo de Eduardo Campos (2007-2010), trágica e precocemente desaparecido quando participava de campanha eleitoral à Presidência da República, em agosto de 2014. Acreditamos que esta obra possa contribuir para a formação de professores e professoras e possa inspirar a construção de outros estudos e pesquisas que tomem por base a Teoria do Reconhecimento de Axel Honneth e a Teoria Crítica dos Direitos Humanos de Herrera Flores, aplicadas à Educação em Direitos Humanos.

PREFÁCIO

A temática da Educação em Direitos Humanos no Brasil e nos países da América Latina é certamente um dos conteúdos mais relevantes a ser trabalhado nos diferentes espaços educativos, se lutamos para construir sociedades mais igualitárias, inclusivas, com justiça socioambiental e que respeitem o ser humano como sujeito de direito, nas suas diferenças.

O Brasil convive há séculos com práticas de violências que foram introjetadas nas subjetividades das pessoas como "naturais", em que o período da escravidão deixou marcas culturais que perpassam de geração a geração. Associado a esse contexto, é importante destacar as violências vivenciadas pela sociedade brasileira, durante os regimes ditatoriais, a exemplo do mais recente, historicamente: a ditadura civil e militar no período de 1964 a 1985. Esse foi um dos períodos mais longos das ditaduras da América Latina — 21 anos — com práticas de torturas, assassinatos, perseguição política, desaparecimento de pessoas e violações de direitos. E, no campo da educação, merecem destaques as intervenções na formação dos profissionais de todas as áreas de conhecimento, com mudanças curriculares, na organização e direção das administrações nos diversos níveis de ensino, e orientadas sob a concepção de um regime de exceção, ditatorial, sem nenhuma possibilidade de crítica e participação.

Embora tenhamos avançado com o processo de redemocratização no país, em que os movimentos sociais e as instituições da sociedade civil tiveram papel preponderante, convivemos com uma sociedade excludente em relação à materialização dos direitos sociais, econômicos e culturais com práticas de constantes violências, em especial com segmentos da sociedade que foram sempre invisibilizados: negros, pessoas com deficiência, com orientações sexuais diversificadas, mulheres, indígenas, entre outros.

Romper com esse processo é pensar em um novo projeto de sociedade, pautado na democracia participativa, fundamentada na defesa intransigente dos direitos humanos, que contribua para que as pessoas sejam protagonistas de suas histórias e desse novo projeto, valorizando as suas individualidades, diferenças, como sujeitos de direitos sem qualquer tipo de preconceito e discriminação: por etnia, orientação sexual, condição social, física, econômica, geracional, raça, entre outras.

Isso remete à necessidade do reconhecimento das pessoas nas suas diferenças, e que essas diferenças não sejam vistas como desigualdades, mas como riquezas culturais, que contribuem para que essas pessoas empoderem-se das suas histórias e das suas raízes.

Nessa perspectiva, a grande tarefa dos(as) educadores(as) é desenvolver uma educação que valorize a vida como um bem maior, desenvolva a consciência crítica sobre as condições das pessoas e como protagonistas do projeto de sociedade. E a democracia deve ser fortalecida como condição para a efetivação dos direitos ou da reclamação quando violados. Entendemos que, sem democracia, não é possível pensar e concretizar direitos para todas as pessoas de forma igualitária e é imprescindível que as pessoas desenvolvam o exercício permanente de uma cidadania ativa.

É com essa compreensão que o estudo do professor/pesquisador Itamar Nunes apresenta grandes contribuições para diferentes campos de conhecimentos: educação, sociologia, ciência política, administração escolar e, principalmente, para as políticas públicas educacionais, considerando que buscou apreender como a Política de Educação em Direitos Humanos (EDH) do Estado de Pernambuco, em consonância com o Plano Nacional de Educação em Direitos Humanos (PNEDH), materializou-se nas escolas, tendo em vista a criação de uma cultura de promoção, de defesa e de ampliação dos Direitos Humanos.

Realizar estudos sobre o desenvolvimento das políticas públicas de Educação em Direitos Humanos nos sistemas de ensino, com recorte na **diversidade e gênero**, amplia a importância dessa primorosa investigação, considerando que são temas carregados de preconceitos e discriminações que se manifestam em diferentes espaços sociais e, nas escolas, não são diferentes. As escolas refletem, reproduzem, mas também interferem na formulação das compreensões e concepções sobre o mundo, ser humano, sociedade e educação. Portanto, romper com preconceitos e discriminações são processos de aprendizagens, e a escola pode desempenhar papel fundamental conforme o seu projeto político-pedagógico e as práticas vivenciadas.

E Itamar, pelo seu perfil de inquietação epistemológica, foi mais além nesse estudo, o que destacamos como grande contribuição e relevância pela sua "ousadia" na condição de pesquisador, ao buscar fundamentá-lo em autores como: Axel Honneth (2003), que trata e nos ajuda a compreender a teoria do reconhecimento; Herrera Flores (2009), sobre a teoria crítica dos Direitos Humanos; e no campo da Educação em Direitos Humanos, a pesquisadora Vera Candau, por meio de estudos que dialogam com pesquisas em que adentram nas escolas e, também, nos movimentos sociais.

A importância desses autores e que eles com seus estudos nos ajudam a compreender as raízes históricas dos preconceitos, das discriminações, das violências e da exclusão de grupos do LGBTQIA+ (lésbicas, gays, bissexuais, transsexuais ou transgêneros, *queer*, intersexo, assexual e outras possibilidades de orientação sexual e identidade de gênero) que são permanentemente perseguidos pelos diversos setores e segmentos sociais.

É com esse respaldo teórico e uma metodologia qualitativa que o pesquisador vai buscar na realidade empírica, no interior da escola, por meio dos seus diferentes atores, as respostas para a sua principal questão: se a Política de Educação em Direitos Humanos no Estado de Pernambuco, implantada no sistema de ensino ao longo do período de 2007-2010, reverberou nas escolas procurando identificar se houve avanço e/ou obstáculos para a sua concretização.

E, como resultado, a pesquisa mostra que houve avanços significativos nesse período, seja pela busca de materializar no sistema público de ensino, uma política educacional de Estado, pelos diferentes processos de formação com os(as) profissionais da educação, pela forma e conteúdo orientados nos direitos humanos para a seleção e aquisição de materiais didáticos e nos processos de seleção e concursos públicos.

Entre os resultados positivos, merece destacar que:

> [...] as ações ligadas à diversidade e ao gênero contribuíram para a instalação e fomentação de uma cultura em Direitos Humanos e para mudanças nas práticas sociais, embora de forma limitada. As escolas que adotaram a política de EDH, com maior compromisso e profissionalismo vivenciando ações que deram visibilidade à dignidade da pessoa humana com relação à diferença obtiveram maior êxito. (p. 226).

E essa educação é compreendida como processo multidimensional, sistemático que desenvolva formação fundamentada no respeito integral a todas as pessoas e ao meio ambiente, com a perspectiva de materializações de ações fundamentadas nos conteúdos dos direitos humanos, no desenvolvimento de valores, atitudes, comportamentos e de uma cidadania ativa.

No entanto, a implantação de um projeto educativo com novos paradigmas em contraponto a um projeto de sociedade com práticas violentas, discriminatórias, excludentes, gera inquietações, inseguranças e posições contrárias, considerando que, no caso da política educacional do Estado de Pernambuco no período estudado, foi claramente direcionada, na área de ensino, com base na Educação em Direitos Humanos.

E, nesse processo, as contradições foram evidenciadas, até porque o que se defendia era uma outra concepção de sociedade na perspectiva da inclusão social, com uma democracia fortalecida e uma cidadania com respeito ao meio ambiente e à dignidade de todas as pessoas.

Nessa compreensão, da educação enquanto processo de construção social, os embates sobre diferentes projetos de sociedade estão presentes e reverberam nas políticas educacionais, e as escolas são locais dessa concretização.

É nesse contexto que recomendamos a inserção da leitura no presente livro, diante da relevante contribuição que apresenta para ampliar os estudos no campo dos direitos humanos, com foco nas questões sobre **diversidade e gênero**, e nos ajudar a entendermos a sociedade que vivemos e a sociedade que queremos construir.

Aída Maria Monteiro Silva
Prof.ª Dr.ª titular da Universidade Federal de Pernambuco/Centro de Educação

SUMÁRIO

1 INTRODUÇÃO 19

2 CAPÍTULO SEGUNDO.. 29
   2.0 Estado, democracia e reconhecimento social 29
   2.1 Estado, democracia e reconhecimento social: uma articulação possível 29
   2.2 Democracia, Direitos Humanos e teoria do reconhecimento social 41
   2.3 As contribuições da teoria democrática de Dewey para a teoria do reconhecimento de Honneth 49

3 CAPÍTULO TERCEIRO 67
   3.0 Direitos Humanos e Educação em Direitos Humanos 67
   3.1 A construção dos Direitos Humanos: tensão entre universalismo e interculturalismo 67
   3.2 Educação em Direitos Humanos: da concepção à trajetória histórica no Brasil 76
   3.3 O discurso da diversidade e da diferença no contexto da educação brasileira .. 90

4 CAPÍTULO QUARTO 105
   4.0 Metodologia 105
   4.1 Apreensão da realidade por meio da Análise de Discurso Crítica (ADC) 105
   4.2 Procedimentos metodológicos 121

5 CAPÍTULO QUINTO... 127
   5.0 A diversidade no Plano Nacional de Educação em Direitos Humanos e nas Diretrizes Nacionais para a Educação em Direitos Humanos..................... 127
   5.1 Um olhar sobre a diversidade no plano nacional de educação em Direitos Humanos 127
   5.2 A intertextualidade no PNEDH: uma análise a partir da ADC 130
   5.3 A diversidade no PNEDH 138

6 CAPÍTULO SEXTO.. 149
   6.0 O programa de governo de Pernambuco para o período 2007–2010 149
   6.1 Uma análise de discurso do programa de governo 149

6.2 O discurso de posse do governador eleito........................152
6.3 Eixo democratização do Estado (Estado cidadão): educação para cidadania ..158

7 CAPÍTULO SÉTIMO 171
7.0 A diversidade: o discurso de seus atores 171
7.1 A condução da política de EDH nas vozes dos técnicos das Gerências Regionais de Educação (GREs) 171
7.2 A diversidade nas escolas: as vozes dos professores, técnicos e gestores...... 183
7.3 A política de EDH nas escolas: as vozes dos alunos........................... 196

8 CONSIDERAÇÕES FINAIS 225

REFERÊNCIAS... 233
I - LEGISLAÇÃO, NORMATIZAÇÕES E DOCUMENTOS OFICIAIS 233
II – LIVROS, ARTIGOS, DISSERTAÇÕES E TESES 237

1 INTRODUÇÃO

Se fizermos uma leitura crítica de nossa história, vamos constatar que a violação de Direitos Humanos se constituiu como algo inteiramente trivial. As nossas elites políticas e econômicas — que quase sempre se confundem — foram muito alheias às necessidades da maioria da população. E, no intuito da preservação do "controle da ordem pública" de uma possível sublevação dos de baixo, parecem justificar que o processo de consolidação do capitalismo no Brasil ocorreu pelo alto[1], por meio de rearranjos na estrutura do poder, sem grandes participações da sociedade civil na formação do Estado-Nação, marcadamente a partir de 1930.

Essa foi a grande marca das elites dirigentes ao longo de nossa história: excluir os de baixo de qualquer participação, seja no usufruto dos bens simbólicos ou econômico-sociais, seja nos processos deliberativos de construção de uma política de interesse nacional. Por isso, a manutenção da dita "ordem pública" deu-se muito mais por processos coercitivos do que hegemônicos.

Nessa perspectiva, a violação de Direitos Humanos na forma de censuras à livre expressão, torturas, desaparecimentos, assassinatos e prisões arbitrárias — ou seja, a violação dos direitos subjetivos — foi praticada como justificativa da preservação do "interesse nacional". Por isso os momentos de ditaduras e de regimes de exceção se constituíram como a forma predominante de governar. Sociedade silenciada e congresso emasculado.

Isso mostra que as promessas do projeto de modernidade concebidas há cerca de três séculos não se cumpriram. Os compromissos firmados nos princípios da liberdade, da igualdade e da fraternidade, que foram consagrados nos contratos sociais desde Locke (1994) e de Rousseau (1989), sistematicamente, têm sido negados à maioria da população, razão pela qual Habermas (1989, p. 9) afirma que "[...] a modernidade é um projeto inacabado"[2].

---

[1] Carlos Nelson Coutinho faz uma bela interpretação do processo de consolidação do capitalismo no Brasil a partir das categorias gramscianas. Para ele, as noções de revolução passiva, transformismo, restauração e renovação se aproximam de uma possível explicação da revolução burguesa no Brasil que, sem uma revolução explosiva, à semelhança da Revolução Francesa, consolidou o modo de produção capitalista na realidade brasileira. Para entendimentos mais aprofundados ver: COUTINHO, Carlos Nelson. As categorias de Gramsci e a realidade brasileira. In: COUTINHO, Carlos Nelson (org.). **Gramsci e a América Latina**. Rio de Janeiro: Paz e Terra, 1988.

[2] *A modernidade: um projeto inacabado* foi o título de um discurso pronunciado por Habermas em 1980, ao receber o Prêmio Adorno da cidade de Frankfurt. Em 2013, o discurso foi publicado pela editora Nova Vega sob o mesmo título.

Miséria, exclusão social, criminalidade urbana, agressão à natureza, conflitos étnicos e religiosos, atos terroristas, guerras — resumidamente, **violação dos Direitos Humanos**. Essa realidade social que se nos apresenta evidencia que estamos travando uma luta muitas vezes inglória, pois se vive numa espécie de nova barbárie ou, como diria Hobbes (2006, p. 46), de "[...] uma guerra de todos contra todos", levantando questionamento quanto à possibilidade de construção de uma ordem internacional alicerçada na ética, na moral e no direito.

Por outro lado, assistimos, a partir do processo de urbanização e de globalização, que movimentos reivindicatórios[3] vêm se configurando com novos contornos, sobretudo no que diz respeito à forma de ativismo cuja principal característica é a atuação via redes de solidariedade nas quais o poder é distribuído de forma horizontal, envolvendo pessoas dos mais diferentes lugares. Essas lutas revelam que a pressão vinda das ruas por meio do empoderamento social é fator imprescindível para provocar mudanças a favor da maioria. A reverberação polissêmica das vozes dos manifestantes traz esperanças de que o seu canto encante e fascine outros milhares e milhões de militantes dispostos a serem seduzidos pela semente da mudança, na busca de novas relações na humanidade.

No Brasil contemporâneo, salta aos olhos os movimentos de junho de 2013. Embora exista controvérsia quanto à interpretação de tais movimentos, para Maria da Gloria Gohn (2014, p. 431), eles expressaram

> Estados de indignação face à conjuntura política nacional. As mobilizações adquiriram, nestes eventos, caráter de movimento de massa, de protesto, revolta coletiva, aglutinando a indignação de diferentes classes e camadas sociais, predominando a classe média propriamente dita; e diferentes faixas etárias, destacando-se os jovens. [...]., provisoriamente chamarei de 'Movimento dos Indignados das Praças, Ruas e Avenidas', focalizam demandas locais, regionais ou nacionais.

O certo é que tais movimentos colocaram mais de um milhão de pessoas nas ruas, organizando-se por meio de redes sociais, deixando transtornada a classe política. As vozes advindas das praças, ruas e avenidas, em vários estados brasileiros, ecoaram nas instituições políticas, e projetos de interesse social (transformar a corrupção em crime hediondo,

---

[3] Fórum Social Mundial, movimento antiglobalização, que combate os efeitos mais deletérios do modelo de globalização hegemônico de desajustes nacionais — a exemplo do desemprego e submissão da dívida ao Fundo Monetário Individual (FMI).

destinação de 10% do PIB para a educação, destinação de 10% do PIB para a saúde, criação de passe livre para estudantes no transporte público, entre outras) emergiram para a agenda do Congresso Nacional, transformando-se em leis.

Contudo, com o refluxo do clamor das ruas as elites políticas voltam ao *modus operandi* predominante em nossa história, isto é, limitar a participação da sociedade nas questões de interesse nacional, colocando-se a favor de seus próprios interesses.

Percebemos, contemporaneamente, conforme já há algum tempo vem sendo analisado por Habermas (ARAGÃO, 2003), que a decadência dos sistemas econômicos e políticos — isto é, a prevalência do mundo sistêmico sobre o mundo da vida — forja relações instrumentais, concorrendo para o distanciamento daqueles princípios proclamados pelo Iluminismo, a saber: a igualdade política e econômica, a tolerância religiosa, as liberdades individuais e sociais e, principalmente, a autonomia intelectual que ensejava o avanço científico e tecnológico.

Por outro lado, observamos, *lato sensu*, que grande parte dos conflitos que assistimos nos dias de hoje aponta para a falta de reconhecimento no campo da cultura e nas relações intersubjetivas, o que implica na violação de Direitos Humanos. A diversidade cultural que presenciamos no mundo globalizado demanda reconhecimento das diferentes tradições e de costumes, pois o entendimento das interações sociais e culturais pode ser experienciado de numerosas formas. Honneth (2003), com sua Teoria do Reconhecimento, intenta preencher essa lacuna que, no passado, foi inicialmente desenvolvida por Hegel (1992). Charles Taylor (2000) e Nancy Fraser (2003) são alguns dos outros pensadores contemporâneos que desenvolvem estudos e pesquisas no campo da Teoria do Reconhecimento.

Observamos, assim, a partir dos teóricos mencionados anteriormente, que existe uma luta por reconhecimento recíproco das identidades que buscam a sua autorrealização como pessoas de direitos.

Por outro lado, a crise sistêmica de largas proporções a que assistimos, segundo analisa Habermas (1987), enseja, dessa forma, a busca por um modelo alternativo de organização social e de relações de convivência que contribuam tanto para a preservação do gênero humano enquanto espécie quanto para o seu pleno desenvolvimento como pessoas humanas.

Será possível construir um modelo societal assentado na dignidade humana? Qual o entendimento que se tem sobre dignidade humana?

Entendemos que a promoção e defesa dos Direitos Humanos vêm se afirmando como condições inadiáveis à instalação de uma cultura fundada na ética, na solidariedade e no respeito à diferença. Isso porque vem crescendo, em escala internacional, amplo processo de mobilização, tanto de setores da sociedade civil organizada como de organismos internacionais — a exemplo da Organização das Nações Unidas (ONU), da Organização dos Estados Americanos (OEA), da Corte Internacional de Justiça, Anistia Internacional, entre outros —, tendo em vista a efetivação de pactos e acordos entre as nações quanto à proclamação e respeito aos Direitos Humanos, que se traduzem num processo de construção histórica da humanidade.

O Brasil tem sido signatário da maioria dos tratados internacionais, inclusive daqueles diretamente ligados à educação, sobretudo a partir da promulgação da Constituição Cidadã (1988) e do processo de democratização, com avanços e limites que vivemos contemporaneamente, momento este em que se vislumbra um conjunto de políticas de Estado comprometidas com a construção da cidadania e com a redução da exclusão social, situando os Direitos Humanos como princípio norteador das políticas sociais e, de modo particular, das políticas educacionais.

É nesse processo que a Educação em Direitos Humanos (EDH) passa a ser pensada como elemento indispensável à criação de uma cultura de respeito e ampliação dos Direitos Humanos, tanto em âmbito internacional como nacional. A criação da Secretaria de Direitos Humanos, com status de Ministério, ligada diretamente à Presidência da República, bem como da Secretaria de Educação Continuada, Alfabetização, Diversidade e Inclusão (SECADI), vinculada ao Ministério da Educação e Cultura (MEC) são evidências do espaço que vem sendo conquistado pelos movimentos em defesa dos Direitos Humanos e pela Educação em Direitos Humanos.

Em nível jurídico-legal, a Constituição de 1988, os Programas Nacionais de Direitos Humanos PNDH I (1996), II (2002) e III (2010), o Plano Nacional de Educação em Direitos Humanos PNEDH (2003/2006), as Diretrizes Nacionais para em Educação em Direitos Humanos (2012) e as Diretrizes Curriculares Nacionais para Formação Inicial e Continuada dos Profissionais do Magistério da Educação Básica (2015) são alguns dos diplomas balizadores que apontam para a proteção, defesa e efetivação dos Direitos Humanos. Vale a pena destacar que esses marcos jurídicos foram construídos com ampla participação da sociedade.

Cabe registrarmos que a luta da sociedade civil organizada vem conquistando novos direitos, constituindo-se como prova concreta de que, no Brasil, não obstante seu passado de limitação da cidadania, há avanço em direção a um Estado Democrático de Direito. O reconhecimento da educação como direito inalienável da pessoa humana é uma dessas evidências.

Como afirma Herrera Flores (2009), a força dos movimentos sociais[4] não pode ser minimizada. Pressupõe-se que muitas novas conquistas e a efetivação de direitos têm sido creditadas a tais movimentos. Estes também favorecem a formação de uma cidadania ativa definida por Benevides (1991, p. 20) como a "[...] possibilidade de criação, transformação e controle sobre o poder ou os poderes", auxiliando a instituição de uma consciência de que os atores sociais podem gerar mudanças. Tal empoderamento da sociedade parece estar contribuindo para a superação de muitas práticas conservadoras, típicas de nossa formação histórica, em políticas a favor dos grupos vitimizados pelo preconceito e pelos crimes de ódio.

Os melhores exemplos são as políticas de ações afirmativas que estão sendo implementadas pelo Governo Federal desde a década de 1990, ampliando-se na primeira década dos anos 2000 e persistindo nos dias de hoje, embora com bastantes limites devido ao processo recessivo a que se assiste no atual momento histórico. A perspectiva de estagnação econômica, caracterizada pela redução do crescimento econômico, pelo aumento das taxas de inflação (cuja projeção aponta para 2 dígitos) no decorrer de 2015 e, sobretudo, dos índices de desemprego — que, segundo o Instituto Brasileiro de Geografia e Estatística (IBGE, 2015), giram em torno de 8,5% da população economicamente ativa, assinalam para uma redução dos investimentos nas políticas públicas de inclusão social.

---

[4] Estamos tomando o conceito de movimentos sociais a partir da interpretação de Maria da Gloria Gohn. Para a autora, tais movimentos se caracterizam pelas "[...] ações sociais coletivas de caráter sociopolítico e cultural que viabilizam formas distintas de a população se organizar e expressar suas demandas (cf. GOHN, 2008). Na ação concreta, essas formas adotam diferentes estratégias que variam da simples denúncia, passando pela pressão direta (mobilizações, marchas, concentrações, passeatas, distúrbios à ordem constituída, atos de desobediência civil, negociações etc.) até as pressões indiretas. Na atualidade, os principais movimentos sociais atuam por meio de redes sociais, locais, regionais, nacionais e internacionais ou transnacionais, e utilizam-se muito dos novos meios de comunicação e informação, como a internet. Por isso, exercitam o que Habermas denominou de o agir comunicativo. A criação e o desenvolvimento de novos saberes, na atualidade, são também produtos dessa comunicabilidade" (GOHN, 2011). Para aprofundamento, ver também: Gohn (2008, 2009a, 2009b, 2009c, 2010a, 2010b, 2011).

Nesse contexto, entendemos que a crise das grandes metanarrativas[5] nos conduz aos movimentos sociais como uma alternativa possível de lutas por mudanças. Muitos falam que as mudanças impingidas por esses movimentos são de pequeno porte. Contudo, juntas podem ir se acumulando, gerando importantes transformações para todo o conjunto da sociedade, conforme analisa Herrera Flores (2009a).

No campo da educação, especificamente em Pernambuco, segundo o Relatório da Gerência de Políticas de Educação em Direitos Humanos, Diversidade e Cidadania (PERNAMBUCO, 2010a), sob a coordenação da Secretaria Executiva de Desenvolvimento da Educação, em consonância à política nacional da Secretaria de Educação Continuada, Alfabetização e Diversidade Inclusão (SECADI/MEC), vem-se, ao longo desses últimos anos, implementando uma proposta de trabalho assentada na concepção de educação como direito humano, bem como da Educação em Direitos Humanos (EDH). Este trabalho tem sido desenvolvido mediante a articulação com as demais gerências de ensino, nos níveis e modalidades da educação básica da rede estadual, firmando sua atuação nas seguintes linhas de ação: Diversidade e Gênero, Educação Ambiental, Educação Étnico-racial, Educação Fiscal, Combate ao Tráfico de Seres Humanos, Direitos Humanos e Cidadania, Educação Indígena, Saúde e Prevenção nas Escolas, Protagonismo Juvenil (Estatuto da Criança e do Adolescente – ECA, Prevenção da violência e abuso contra a criança e o adolescente).

Nesse sentido é que se justifica a relevância do presente estudo, cuja temática de Educação em Direitos Humanos busca compreender suas bases conceituais e os desdobramentos de políticas em projetos e ações governamentais na prática cotidiana das escolas como lócus de criação de uma cultura de Direitos Humanos e, por conseguinte, de formação da cidadania.

É com esse entendimento que, com a presente pesquisa, busca-se apreender como políticas, programas e ações de Educação em Direitos Humanos (EDH) da Secretaria de Educação do Estado de Pernambuco, em consonância ao PNEDH, vêm se reverberando nas escolas tendo em vista a criação de uma cultura de promoção, defesa e ampliação dos Direitos Humanos.

Para o desenvolvimento dessa investigação, elegeu-se a linha de ação **Diversidade e gênero**, por ser uma temática que comporta múltiplos

---
[5] "Metanarrativas" ou "narrativas mestras" são conceitos utilizados pelo filósofo francês Jean-François Lyotard (1924–1998) em sua obra *A condição pós-moderna*, de 1979, constituindo-se como sistemas de conhecimento e de verdades universais que incluem a religião, a ciência, a arte, o modernismo. A teoria pós-moderna, cética a tais metanarrativas, critica-as ferozmente. Para mais esclarecimentos, ver Lyotard (1984).

entendimentos; sobretudo porque, em nossa realidade, o preconceito, a discriminação e a intolerância persistem na escola e no seio da sociedade, não obstante o avanço do nosso processo de democratização. O corte temporal privilegiado nesta investigação é o período compreendido entre 2007 e 2010, momento em que o Estado de Pernambuco passa a desenvolver políticas públicas na direção da Educação em Direitos Humanos, alinhando-se politicamente com o Governo Federal e assim contando com as condições favoráveis para o desenvolvimento de políticas públicas.

Nessa perspectiva, toma-se por base a noção de que políticas públicas são aquelas "[...] capazes de impulsionar o desenvolvimento econômico e de promover a inclusão social de grande parte de sua população" (SOUZA, 2006, p. 21). Parte-se do entendimento de que a instalação de políticas públicas somente se concretiza no Estado Democrático de Direito em diálogo com a sociedade. Isso significa que a participação democrática dos cidadãos é uma condição imprescindível para a efetivação de políticas de inclusão social, na medida em que as demandas da sociedade são discutidas com os gestores e incluídas como políticas de governo e/ou de estado.

Desse modo, a política pública de EDH, implantada no referido período, tinha como intenção desenvolver projetos e ações na área de EDH pela Secretaria de Estadual de Educação, ampliando reflexões e debates acerca da temática e, dessa forma, a consciência da importância da defesa, da promoção e da efetivação dos Direitos Humanos.

Assim, nesta pesquisa, intenta-se apreender a reverberação da política de EDH nas escolas públicas estaduais de Pernambuco e avaliar se a prática discursiva em **diversidade e gênero** tem contribuído para a promoção de mudanças nas relações intersubjetivas da escola, forjando espaços de criação de uma cultura de Direitos Humanos.

Tendo em vista que a Educação em Direitos Humanos pressupõe relações de intersubjetividade baseadas no respeito à alteridade, elegeu-se a Teoria do Reconhecimento de Axel Honneth (2003), que assume papel importante na investigação dos Direitos Humanos na contemporaneidade, a Teoria Crítica dos Direitos Humanos de Herrera Flores (2009b), a Análise de Discurso (ADC) de Fairclough (2001) e a Educação em Direitos Humanos a partir de Candau (2014, 2008, 2007, 2002, 2000) como instrumentos teórico-conceituais e metodológicos para a condução do presente estudo.

Do ponto de vista epistemológico, a Teoria do Reconhecimento de Axel Honneth (2003) está ligada à tradição da Teoria Crítica da Escola de Frankfurt, cuja principal obra publicada no Brasil tem como título *Luta por* Reconhecimento – *A Gramática* Moral *dos* Conflitos *Sociais*.

A abordagem metodológica adotada é de natureza qualitativa. Para tanto, utiliza-se a análise de discurso, por se articular com a Teoria do Reconhecimento, cuja abordagem/apreensão discursiva desenvolveu-se pelo Modelo Tridimensional de Análise Crítica de Discurso (ADC) com base em Fairclough (2001). A opção pela ADC se deveu ao fato de ela propiciar uma reflexão das interações sociais tomando por base a interpretação de textos, não apenas do ponto de vista sociológico, tampouco de um enfoque exclusivamente linguístico, mas se colocando no âmbito das duas abordagens, buscando a interação entre o elemento linguístico e o elemento social, cujo foco é a mudança social e cultural a partir da mudança discursiva.

É importante assinalar que a presente pesquisa se efetivou, do ponto de vista empírico, por meio da análise dos documentos da SE/PE e da realização de entrevistas em escolas, em sete Gerências Regionais de Educação (GREs) e com integrantes da equipe da Gerência de Educação em Direitos Humanos (GEDH) com gestores da SE/PE e escolas, técnicos, professores e alunos.

Pode-se adiantar que a análise do presente estudo mostra que vários achados apontam que a política de EDH vem contribuindo, embora com muitos obstáculos e limites, para a constituição de uma cultura de respeito à diversidade e, portanto, aos Direitos Humanos. Os muitos limites revelados pelos entrevistados incluem as escassas e/ou insuficientes formações e materiais pedagógicos; rotatividade entre os técnicos das Gerências Regionais de Educação (GREs) e escolas; a adoção do Programa de Modernização da Gestão Pública (PMPG), cuja filosofia se confrontava com a política de EDH por ter como fundamento os princípios neoliberais de produtividade, além das precárias condições estruturais de trabalho e de salários dos profissionais de educação e que foram aludidos como aspectos que obstaculizaram a realização da política de EDH com mais sucesso.

Por outro lado, várias escolas que adotaram a política de EDH com afinco, profissionalismo e compromisso, em que pesem as dificuldades, apresentaram resultados significativos, inclusive com premiações em mostras de experiências bem sucedidas em nível estadual e nacional. Contudo, vale a pena destacar que tais experiências vitoriosas são frutos, muito mais de iniciativas individuais de escolas e de docentes que abraçaram a política de EDH do que da prática educativa interdisciplinar da escola.

Por outro lado, o arrefecimento da política de EDH com a introdução do PMPG conduz ao entendimento de que pessoas que estavam à frente da máquina estatal, no recorte temporal da presente pesquisa, tiveram importante participação na instalação e execução da referida política.

Esses achados mostram que, embora a União venha sistematicamente incentivando e investindo na produção de estudos e pesquisas em EDH no Brasil, na produção de títulos e de vídeos, na elaboração do Plano Nacional de Educação em Direitos Humanos (PNEDH), nas Diretrizes Nacionais para a EDH por meio do CNE (Conselho Nacional de Educação) e na promulgação de um conjunto de leis que promovem, protegem e defendem os Direitos Humanos, tais medidas ainda se apresentam insuficientes para a concretização da EDH como política de Estado capaz de favorecer a instalação de uma cultura em Direitos Humanos.

Nos entes federados não poderia ser diferente. Até então, o Estado de Pernambuco era o único no Brasil, entre 2007 e 2010, que desenvolvia uma política de EDH de forma sistemática.

À guisa de conclusão, contata-se que a reverberação da política de EDH nas escolas públicas estaduais favoreceu a instalação de importantes debates, pois "nunca se discutiu tanto sobre Direitos Humanos em Pernambuco" (como disse um professor entrevistado), não obstante os muitos limites e obstáculos revelados ao longo da análise. No entanto, destaca-se que a defesa e a promoção dos Direitos Humanos em Pernambuco ainda têm muito que evoluir na sua vivência, embora passos importantes tenham sido dados.

A EDH, por certo, é um caminho que contribui muito para o fomento e instalação de uma nova cultura centrada na dignidade da pessoa humana; mas é preciso, acima de tudo, que a sociedade abrace essa luta na concretização de uma educação em Direitos Humanos que inclua a promoção do processo de empoderamento da sociedade, o educar para o *nunca mais,* cuja perspectiva estabeleça compromissos com a luta contra a impunidade, a censura, a tortura, o medo e a negação das liberdades fundamentais, e a socialização dos valores e princípios constitucionais que contribuam para a identificação das pessoas como sujeitos de direitos.

2 CAPÍTULO SEGUNDO

2.0 Estado, democracia e reconhecimento social

Pretende-se, neste capítulo, tratar das temáticas do Estado, da democracia e do reconhecimento social como fundamentos epistemológicos para o entendimento das questões relativas aos Direitos Humanos e, particularmente, da Educação em Direitos Humanos. Compreende-se que articular essas três categorias teóricas, neste início de trabalho, é uma tarefa árdua e desafiadora, pois são categorias polissêmicas e que podem ser abordadas a partir de diferentes perspectivas, cuja aproximação será sempre complexa e tensa.

Contudo, no mundo hodierno, a luta por Direitos Humanos passa a exigir mais entendimento dos assuntos ligados ao Estado e à democracia, pois somente com a instituição de um Estado Democrático de Direito é possível avançar na conquista e na efetivação de direitos. É no Estado Democrático de Direito que a sociedade civil se organiza e se mobiliza no sentido das lutas sociais por mais direitos. É no Estado Democrático de Direito que se institui uma justiça que pode garantir a dignidade da pessoa humana. É no Estado Democrático de Direito que se constitui uma justa relação entre Estado e sociedade civil, possibilitando a efetivação de políticas públicas de inclusão social que ataquem as desigualdades econômicas e garanta maior dignidade à pessoa humana.

Por isso é tão relevante o entendimento dessas categorias teórico-conceituais, pois, ao longo desta pesquisa, a todo o momento, recorre-se a esses fundamentos no sentido da maior compreensão do objeto desta investigação.

2.1 Estado, democracia e reconhecimento social: uma articulação possível

Uma compreensão significativa que prevalece na era moderna é a de que os fundamentos da validade do direito, e em especial dos Direitos Humanos, não devem ser procurados no mundo sobrenatural da esfera teológica, tampouco na abstração metafísica da natureza que toma o universo, com toda a sua complexidade, como imutável e que alicerçou a visão de mundo medieval. Se o direito é uma invenção do homem e da humanidade, quer ele esteja em estado de natureza ou civil, os seus fundamentos e sua validade devem ser procurados no próprio homem que o gerou. Criador e criatura são protagonistas no ato e na ação de invenção do direito, significando que o próprio homem, enquanto ser fundante, deve ser considerado em sua dignidade e plenitude como pessoa humana.

Tal compreensão nos conduz ao reconhecimento do princípio de que a dignidade é essencialmente uma qualidade do ser humano. Isso significa que homens e mulheres fazem jus a todo o respeito, independentemente de sua origem, raça, sexo, idade, estado civil ou condição social e econômica.

Nesse sentido, o conceito de dignidade não pode ser relativizado. A pessoa humana, enquanto tal, jamais perde sua dignidade e seus direitos, quer seja por suas deficiências físicas ou por desvios morais, mesmo que esteja em situação de privação de liberdade. Por isso, deve-se fazer nítida distinção entre o delito e a pessoa. O crime deve ser punido, mas a pessoa do criminoso deve ser tratada com respeito e dignidade pela sua condição de pertencimento ao gênero humano.

Esse entendimento de dignidade humana vem sendo contemplada, no ocidente, em todos os diplomas legais instituídos posteriormente à segunda grande guerra. Comparato (1997, p. 7) ratifica isso ao afirmar que

> [...] [o]s grandes textos normativos, posteriores à 2ª Guerra Mundial, consagram essa ideia. A Declaração Universal dos Direitos do Homem, aprovada pela Assembleia Geral das Nações Unidas em 1948, abre-se com a afirmação de que "todos os seres humanos nascem livres e iguais, em dignidade e direitos" (art. 1º). A Constituição da República Italiana, de 27 de dezembro de 1947, declara que "todos os cidadãos têm a mesma dignidade social" (art. 3º). A Constituição da República Federal Alemã, de 1949, proclama solenemente em seu art. 1º: "A dignidade do homem é inviolável. Respeitá-la e protegê-la é dever de todos os Poderes do Estado". Analogamente, a Constituição Portuguesa de 1976 abre-se com a proclamação de que "'Portugal é uma República soberana, baseada na dignidade da pessoa humana e na vontade popular e empenhada na construção de uma sociedade livre, justa e solidária". Para a Constituição Espanhola de 1978, "a dignidade da pessoa, os direitos invioláveis que lhe são inerentes, o livre desenvolvimento da personalidade, o respeito à lei e aos direitos alheios são

o fundamento da ordem política e da paz social" (art. 10). A nossa Constituição de 1988, por sua vez, põe como um dos fundamentos da República "a dignidade da pessoa humana" (art. 1º - III). Na verdade, este deveria ser apresentado como o fundamento do Estado brasileiro e não apenas como um dos seus fundamentos.

A dignidade da pessoa humana está fundamentalmente ligada ao reconhecimento social e à conquista de direitos. Dessa forma, abordar a temática dos Direitos Humanos implica, ao mesmo tempo, pensar a questão do Estado e da democracia, pois a experiência histórica vem mostrando que as prerrogativas daqueles direitos avançam em seu processo de construção em períodos de estabilidade democrática. Quanto mais avança a prática do exercício no Estado democrático, maior a defesa, proteção, evolução e o reconhecimento dos direitos.

Considerando os conceitos de Estado Democrático de Direito e de Direitos Humanos, constata-se que existe grande aproximação teórica entre essas duas categorias, sendo impossível afastá-las. Isso porque enquanto a noção de Estado Democrático vincula-se organicamente ao pleno exercício da lei, ou ao império da lei, ou ainda, em contraditório, com os regimes absolutistas, de que ninguém está acima da lei etc., a noção de Direitos Humanos implica o reconhecimento e o exercício ampliado da cidadania, em que a conquista de direitos e a sua concretude somente se realiza em regimes de natureza democrática. É por isso que muito se fala em Direitos Humanos em momentos de processos democráticos.

Na contramão do cenário descrito, nos regimes ditatoriais e/ou totalitários, não existe a possibilidade da promoção nem a defesa de Direitos Humanos — pois neles imperam a concentração e o abuso de poder nos dirigentes e o consequente afastamento dos direitos de cidadania, sobretudo dos direitos civis e políticos.

Nessa perspectiva, entendemos que o Estado Democrático de Direito se constitui como a única alternativa para a instituição de uma sociedade fundada no reconhecimento e no respeito à dignidade humana em que pese, ainda, com muitos limites.

A experiência histórica vem mostrando que os fundamentos éticos e políticos que se inscrevem no modelo da soberania pública podem favorecer a construção de um mundo mais humano e solidário, embora exija como contrapartida a difícil formação da vontade geral e de opiniões radicalmente democráticas[6]. Ressalte-se que os limites da democracia representativa são notórios, fazendo-se imprescindível o resgate dos ideários republicanos[7], associados à construção de amplos processos de democracia participativa.

No início da modernidade, no mundo ocidental, o Estado de Direito foi se forjando em oposição ao pensamento de Aristóteles, pois Hobbes (2006) desenvolve a sua Teoria Antropológica situando a existência do homem num estado pré-social, denominado por ele de *estado de natureza*.

Nessa circunstância, os indivíduos vivem em permanente situação de beligerância. *Homo homini lupus*, isto é, "o homem é o lobo do próprio homem"[8]. No entanto, esse estado de guerra, de conflito social generalizado, não garante a segurança de ninguém, valendo lembrar que, para Hobbes (2006, p. 74),

> [...] [a] natureza fez os homens tão iguais, quanto às faculdades do corpo e do espírito, que, embora por vezes se encontre um homem manifestamente mais forte de corpo, ou do espírito mais vivo do que outro, mesmo assim, quando se considera tudo isso em conjunto, a diferença entre um e outro homem não é suficientemente considerável para que qualquer um possa com base nela reclamar qualquer benefício a que outro não possa também aspirar, tal como ele. Porque quanto à força corporal o mais fraco tem força suficiente para matar o mais forte, quer por secreta maquinação, quer aliando-se com outros que se encontrem ameaçados pelo mesmo perigo.

Assim, o estado de guerra é o que caracteriza o homem no estado de natureza, significando que nenhuma força externa é capaz de garantir a

---

[6] Para Habermas (1980), no capitalismo avançado, os estados são democráticos apenas na forma, enquanto a cidadania desempenha papel de cidadãos passivos.

[7] Na Roma antiga, o sentido de *República* se vincula ao sentido de pertencimento a todos, ao povo (*res Populi*), à coletividade, encerrando a ideia de coisa comum. Na Grécia, a noção de *politeia* é semelhante à romana caracterizada como sendo o regime no qual os cidadãos participavam ativamente na gestão da *polis*. Importante pensador romano, Cícero, definia a república como sendo "A coisa pública [*res publica*] é a coisa do povo [*res populi*]. E o povo não é um agrupamento de homens congregados de qualquer modo, mas a congregação de uma multidão associada [*sociatus*] por um consenso jurídico [*iuris consensus*] e uma utilidade comum [*utilitatis communione*]. E a primeira causa de se agruparem não é tanto a fraqueza quanto uma tendência natural dos homens de se congregarem" (CÍCERO, 2008, p. 139).

[8] Examinando-se o contexto social e político experienciado por Hobbes, sobretudo na Inglaterra, observamos que ele foi marcado por um forte clima de conflitos sociais em decorrência das guerras religiosas — as Cruzadas — e civis — revoluções burguesas — que o obrigaram a constantes deslocamentos na Europa em busca da segurança e da paz.

preservação da própria existência, a não ser a autodefesa que se faz com a força. A busca da paz social torna-se o meio pelo qual os indivíduos podem garantir a preservação da própria vida. Nesse cenário, Hobbes defende que, para a obtenção da paz e a garantia da integridade física dos indivíduos, fazia-se necessária a invenção de um estado forte que, munido de todo o poder — a soberania plena — tivesse os requisitos e os aparatos imprescindíveis para assegurar a *pax et securitas*. Justamente por isso Hobbes (2006, p. 59) admite que

> [...] [o]s pactos sem a espada não passam de palavras, sem força para dar qualquer segurança a ninguém. Portanto, apesar das leis de natureza (que cada um respeita quando tem vontade de respeitá-las e quando pode fazê-lo com segurança), se não for instituído um poder suficientemente grande para nossa segurança, cada um confiará, e poderá legitimamente confiar, apenas em sua própria força e capacidade, como proteção contra todos os outros.

Portanto, ao olhar de Hobbes, o Estado é um mal necessário, voltado basicamente para manter a ordem. Nesse aspecto, Honneth (2003, p. 35) entende que

> [...] [a]s consequências negativas manifestas da situação duradoura de uma luta entre os homens, o temor permanente e a desconfiança recíproca, devem mostrar que só a submissão, regulada por contrato, de todos os sujeitos a um poder soberano pode ser o resultado de uma ponderação de interesses, racional com respeito a fins, por parte de cada um. Na teoria de Hobbes, o contrato social só encontra sua justificação decisiva no fato de unicamente ele ser capaz de dar um fim à guerra ininterrupta de todos contra todos, que os sujeitos conduzem pela autoconservação individual.

A luta sempiterna dos indivíduos atomizados no estado de natureza se configura como sendo um embate pela conservação de sua integridade física e que, apenas no estado civil mediante "[...] a submissão, regulada por contrato, de todos os sujeitos a um poder soberano pode ser o resultado de uma ponderação de interesses, racional com respeito a fins, por parte de cada um" (HONNETH, 2003, p. 35). Disso decorre que a ontologia social que fundamenta a invenção do estado hobbesiano se alicerça na renúncia do estado de natureza na qual os indivíduos em assembleia firmam um pacto de submissão.

Analisando essa visão apresentada por Hobbes (2006), pode-se identificar um conjunto de características que passam longe da condição ética, pois se trata ainda de um ser em construção, num estado pré-social, cujas qualidades se aproximam mais do egocentrismo e do individualismo, denotando, desde já, o advento dos valores que se tornarão dominantes na formação social liberal-burguesa.

Hegel, ao olhar de Honneth, toma uma posição diferente acerca do entendimento dos conflitos sociais preconizado por Hobbes, pois, influenciado pela filosofia política de Aristóteles e de Platão, confere grande relevância à intersubjetividade da vida pública quando confrontado com a prática política de seu tempo. Por outro lado, Honneth (2003, p. 38) entende "[...] que toda organização futura da sociedade depende inevitavelmente de uma esfera de produção e distribuição de bens mediada pelo mercado, na qual os sujeitos não podem estar incluídos senão pela liberdade negativa do direito formal".

Assim, conforme Honneth, Hegel apreende que para construir um projeto de ciência filosófica da sociedade torna-se imperativo transcender a visão da filosofia política do direito natural que tem como fundamento o atomismo, caracterizado pela existência de sujeitos isolados uns dos outros em lutas permanentes. Pois,

> A partir desse dado natural já não pode mais ser desenvolvido de maneira orgânica um estado de unificação ética entre os homens; ele tem de ser exteriormente ajuntado a eles como um "outro e estranho". Para Hegel, resulta daí a consequência de que, no direito natural moderno, uma "comunidade de homens" só pode ser pensada segundo o modelo abstrato dos "muitos associados", isto é, uma concatenação de sujeitos individuais isolados, mas não segundo o modelo de uma unidade ética de todos (HONNETH, 2003, p. 39-40)[9].

É nesse sentido que Hegel (1992) dá um passo à frente com relação aos contratualistas da filosofia política moderna, na medida em que o seu sistema de eticidade pressupõe uma ressignificação da comunidade política do início da modernidade. Honneth (2003, p. 38-39), ao interpretar Hegel, entende que

---

[9] Vê-se, então, que o Bem Comum da modernidade se contrapõe de forma substancial ao Bem Comum da comunidade ética da antiguidade clássica, pois enquanto o primeiro prioriza o individualismo, o segundo, o coletivismo.

> [...] [p]ara poder fundamentar uma ciência filosófica da sociedade, era preciso primeiramente superar os equívocos atomísticos a que estava presa a tradição inteira do direito natural moderno. [...]., pois, as ações éticas em geral só poderiam ser pensadas na qualidade de resultado de operações racionais, purificadas de todas as inclinações e necessidades empíricas da natureza humana; também aqui a natureza do homem é representada como uma coleção de disposições egocêntricas ou, aéticas, que o sujeito primeiro tem que reprimir em si antes de poder tomar atitudes éticas, isto é, atitudes que fomentem a comunidade.

A crítica de Hegel ao enfoque naturalista se firma ao tratar o ser singular, isolado, atomístico como se ele tivesse uma vida própria antes da formação da sociedade, denominada por Hobbes de "estado de natureza". Hegel rejeita de forma peremptória esta visão, pois para ele o ser somente se afirma em sociedade. Sendo assim, Hegel adota o entendimento desenvolvido por Aristóteles de que o homem é um ser social.

O relevante na filosofia política de Hegel é a possibilidade da construção de um estado de totalidade ética. Por isso, sua crítica radical ao direito natural se funda na parcialidade das teorias do contrato social, vistas como ineficazes na explicitação do reconhecimento do outro.

É a partir dessa perspectiva do papel do reconhecimento na filosofia política de Hegel que Axel Honneth desenvolve uma teoria crítica dos conflitos sociais na atualidade.

Em seu empreendimento, o reconhecimento somente poderá ser alcançado a partir do conflito, da luta permanente dos indivíduos no todo social. Apenas a partir desse enfoque os indivíduos podem aspirar, de acordo com o entendimento de Honneth, à autorrealização fundada no amor, na dignidade e na estima social.

Nessa perspectiva, no Estado de Direito, as formas de reconhecimento que se fundam nas relações jurídicas decorrem dos princípios éticos e morais universalistas que surgem a partir do início da modernidade, na medida em que, na esfera jurídica, compreendermos a nós mesmos como portadores de direitos implica também entendermos nossas obrigações com relação aos outros. Isso porque

> Apenas na perspectiva normativa de um "outro generalizado", que já nos ensina a reconhecer os outros membros da coletividade como portadores de direitos, nós podemos

nos entender também como pessoa de direito, no sentido de que estar seguros do cumprimento social de algumas de nossas pretensões. (HONNETH, 2003, p. 179).

A partir do pensamento lockeano e paralelamente à construção do direito positivo, nasce o Estado Democrático de Direito, que alicerça na consciência dos indivíduos/cidadãos a ideia de que são portadores de iguais direitos, contrapostos ao Antigo Regime, no qual as diferenças de status são originárias dos estratos sociais. Dessa forma, na modernidade, o reconhecimento das pessoas como cidadãos de direitos tende a estender-se a todos os sujeitos.

A instituição dos direitos civis e políticos, como atesta T. H. Marshall (1967), na sua clássica análise contida em *Cidadania, classe social e status*, rompe com "[...] as expectativas concretas específicas dos papéis sociais, uma vez que agora competem, em igual medida, a todo homem na qualidade de ser livre, de modo independente do grau de estima social" (ALBORNOZ, 2011, p. 138).

Isso significa afirmarmos que o reconhecimento de todo o ser humano como pessoa de direitos não implica vinculá-lo às suas realizações pessoais em virtude de seu status social. Isso porque o respeito lhe é conferido pela universalidade dos direitos, não admitindo privilégios e gradações, visto que as relações jurídicas se expressam mediante o autorrespeito e a dignidade que é imputada a cada indivíduo a partir dos princípios "[...] universalistas de uma moral pós-convencional" (HONNETH, 2003, p. 181).

Se fizermos uma tentativa de jogo comparativo entre reconhecimento jurídico e estima social, constataremos que tanto no primeiro quanto no segundo caso o respeito à pessoa humana toma por base determinados atributos que lhes são inerentes. No primeiro, trata-se daquelas propriedades que se pautam pelo princípio da universalidade, isto é, daquelas propriedades que resultam do status da imputabilidade que, na modernidade, todas as pessoas partilham, independentemente das qualidades humanas que constituem cada indivíduo. Já no segundo caso, trata-se de propriedades particulares que caracterizam as pessoas individualmente, isto é, o status originário que lhe é atribuído na hierarquia social. Aqui é imprescindível o conhecimento "[...] de como se constitui o sistema referencial valorativo no interior do qual se pode medir o valor das propriedades características" (HONNETH, 2003, p. 187). De fato, reconhecer a pessoa humana como sujeito de direitos implica numa forma de reconhecimento cognitivo em que está em jogo apenas normas gerais. Albornoz (2011, p. 138) complementa:

> Toda comunidade jurídica moderna está fundada na presunção da imputabilidade moral de todos os seus membros. A ampliação cumulativa de pretensões jurídicas individuais, com a qual vem tendo de lidar as sociedades modernas, pode ser entendida como um processo no qual a extensão das propriedades universais de uma pessoa moralmente imputável foi aumentando, passo a passo, sob a pressão de uma luta por reconhecimento.

Cabe agora indagarmos: quais são essas propriedades pelas quais os sujeitos passam a se respeitar mutuamente quando se reconhecem como pessoas de direito? Tomando por foco essa questão, Honneth (2003, p. 188) analisa que

> [...] [s]e uma ordem jurídica pode se considerar justificada e, por conseguinte, contar com a disposição individual para a obediência somente na medida em que ela é capaz de reportar-se, em princípio, ao assentamento livre de todos os indivíduos inclusos nela, então é preciso supor nesses sujeitos de direitos a capacidade de decidir racionalmente, com autonomia individual, sobre questões Morais.

Essa capacidade de decidir de forma autônoma e independente implica na definição de um acordo racional, um contrato, entre todos os indivíduos supostamente livres e iguais, configurando, dessa forma, o princípio de toda a comunidade jurídica pós-tradicional que se funda na assunção da imputabilidade moral de todos os componentes que integram a comunidade.

Dessa forma, nas ciências jurídicas, pouco a pouco foram se instituindo os direitos subjetivos, pactuados como direitos liberais, direitos civis e políticos vinculados à liberdade e à participação. Ainda além, esses direitos vão se ampliando cumulativamente, em decorrência das pressões sociais, na medida em que novos direitos — entre os quais os sociais — vão sendo reconhecidos.

A primeira dimensão desses direitos inscreve-se na esfera dos direitos negativos e se caracteriza pela defesa das pessoas contra as intervenções arbitrárias e não autorizadas pelo Estado, tendo em vista a garantia da vida, da liberdade e da propriedade privada. A segunda dimensão de direitos configura-se como direitos positivos, definidos como a condição para a participação nos arranjos eleitorais para a formação de governos. A terceira dimensão de direitos, igualmente positivos, alicerça-se nos modos pelos quais os bens sociais são equitativamente distribuídos. Todas essas dimensões de direitos persistem em nossos dias, havendo, inclusive, muitas realidades em que tais direitos ainda não são inteiramente reconhecimentos e nem garantidos, incluindo-se, nesse caso, também o Brasil. Marshall (2003) aparece como um dos primeiros pensadores a explicitar a evolução histórica de tais direitos. Honneth (2003, p. 191)[10] ao analisá-los confere a "[...] [e]ssa tripartição uma reflexão histórica, cuja versão mais tosca reza que a constituição dos direitos liberais de liberdade deu-se no século XVIII, o estabelecimento dos direitos políticos de participação, no XIX, e finalmente a criação de direitos sociais de bem-estar, no XX".

A importância dessas relações jurídicas de reconhecimento que se integram ao status de cidadania se funda no pressuposto do autorrespeito, ao conceder às pessoas uma "[...] consciência de poder se respeitar a si próprio, porque ele merece o respeito de todos os outros" (HONNETH, 2003, p. 195).

Esse autorrespeito é algo que foi sendo construído historicamente, constituindo-se como parte do projeto da modernidade que tem seu ápice no ideal de igualdade, de liberdade e de fraternidade, motes da grande revolução de 1789 e que, passo a passo, foram se incorporando na construção do Estado Democrático de Direito moderno, adquirindo a condição de universalidade — pelo menos no mundo ocidental.

Taylor (2000), ao analisar dois importantes períodos que caracterizam esse pano de fundo ético de mudanças no início da modernidade, aponta a desagregação da sociedade das hierarquias sociais nas quais o sentido de honra é inerente ao princípio da desigualdade humana, implicando que se alguns têm estima, distinção e glória, "[...] é essencial que nem todos as tenham" (TAYLOR, 2000, p. 241). Por exemplo, nas sociedades aristocráticas do *Ancien Régime*, "honra" significa uma questão de preferência, de proeminência, de respeito, de posição. Nas monarquias,

---

[10] É importante destacar que essa sequência histórica da evolução dos direitos não acontece, na maioria das realidades políticas, de forma linear, conforme apresenta Marshall. Em muitas situações os direitos sociais precedem à institucionalização dos direitos individuais e políticos, como ocorreu no Brasil em 1930 e, portanto, em pleno século XX; ou no caso dos EUA, em que muitos direitos civis tardiamente foram conquistados, apenas em meados da década de 1960 do século XX, por pressões a partir de baixo. Essas duas experiências políticas justificam por si só que, ao analisar a evolução dos direitos, é preciso ser mais cauteloso, pois tais evoluções não acontecem de forma tão direta, conforme tematiza Marshall.

toda a honra deve ser concedida ao soberano em detrimento de todos os outros que são definidos como súditos, isto é, aqueles que estão por baixo numa relação de subalternidade. Assim, é possível se afirmar a desigualdade como um status de berço, estando intrinsecamente ligada à natureza humana, segundo o discurso em vigor daquele momento histórico.

Contrapõe-se a esse discurso de honra a moderna noção de dignidade humana que a grande revolução imprimiu com os seus três grandes preceitos valorativos — igualdade, liberdade e fraternidade. A derrocada do *Ancien Régime* forja o sentido universalista da igualdade, o que permitiu cunhar o discurso da dignidade inerente a todos os seres humanos. Surge, assim, o cidadão, enterrando, no plano formal, a sociedade da honra e da hierarquia social, ao mesmo tempo em que a universalização dos direitos implicou no nascimento do suposto Estado de Direito, no qual o império da lei passou a se constituir como o grande divisor de águas entre as duas formações sociais.

Dessa forma, com a revolução política, removem-se os obstáculos jurídicos que a sociedade da estratificação social impunha à maioria da população, dando lugar à construção de um modelo societal alicerçado na igualdade política e jurídica, gerando a dignidade na igualdade de todos os cidadãos. Nessa perspectiva, o novo regime instalado, a sociedade liberal, favorece o "[...] uso público da razão de seus cidadãos para que estes, no exercício de seu direito de autonomia, construam normas jurídicas efetivamente justas. Impõem-se uma nova maneira de pensar e ousar" (TAYLOR, 2000, p. 241), na medida em que o Estado de Direito possibilitou tratar os conflitos sociais a partir da incorporação de direitos, de Direitos Humanos, malgrado com a clareza de que a grande revolução setecentista tenha privilegiado a igualdade.

Nesse sentido, os procedimentos democráticos e o direito passam a formar o binômio que se consagrou nas sociedades modernas, substituindo a dominação conferida pela revelação e pelo sagrado então prevalecentes.

Assim, não obstante no mundo ocidental o Estado vir se instituindo como Estado Democrático de Direito — inscrevendo-se, dessa forma, como organização política —, percebemos com grande frequência que a celebração do contrato social, alicerçado na soberania popular, vem sendo sistematicamente rompido, instalando-se, em seu lugar, regimes ditatoriais e totalitários, com nítidas práticas de violação dos Direitos Humanos. A história brasileira se aproxima de tais regimes, no passado e na sua história mais recente, embora a partir de 1980 assistamos a um crescente processo de democratização com vistas à consolidação de um Estado Democrático de Direito.

Do ponto de vista empírico, na Europa, o berço da cultura ocidental, o longo caminho do nascimento do Estado Democrático de Direito começa com o desabrochar da modernidade, num processo que se inicia com o nascimento dos Estados Nacionais, na forma das monarquias absolutistas, evoluindo para as monarquias constitucionais e/ou sistemas de governo parlamentar[11] do tipo inglês[12] (o Estado de Direito concebido pelo liberalismo) e, na sequência, para o Estado Democrático de Direito[13], nas invenções de sistemas de governos presidencialistas, com sufrágio universal, e nas democracias parlamentares, nas quais o chefe do Executivo é um representante do partido majoritário no parlamento. Esse formato de Estado busca superar a limitada defesa e proteção dos chamados "direitos negativos" — os direitos subjetivos — intentando avançar para a garantia de uma rede de proteção dos direitos fundamentais baseada no princípio da dignidade humana.

Contudo, essas passagens ocorreram mediante intensos conflitos bélicos, culminando com a radicalidade da Revolução Francesa que, de forma abrupta e com extrema violência, rompeu com os laços da sociedade estamental e hierárquica do *Ancien Régime*, a sociedade medieval. A sua cultura, os seus costumes, princípios e valores foram rapidamente fenecendo frente à nova cultura. Por outro lado, os costumes, princípios e valores da nova ordem, concretizada na sociedade burguesa, rapidamente vão se tornando hegemônicos.

Entre os novos princípios fundantes, a nova ordem toma emprestado do movimento iluminista os direitos à igualdade e à liberdade, direitos considerados naturais por existirem antes da formação da sociedade e/ou do Estado e, assim, processualmente, vai rompendo com os privilégios prescritos no *Ancien Régime*, proclamando a igualdade de todos perante a

---

[11] Caracterizadas pela limitação do poder do soberano, de acordo com J. Locke (1994) no segundo tratado sobre o governo civil. Nas Monarquias Parlamentares Representativas do tipo inglês, embrionariamente, vai nascendo a democracia moderna.

[12] Regimes monárquicos que conciliam o Estado aristocrático e representativo com a existência de duas câmaras: a dos Lordes, de natureza aristocrática, da qual participavam os barões que eram pares do reino, e a dos Comuns, à qual pertenciam os cavaleiros, cidadãos e burgueses. Conta com dois chefes de Estado, sendo que apenas um representa o Poder Executivo, o chefe do governo.

[13] O Estado Democrático de Direito se configura nos sistemas de governo Presidencialista e/ou Monarquias Parlamentares introduzindo-se, também, a tripartite do poder segundo o modelo de Montesquieu (2000).

lei. Malgrado o discurso revolucionário da nova ordem hegemônica, em várias situações, afastar-se bastante do enunciado, a experiência da grande revolução e da sua radicalidade ensejou muitos outros Estados-Nação a incorporarem aqueles princípios como direitos fundamentais. Desde então, o aperfeiçoamento do Estado Democrático de Direito, enquanto pacto de sociedade, vai se concretizando nos marcos jurídicos dos Estados-Nação, possibilitando avançar na conquista de mais direitos — sobretudo dos Direitos Humanos.

Nessa perspectiva, tomando a democracia como o alicerce fundamental do Estado Democrático de Direito, contemporaneamente, vamos perceber a coexistência de múltiplas visões sobre a prática da democracia, encontrando nelas, maior aproximação ou afastamento na promoção, defesa e garantia dos Direitos Humanos. Nessa direção, na Teoria Política Contemporânea, as noções sobre democracias liberais e republicanismo, de perspectivas diferentes, aparecem, simultaneamente, como os principais paradigmas teóricos na concretização do Estado Democrático de Direito. Habermas (1997) acrescenta uma terceira via, denominada por ele de "democracia deliberativa", que tem sido bastante analisada e acolhida por múltiplos politicólogos. Nesses embates acerca das teorias democráticas, Honneth (2001), partindo de uma crítica ao modelo habermasiano e fundamentado nas ideias de J. Dewey, propõe uma alternativa cognominada de "cooperação reflexiva" e que se aproxima mais diretamente da teoria da luta por reconhecimento.

Nesse sentido, no próximo item, é tecida uma breve análise sobre a temática da democracia, buscando apreender aquelas visões que apresentam mais aproximações com o Estado Democrático de Direito e com o reconhecimento, a proteção, promoção e defesa dos Direitos Humanos.

2.2 Democracia, Direitos Humanos e teoria do reconhecimento social

Do ponto de vista empírico, nos séculos XIX e XX instalou-se um conflito ideológico entre capitalismo e socialismo, gerando um conjunto de visões sobre Estado e democracia que perdura em nossos dias. Para Miguel (2002, p. 498-499),

> [...] [o]s elitistas miraram no socialismo, mas acabaram acertando também a democracia, denunciando como fantasista qualquer ideia de governo da maioria. Porém, numa reviravolta notável, uma importante corrente da

> teoria democrática vai aceitar o argumento elitista como pressuposto. É a tese da "democracia concorrencial", cujo pai é o economista austríaco Joseph Schumpeter. Não se trata apenas de uma tendência, entre outras, da teoria democrática. É a corrente amplamente dominante, que se enraizou no senso comum; é um divisor de águas, já que, a partir dela, qualquer estudioso da democracia tem que se colocar, em primeiro lugar, *contra* ou *a favor* das teses schumpeterianas. Entre aqueles que foram influenciados por elas, de diferentes maneiras, estão nomes do peso de Giovanni Sartori, Robert Dahl e Anthony Downs.

Especificamente, após os horrores totalitários nazista e stalinista da Segunda Guerra Mundial, buscou-se compreender os mecanismos da democracia e a lógica de desenvolvimento dessas novas teorias que foram surgindo. Nessa direção, para Luchi (2008, p. 147), "[...] do pluralismo passa-se àquela das elites e, diante da falsificação de suas premissas, ocorre a bifurcação em Teoria Econômica da Democracia e Teoria dos Sistemas". Percebe-se nessas teorias da democracia contemporâneas que elas, recorrentemente, centram-se na oposição entre uma função descritiva e, portanto, empírica e uma função normativa.

Na perspectiva empírica, esse debate se amplia a partir de J. Schumpeter (1942) em sua clássica obra *Capitalismo, socialismo e democracia*, em que expõe sua tese central sobre o modelo de democracia, definindo-a como "[...] um método político, ou seja, certo tipo de arranjo institucional para se chegar a decisões político-legislativas" (SCHUMPETER, 1942, p. 304). Nesse sentido, questiona a ideia de uma soberania popular forte associada a um conteúdo de sociedade proposto pelo pensamento marxista. Para ele, o elemento procedimental da democracia não é mais a forma como o processo de tomada de decisões remete à soberania popular, mas justamente o contrário, isto é, transforma o elemento procedimental das regras do jogo democrático em tomada de decisão e, dessa forma, estabelece um método para a constituição de governos. Nessa perspectiva, Pereira (2009, p. 60) acrescenta que ao negar "[...] [a] possibilidade de o povo governar, Schumpeter diz não ser possível se pensar numa democracia popular enquanto um posicionamento racional do povo ou de indivíduos isoladamente frente às questões que lhe são postas".

Esse modelo de democracia se firmou como hegemônico na maioria dos países ocidentais, na medida em que prescreve algumas condições que aperfeiçoam os resultados do método democrático-eleitoral. Para a autora, os indivíduos na política cedem a impulsos irracionais e extrarracionais e agem de maneira quase infantil ao tomar decisões. Observamos assim que nesse elitismo democrático é limitado o lugar destinado à afirmação dos Direitos Humanos, pois os defensores desta corrente elitista (Mosca, Pareto e Michels), além de Schumpeter,

> [...] [n]ão escondiam sua oposição aos movimentos democráticos e socialistas presentes na virada do século XIX para o XX [...], que seus objetivos igualitários eram ilusórios. Segundo eles, *sempre* vai haver desigualdade na sociedade, em especial a desigualdade política. Isto é, sempre existirá uma minoria dirigente e uma maioria condenada a ser dirigida, o que significa dizer que a democracia, enquanto "governo do povo", é uma fantasia inatingível. (MIGUEL, 2002, p. 485).

Assim, nessa visão, a prática política passa a ser exercida por uma "constelação" de "[...] políticos de excepcionais qualidades" (SCHUMPETER, 1942, p. 304) que administram a coisa pública considerando, sobretudo, os interesses das elites dirigentes.

Avançando nessa discussão, Norberto Bobbio (1987), pensador italiano, talvez tenha sido o autor que mais contribuiu para o estabelecimento das regras do jogo no modelo representativo da soberania popular, enquanto concepção procedimental. Em *Qual socialismo?*, a democracia é vista como a realização de certo procedimento, ou seja, "[...] um conjunto de regras que consentem a mais ampla e segura participação da maior parte dos cidadãos, em forma direta ou indireta, nas decisões que interessam a toda coletividade" (BOBBIO, 1987, p. 55).

Defende ainda pesos iguais e universalidade do sufrágio, a supressão de qualquer vantagem de natureza econômica e/ou social e, ao conceber o procedimentalismo da democracia "[...] [a] partir das regras do jogo, acredita na possibilidade do predomínio da maioria na garantia do pluralismo e na promoção de uma participação mais ampla dos indivíduos afirmando, consequentemente, o respeito às minorias" (PEREIRA, 2009, p. 61).

Contudo, faz uma autocrítica ao perceber que, à medida que as sociedades passaram de uma economia familiar para uma de mercado e desta para uma economia protegida, regulada, planificada, surgem problemas que passam a exigir competências técnicas. Tais problemas passam a requerer especialistas, instituindo-se, dessa forma, uma tecnocracia que pela sua natureza é antitética com a democracia. Assim, se o protagonista da sociedade industrial é o especialista, impossível que venha a ser o cidadão comum. Entende ele que o cidadão, ao fazer a opção pela Sociedade de Consumo[14], pela Sociedade de Massa[15] e pelo Estado de Bem-Estar Social[16], sabe que está abrindo mão do controle sobre as atividades políticas e econômicas por ele exercidos em favor de burocracias privadas e públicas.

Assim, da mesma forma que no modelo elitista/concorrente[17] schumpeteriano, o espaço de constituição de um pacto fundado nos Direitos Humanos é considerado limitado, mas não impossível como observamos em alguns países europeus social-democratas, sobretudo entre as décadas de 1950 e 1970.

Contudo, na maioria dos países latino-americanos e africanos, o processo de exclusão social se agrava pela instalação de uma sociedade centrada no consumo. Nesse modelo, as instituições políticas passam a privilegiar o capital e os consumidores, formando-se indivíduos articulados com o modo burguês de sociedade. O avanço da cidadania nessa concepção se assenta nos direitos dos consumidores tal qual se observa no cognominado "neoliberalismo".

Robert Dahl (1989), outro importante teórico da democracia situado também no campo da esquerda democrática[18], diferentemente dos pen-

---

[14] Estamos tomando o sentido de **sociedade de consumo** como um tipo de **sociedade** que se encontra numa avançada etapa de desenvolvimento industrial capitalista se caracterizando pelo consumo massivo de bens e serviços disponíveis, graças a sua elevada produção. Nela existe um "[...] desejo socialmente expandido da aquisição 'do supérfluo', do excedente, do luxo. Do mesmo modo, se estrutura pela marca da insaciabilidade, da constante insatisfação, onde uma necessidade preliminarmente satisfeita gera quase automaticamente outra necessidade, num ciclo que não se esgota, num *continuum* onde o final do ato consumista é o próprio desejo de consumo". Para mais entendimentos, ver Retondar (2008).

[15] A expressão "sociedade de massa" se caracteriza pela produção em grande escala de bens de consumo, pela concentração industrial e, sobretudo pela expansão dos meios de comunicação de massa (televisão, rádio, publicações impressas e hoje pelas redes sociais) que induz as pessoas a se comportarem como meros consumidores e conformismo social. Para melhor aprofundamento, ver Semeraro (1999).

[16] Entendemos o Estado de Bem-Estar Social como a forma moderna mais avançada de exercício público da proteção social. Constitui-se a partir de uma complexa rede de determinações políticas, econômicas e ideológicas. Para melhores aprofundamentos ver Fiorin (1997). Contudo, vale a pena lembrar que esse modelo de Estado não se concretizou no Brasil, embora a partir da década de 1950 foi se formando uma base jurídica que se aproximou de tal modelo, sem lograr êxito em nossa realidade.

[17] Bobbio e Schumpeter estão em espectros políticos diferentes: enquanto o primeiro situa-se no campo do socialismo democrático, o segundo, no liberal-conservador.

[18] Considera a democracia como um valor universal, isto é, tem um fim em si mesmo, um valor estratégico permanente, diferentemente da esquerda tradicional, que tinha na democracia apenas como um instrumento, uma tática para a conquista do poder.

sadores anteriores, desenvolve um modelo substantivo e participativo da democracia, estando a mesma alicerçada nos princípios da moral e da igualdade.

Em Dahl (1998), a representatividade constitui a única solução possível nas democracias de grande escala para o problema da autorização. Enfatiza que, "[...] quanto menor for a unidade democrática maior será o potencial para a participação cidadã e menor será a necessidade para os cidadãos delegarem as decisões de governo para os seus representantes" (DAHL, 1998, p. 110). Por outro lado, quanto maior for a unidade, maior será a capacidade para lidar com problemas relevantes para os cidadãos e maior será a necessidade dos cidadãos de delegarem decisões para os seus representantes. Nesse contexto, Dahl (2005, p. 25-26) afirma que

> [...] para um governo continuar sendo responsivo durante certo tempo, às preferências de seus cidadãos, considerados politicamente iguais, todos os cidadãos plenos devem ter oportunidades plenas: 1. De formular suas preferências; 2. De expressar suas preferências a seus concidadãos e ao governo através da ação individual e da coletiva; 3. De ter suas preferências igualmente consideradas na conduta do governo, ou seja, consideradas sem discriminação decorrente do conteúdo ou da fonte da preferência [...]. Essas me parecem ser então as três condições necessárias à democracia, ainda que, provavelmente, não sejam suficientes.

Pelo exposto anteriormente, evidencia-se que sua teoria tem como fundamento as oportunidades plenas, aproximando-se do modelo pluralista de democracia, haja vista que enfatiza tanto a ação individual quanto a coletiva. Dahl, assim como Bobbio, é considerado como um dos expoentes defensores do pluralismo, tomando a igualdade como um dos alicerces do governo democrático, embora insistisse em analisar os fundamentos da democracia clássica na contemporaneidade. Nessa acepção, a possibilidade da afirmação e garantia dos Direitos Humanos é muito mais promissora.

Contudo, é em Habermas (2002) que uma concepção de procedimentalismo de direito e democracia atinge sua forma mais acurada, na medida em que se sustenta no paradigma da comunicação e envolve o debate público. Para esse autor, "[...] [o] modelo de democracia comunicativa está baseado nas formas de comunicação através das quais o processo político supõe-se capaz de alcançar resultados racionais, justamente por cumprir-se de modo deliberativo" (HABERMAS, 2002, p. 277).

Seu modelo de deliberação assume como principais características os argumentos de que:

- as instituições estatais constituem um subsistema legal, independente e com autonomia em relação à esfera pública;
- a esfera pública possui um sistema de ramificações no todo social por onde se disseminam as comunicações, contudo, não possuem poder político pelo qual podem tomar decisões universalmente válidas;
- a opinião pública é desenvolvida a partir de livres debates constituindo um espaço pré-parlamentar;
- a tomada de decisão se dá nas instituições estatais.

Pelo exposto, entende-se que Habermas não rompe com o procedimentalismo dos pensadores anteriores, mas mantém a resposta procedimental ao problema da democracia, vinculando o elemento procedimental ao mundo da vida, entendendo a democracia como um modo de aperfeiçoamento da convivência humana. Contudo, seu procedimentalismo é pensado como prática social e não como método de constituição de governos, tal qual defendem os pensadores anteriores, embora, em última instância, as deliberações fiquem limitadas às instituições estatais.

Como visto, Habermas propõe uma teoria democrática alternativa aos modelos liberais e republicanos, denominada por ele de "deliberativa", que consiste de três momentos distintos: o primeiro, intitulado de "mundo da vida", no qual nascem as demandas e reclamações espontâneas se espraiando nessa dimensão cujo status é pré-político; um segundo momento, caracterizado como sendo a esfera da tematização racional, cujas demandas e reivindicações surgem em assembleias e fóruns da assim chamada "sociedade civil", na qual, pela argumentação e pelas vozes participantes, formam-se democraticamente a opinião e a vontade política; e, finalmente, um terceiro momento, representado pela esfera estatal, em que os consensos obtidos em torno de questões sociais são normatizados.

A exemplo das imensas preocupações marxistas[19], a questão da distribuição aparece como pano de fundo em Habermas, pois ele reconhece que a distribuição dos bens materiais é um *conditio sine qua non* para a participação na vida social e nos processos políticos de forma mais equânime. Um Estado Democrático e de Direito não pode ficar alheio às condições de vida e, portanto, das desigualdades sociais.

Na obra *Direito e democracia* (1997), Habermas desenvolve sua noção sobre política deliberativa, fundamentando uma visão de circulação do poder intitulada por ele de "eclusas", ancorada na institucionalização. Elabora sua concepção de política deliberativa como uma alternativa aos modelos liberais e republicanos: enquanto a primeira destaca a autonomia privada, firmada nos princípios das liberdades individuais e interesses particulares, a segunda confere ênfase à autonomia pública, por meio da vontade geral e da soberania popular.

A teoria democrática deliberativa habermasiana integra elementos do modelo liberal e do republicano, reconstruindo de uma nova maneira um conceito procedimentalista ideal para deliberação e tomada de decisões. Por isso, Habermas (1997, p. 368) afirma que

> [...] [a] chave da concepção procedimental de democracia consiste precisamente no fato de que o processo democrático institucionaliza discursos e negociações com o auxílio de formas de comunicação as quais devem fundamentar a suposição de racionalidade para todos os resultados obtidos conforme o processo.

Em sua compreensão, a política deliberativa tem fortes traços normativos quando comparada com o modelo liberal, embora tenha menor significação normativa ao ser confrontada com o modelo republicano.

O entendimento estabelecido pela razão comunicativa (princípio do melhor argumento) se constitui como o fundamento das transformações sociais. "É por meio do uso racional e intersubjetivo da linguagem que os sujeitos podem buscar construir outros mundos possíveis, sedimentando novos padrões culturais, regras sociais e práticas de socialização no mundo da vida e influenciando decisões formais" (HABERMAS, 1997, p. 184).

---

[19] A teoria social de Marx (1999), no *Manifesto do Partido Comunista*, parte do entendimento de que existe uma relação inconciliável entre o capital e o trabalho gerando amplos processos de exclusão e de miséria social. A superação da sociedade capitalista é apontada como a única solução possível no sentido de acabar com ampla exploração do capital sobre o trabalho.

Assim, nesse modelo de democracia, os Direitos Humanos se inscrevem a partir de amplos debates públicos com pretensões de validade. Os processos sociais de discussão mediante o agir comunicativo[20] instauram possibilidades de produção de interações intersubjetivas entre os sujeitos, podendo vir a instalar uma opinião pública capaz de pressionar as instituições estatais a prescreverem normativamente as demandas identitárias a partir de consensos racionalmente alcançados.

O discurso habermasiano da democracia procedimental tem sido alvo de muitas críticas, sobretudo por parte de um de seus principais discípulos, Axel Honneth, por não apresentar a radicalidade que anuncia[21]. Honneth aponta aspectos muito frágeis no modelo da política deliberativa: o caráter idealista, o incansável procedimentalismo, limitada reforma ao modelo liberal de democracia e abordagem muito liberal dos princípios que garantam a justiça social.

Partindo de uma crítica a esse modelo, Honneth (2001) percebe que a presença crônica da injustiça social ratifica que o modelo procedimentalista habermasiano — fundado em princípios públicos de legitimação e, desse modo, apto a atender às expectativas normativas das demandas identitárias — apresenta-se insuficiente no sentido de assegurar as lutas morais por reconhecimento e a efetiva justiça social. Honneth, tomando por base uma releitura dos fundamentos teóricos do filósofo pragmatista J. Dewey (2001), faz uma reconstrução da noção de democracia, colocada

---

[20] A Teoria do Agir Comunicativo foi desenvolvida por J. Habermas (1989), filósofo e sociólogo alemão filiado à segunda geração da Escola de Frankfurt. Seu livro *Théorie des Kommunikativen Handelns*, originalmente publicado em 1981, trata dessa teoria que teve grande impacto no meio acadêmico ao propor uma leitura alternativa à razão iluminista instrumental. A Teoria do Agir Comunicativo desenvolve uma análise teórica e epistêmica da racionalidade como o sistema operante nas sociedade. Habermas contrapõe-se à ideia de que a razão instrumental constitua a própria racionalização da sociedade ou o único padrão de racionalização possível e introduz o conceito de *razão comunicativa*.

[21] À guisa de ilustração, mencionamos dentre outros modelos de democracia a democracia radical e plural de Chantal Mouffe e Ernest Laclau (2004) e a democracia participativa de Boaventura de Sousa Santos (2002). Com relação à primeira, constata-se que ela assume como pressuposto basilar a necessidade de "[...] radicalizar o pluralismo como forma de aprofundar o processo de revolução democrática, à proporção que for capaz de eliminar práticas racionalistas, individualistas, rompendo com o universalismo — o discurso do universal — possibilitando espaços para a articulação de diferentes expressões de lutas democráticas [...]" (LACLAU; MOUFFE, 2004, p. 58). A democracia radical de Mouffe e Laclau se firma, assim "[...] na abertura, na visão de sujeito como um agente descentrado, condições imprescindíveis para atuar na direção de uma radical transformação" (PEREIRA, 2009, p. 85-86). Já Boaventura de Sousa Santos, com a sua Teoria de Democracia Participativa, confere centralidade à questão da relação existente entre regulação/emancipação. Aponta a necessidade de se colocar "[...] a democracia a serviço da inclusão, em suas múltiplas dimensões, firmada nos princípios da igualdade e da diferença" (SANTOS, 2014, p. 75). Sua concepção de democracia busca estabelecer o vínculo entre o local, o regional e o global, tendo em vista a necessidade de resgate da visão de totalidade e o respeito às especificidades existentes.

por ele como uma alternativa à democracia liberal e, avançando, inclusive, em relação ao modelo de Habermas (1997), ao ser capaz de articular democracia, divisão cooperativa do trabalho e liberdade.

Nessa perspectiva, David Owen[22] (2007, p. 305), ratifica a crítica de Honneth ao afirmar que

> [...] nem a concepção republicana de democracia, nem a procedimental pode ser adequada para as exigências de autorrespeito e autoestima. Somente um ideal político de democracia radical que combine um compromisso com a garantia de procedimentos democráticos de deliberação racional (isto é, condições máximas da experiência do reconhecimento-respeito) com o compromisso com uma comunidade política democrática (isto é, a condição máxima da experiência de reconhecimento-estima) é capaz de satisfazer ambas as necessidades humanas [...].

Com essa compreensão, Honneth começa a engendrar um modelo de democracia alternativo à democracia liberal, denominada por ele de *democracia como cooperação reflexiva* tendo por fundamentos as ideias de J. Dewey, tema do próximo subitem.

2.3 As contribuições da teoria democrática de Dewey para a teoria do reconhecimento de Honneth

De princípio, é importante se ter a clareza de que, diferentemente das abordagens anteriores, a teoria do reconhecimento de Axel Honneth (2001a, 2003a, 2003b, 2003c) não se explica apenas a partir da noção de democracia no sentido mais usual do termo, pois se trata de uma teoria da justiça, profundamente vinculada a uma dimensão ética e que ganhou contornos diferentes de acordo com os autores que a estudaram. Por isso, Costa e Espíndola (2012, p. 90) reforçam:

> Para que uma sociedade seja de fato justa, é preciso o reconhecimento da dignidade pessoal de todos os indivíduos. Na contemporaneidade, uma forma exemplar de desrespeito é a negação dos direitos e a exclusão social, situação na qual os indivíduos padecem em sua dignidade por não terem concedidos os direitos morais e as responsabilidades de uma pessoa legal plena em sua própria comunidade[23].

---

[22] Professor do Departamento de Filosofia do Arizona e um dos mais ilustres comentaristas de Honneth.
[23] Isso não significa afirmar que a luta pela igualdade econômica tenha sido abandonada, muito pelo contrário. A luta por reconhecimento das diferenças, situada mais no plano ético e moral, alia-se à luta pela igualdade

Embora pareça existir certa escassez teórica acerca do vínculo entre democracia e reconhecimento no pensamento de Honneth, percebe-se que abordar essa aproximação temática a partir da tese da justiça implica tratar da questão das lutas sociais dos grupos excluídos sob as bandeiras da nacionalidade, da etnicidade, das raças, de gênero e da sexualidade — ou seja, das minorias —, o que põe em discussão o vínculo entre reconhecimento, democracia e Direitos Humanos.

Aprender a conviver com a alteridade, reconhecendo suas diferenças, por mais estranhas que pareçam, constitui um dos princípios democráticos. A democracia é um processo que se aprende na medida em que se vive. Quanto mais a experiência democrática se aprofunda nas práticas sociais, maior será o respeito à diversidade, à diferença e, consequentemente, aos Direitos Humanos. Silva e Gonçalves (2003, p. 118) ratificam tal ideia ao afirmarem que "[...] [a] negação dos direitos morais impõe como resposta, no plano da ação, não mais princípios da democracia formal, mas as estratégias chamadas, por alguns autores, de 'política do reconhecimento', por outros, de 'política de identidade' e, ainda, de 'política da diferença'".

É por isso que os princípios da democracia que atravessam o pensamento de Honneth vão para além do modelo liberal de democracia. Nela, encontramos os fundamentos vitais para uma vivência dos Direitos Humanos, que tem como horizonte mais amplo a ideia de uma justiça ampliada. Desse modo, o debate travado pelos teóricos do reconhecimento permite analisar os dilemas em torno da diversidade nas sociedades hodiernas e, por outro, avaliar os possíveis efeitos das políticas públicas de Direitos Humanos que se denominam *inclusivas* ou de *ações afirmativas*, tendo em vista diagnosticar as violações no que diz respeito ao direito à igualdade e à diferença.

Nessa direção, que teoria democrática atravessa a Teoria do Reconhecimento? Como ela interage com a luta pelo reconhecimento? Que contribuições emergem desse profícuo debate? E quais os seus rebatimentos no trato dos Direitos Humanos?

Considerando tais questões, entendemos que Honneth, com sua Teoria do Reconhecimento, resgata e renova a noção de democracia de J.

---

econômico-social. É preciso, ao mesmo tempo, reconhecer que a miséria social, por si só, constitui-se como uma grande imoralidade na medida em que o avanço científico e tecnológico possibilita a garantia da maioria das necessidades da população de todo o planeta. Para mais esclarecimentos, consultar Nancy Fraser e Honneth. **Redistribution or recognition:** a political-philosophical exchange. Londres/Nova York: Verso, 2003c. p. 237-267.

Dewey[24], dando-lhe novos status no sentido de possibilitar a leitura dos procedimentos democráticos em contextos marcados por graves situações de desigualdades. Tendo por base essa análise, Mendonça (2012, p. 120) entende que,

> [...] [d]esse diálogo, nasce uma abordagem democrática da justiça que tem, pelo menos, cinco pontos fortes: (1) adota uma concepção não institucional de política; (2) parte da constatação da opressão; (3) ultrapassa a dualidade entre público e privado; (4) opera com uma visão não homogeneizadora de igualdade; e (5) quebra a cristalizada dicotomia entre indivíduo e comunidade, que alimenta a suposta oposição entre liberalismo e comunitarismo.

É importante ressaltar que não existe uma única Teoria do Reconhecimento, pois são vários os teóricos que desenvolvem essa temática, tanto no passado como contemporaneamente[25]. A ênfase aqui é à teoria do reconhecimento de Axel Honneth (2003) por nela reconhecer contribuições relevantes para o presente estudo. Para esse pensador, a sua teoria se resume, de forma sintética ao articular o

---

[24] A recepção das ideias de J. Dewey no Brasil não foi muito bem apropriada. Entendemos que Saviani e Libânio parecem ter realizado uma leitura apenas numa dimensão do seu pensamento, colocando-o entre os teóricos não críticos da educação. Ao situá-lo no contexto da Escola Nova e tomarem-na como sendo não crítica, elitista e burguesa, minimizaram muito as suas contribuições para a educação. "Uma compreensão do pensamento de Dewey que não leve em conta a fundamentação epistemológica de suas ideias é, por sua vez, limitada e parcial havendo a necessidade de compreender o pensamento deweyano a partir dos seus fundamentos epistemológicos" (SOUZA, 2010, p. 1). A exemplo de Anísio Teixeira, que em seu livro *Educação Progressiva: uma introdução à filosofia da educação* evidencia a compreensão das contribuições de Dewey para o processo educativo, Honneth também faz um belo resgate de suas ideias ao revisitá-lo e tomar o seu modelo de democracia para desenvolver a sua teoria do reconhecimento. São muitas as contribuições de Dewey que têm rebatimento na educação. A sua Teoria de Democracia é a mais significativa, pois dá destaque especial à questão da interação social, da autonomia, da solidariedade, da igualdade econômica e do trabalho como cooperação reflexiva vivenciado em comunidade na qual se inclui a família, a escola, a indústria e a religião. Ora, essas bases teórico-conceituais apropriadas pela teoria do reconhecimento de Honneth são fundamentais para a educação e para o professor em sala de aula, pois este, ao trabalhar com a alteridade, precisa reconhecer que o aluno faz parte da constituição de sua própria identidade como pessoa e como profissional da educação. Nessa perspectiva as temáticas de EDH fluirão com maior riqueza de fundamentos, possibilitando maior apreensão pelos alunos. As ideias de Dewey também se vinculam à questão da formação de professores, sobretudo a partir da noção de professor reflexivo difundido por autores como Antônio Nóvoa (1999, 1992), Donald Schön (1992, 2000) e Peter McLaren (1997), entre outros. Revisitá-lo, hoje, é mais do que uma necessidade, constituindo-se como uma obrigação para educadores e pesquisadores, buscando apreender dimensões do seu pensamento ainda pouco explorado. Para melhor aprofundamento consultar Souza (2010).

[25] O filósofo político canadense Charles Taylor, o filósofo social Axel Honneth, a cientista política estadunidense Nancy Fraser são três dos principais pensadores contemporâneos que vêm realizando estudos e pesquisas sobre a temática do reconhecimento.

Idealismo hegeliano ao pragmatismo de G. H. Mead para propor uma teoria da justiça centrada no conceito de autorrealização. Para Honneth (2001a, 2003a, 2003b, 2003c), as lutas por reconhecimento impulsionam a ação dos sujeitos no mundo e o progresso moral da sociedade, sendo que o parâmetro de tais lutas é o anseio pela autorrealização. Segundo ele, as configurações atuais das sociedades ocidentais levaram à consolidação de três domínios essenciais à autorrealização: o afeto, os direitos e a estima social. A possibilidade de experienciar vínculos afetivos fortes, de ver-se semelhante aos outros no exercício de direitos e deveres e de ser apreciado por eventuais contribuições à consecução de objetivos coletivos permite ao sujeito realizar-se em múltiplas dimensões. Do afeto, dos direitos e da possibilidade de ser estimado adviriam, respectivamente, a autoconfiança, o autorrespeito e a autoestima (MENDONÇA, 2012, p. 121).

Em suas reflexões, parece que Honneth (2003) prioriza o reconhecimento social ao mostrar que a comunidade de valor[26], ao não acolher aquilo que está enraizado na esfera da vida cotidiana, traz desrespeito, sofrimento e dor pela rejeição, pelo preconceito, pela discriminação, pela exclusão e, portanto, pela violação de direitos fundamentais. Nesse sentido, ao negar a expressão de demandas fundamentais de parte significativa das sociedades, compromete a prática da democracia porque fere os direitos de comunidades, povos e nações.

A Teoria do Reconhecimento em Honneth (2003), situada no campo da filosofia política, tem por perspectiva a renovação da teoria crítica tal qual expressa por Horkheimer (1980), na década de 1930. Traz como horizonte refletir criticamente a realidade e, ao mesmo tempo, contribuir para a construção de um mundo que aponte para a emancipação da humanidade, tendo por fundamento relações sociais mais humanizadas, transparentes e democráticas.

É, pois, nesse sentido, que a Teoria do Reconhecimento é atravessada por uma Teoria da Democracia, constituindo-se também como uma Teoria da Justiça Social, conforme dito anteriormente. Isso porque ela vai ao encontro da garantia de direitos das minorias possibilitando à esfera política, nas sociedades contemporâneas, criar as condições para a sua efetivação.

---

[26] Isso significa criar, por meio de um arcabouço jurídico-político, uma comunidade em que certos direitos e valores tenham a promoção, a defesa e a garantia da proteção de todos. É, pois, nesta dimensão que entram as lutas pela universalização dos Direitos Humanos, por exemplo: o direito à vida.

Em Honneth, a autorrealização se processa em três domínios — autoconfiança, autorrespeito e autoestima —, sendo caracterizada como um princípio normativo que se concretiza a partir de relações intersubjetivas, dialógicas e contextualizadas. A luta pelo reconhecimento se concretiza na autorrealização como pessoas, seres humanos e indivíduos. Por isso, ao negar o reconhecimento da alteridade a comunidade de valores não facilita a relação com o outro concreto, com o qual se está convivendo, gerando, por sua vez, desrespeito e opressão, podendo se constituir como o germe da luta pelo reconhecimento tendo por Telos o princípio normativo da autorrealização e o progresso moral da sociedade.

É nessa perspectiva que a esfera do reconhecimento social se constitui como o ponto-chave das lutas contemporâneas, porque nela convivem os homens e as mulheres invisíveis, que existem como sujeitos sociais. Eles ficam invisíveis na esfera da vida justamente por conta da ausência de reconhecimento social, ou por um reconhecimento equivocado que se atribui a esses sujeitos. Essa visibilidade equivocada fere a identidade dos sujeitos ao afetar o sentimento de dignidade que eles têm em relação a si mesmo. Todo esse processo de violações pode gerar uma luta social moralmente motivada no sentido da conquista de direitos. Isso porque muitos sentimentos da vida social sequer são considerados desrespeito à dignidade da pessoa humana[27] e/ou se apresentam sem perspectiva de soluções, em curto ou médio prazo, embora produzam aflições e dor para os que são afetados.

Diante do exposto, entendemos que a democracia ainda se constitui como o melhor dentre os regimes políticos, pois significa um instrumento imprescindível para a superação de lacunas jurídicas, embora a promulgação de leis, por si só, não garanta a superação dos problemas. É, pois, nessa direção que a luta pelo reconhecimento e autorrealização tem de forma subjacente uma Teoria da Democracia que a enriquece e torna viva a possibilidade real de concretização de uma sociedade justa e igualitária, condições imprescindíveis à prática dos Direitos Humanos.

---

[27] Por exemplos: o desrespeito à dignidade da pessoa humana no sistema penitenciário brasileiro; cárceres (masmorras superlotadas); falta de assistência médica aos apenados; estrutura física precaríssima; fato observado, também, em muitas escolas públicas; a revista intima dos visitantes nos presídios; o não cumprimento de leis que garantem a dignidade, a exemplo do Estatuto da Criança e do Adolescente — ECA (1990); e da própria Lei de Diretrizes e Bases da Educação Nacional, Lei n.º 9394/1996, que prescreve a obrigatoriedade do Ensino Fundamental e gratuito, inclusive para os que a ele não tiveram acesso na idade própria e a progressiva extensão da obrigatoriedade e gratuidade ao ensino médio. Contudo, com a instituição da Lei n.º 12.796 de 2013, o Estado estabelece a educação básica como obrigatória dos 4 (educação infantil) aos 17 anos (ensino médio). As políticas de cotas são um reconhecimento, pelo Estado, das históricas violações de direitos de parte de sua população.

Contudo, para entendermos a Teoria Democrática de Honneth[28], faz-se necessário revisitar, embora de forma breve, Dewey, a começar pela sua clássica distinção entre democracia como ideal e democracia como sistema de governo. De acordo com Mendonça (2012, p. 123),

> [...] [a] primeira consiste nos ideais de democracia, em seus pilares morais e conceituais que apregoam uma forma de governo calcada na igualdade, na participação e na decisão coletiva sobre os rumos da sociedade. A segunda, por sua vez, revela-se na institucionalização de uma forma de governo, com seus procedimentos, práticas e padrões de funcionamento.

Dewey entende a democracia com fins claramente definidos, vinculando meios e fins, não se esgotando "[...] em instituições como o sufrágio, as eleições periódicas e a regra da maioria" (MENDONÇA, 2012, p. 123), conforme defendem os pensadores liberais a partir, sobretudo, de Schumpeter. Seus princípios situam-se em torno de uma cidadania ativa em que os sujeitos se constituem como atores históricos prontos para intervir na estruturação da vida comunal, tendo em vista a autorrealização coletiva e o progresso moral da sociedade. Nessa perspectiva, o próprio Dewey (1970, p. 212) afirma que "[...] [a] democracia sempre esteve unida ao humanismo e à sua fé nas potencialidades da natureza humana e sua necessidade presente é uma vigorosa reafirmação dessa fé, que desenvolveu importantes ideias e se manifestou em atitudes práticas".

Nessa perspectiva, a ideia de democracia transcende os limites da democracia liberal, pois ao penetrar no âmbito da vida comunal[29] se espraia, afetando "[...] todos os modos de associação humana, a família, a escola, a indústria, a religião" (DEWEY, 1954, p. 143). Em outra passagem, Dewey (1970, p. 39) retoma a mesma questão ao reafirmar que "[...] a democracia se estende a todas as formas de organização social e modos de vida".

Quando Dewey destaca a experiência da vida comunal como pressuposto para a plena vivência da democracia, traz, implicitamente, outro grande problema que afeta a contemporaneidade, a questão da desigual-

---

[28] Honneth percebe que uma das patologias da sociedade contemporânea é o déficit democrático delineado pela deficiência da participação popular nas deliberações do poder estatal.

[29] Quando Dewey aborda a noção de comunidade ele não o faz pensando em "[...] um agrupamento reduzido de pessoas que se conhecem e interagem ordinariamente" (MENDONÇA, 2012, p. 126). Em seu entendimento tal conceito "[...] poderia ultrapassar os limites da escala local, desde que o interesse público e a livre comunicação guiassem um processo de busca coletiva de soluções para problemas sociais" (MENDONÇA, 2012, p. 126).

dade. Em sua visão, "[...] as desigualdades econômicas produzidas reagiram contra a existência de igualdade de oportunidade" (DEWEY, 1970, p. 157). Mendonça (2012, p. 127), ao abordar a mesma temática, torna mais clara as ideias de Dewey ao afirmar:

> Para que essa vida comunal seja viável e para que a realização seja possível, desigualdades precisam ser frontalmente atacadas. Vale lembrar que essas desigualdades envolvem diferenças econômicas, na medida em que estas constrangem, sistematicamente, a liberdade de indivíduos, a inserção deles na comunidade e a sua participação nos processos coletivos de resolução de problemas sociais.

Percebemos assim que, no olhar de Dewey, a igualdade econômica é imprescindível para que os indivíduos se autorrealizem como pessoas e como cidadãos na vida comunal. A liberdade individual também se concretiza na igualdade econômica, e a democracia se constitui como o modelo político que possibilita atingir esse estágio pelo vinculo existente entre meios e fins — isto é, há forte normatividade na democracia deweyana, pois as pessoas participam na vida comunal em todos os processos, tendo em vista a construção do bem público.

Após essa breve abordagem acerca da teoria democrática de J. Dewey, cabe agora indagar como suas ideias têm rebatimento no pensamento de Honneth e na sua Teoria do Reconhecimento.

É relevante afirmar, de início, que a conexão entre o pensamento de Dewey e de Honneth se dá porque ambos recorrem aos pressupostos da Psicologia e da Sociologia para justificar a autorrealização e o progresso moral da sociedade. Além disso, eles defendem uma ordem social que possibilite "[...] a liberação dos indivíduos de modo que a realização de suas capacidades seja a lei de suas vidas" (DEWEY, 1970, p. 35), o que implica criar as condições para o desenvolvimento humano, em que se alie o princípio da igualdade com a garantia da valorização da diferença de cada pessoa.

Para Honneth, esse Telos da autorrealização não é metafísico, mas uma construção histórica que vai se engendrando, a cada dia, a partir das ações dos sujeitos políticos coletivos injustiçados por não terem as suas demandas reconhecidas. Por outro lado, Dewey condiciona a existência da justiça à promoção do bem-estar humano que se efetiva a partir de "[...] uma moralidade reflexiva não baseada em leis gerais" (MENDONÇA, 2012, p. 129) e universais, o que implica a relativização dos Direitos Humanos.

Outro ponto que aproxima Honneth de Dewey manifesta-se no entendimento que ambos têm acerca do conflito, que é encarado como instrumento de mudanças sociais. Partem do princípio de que experiências de tensão podem desencadear processos de lutas organizadas tendo por finalidade a transformação da gramática moral da sociedade e abrindo, assim, espaços para o florescimento de novos hábitos e costumes.

Ambos os pensadores também se aproximam ao considerar a questão das identidades como mote central das lutas morais. Nessa direção, Mendonça (2012, p. 129) entende que, de um lado, Dewey "[...] explicita esse ponto ao admitir que a verdadeira questão moral está em saber qual a espécie de 'eu' que está sendo promovida e formada", de outro, aponta que Honneth "[...] constrói toda a sua abordagem a partir da ideia de que é o processo interativo de construção das identidades que elucida as lutas por reconhecimento e impulsiona os conflitos sociais" (MENDONÇA, 2012, p. 129).

O debate público, tomado enquanto meio de socialização dos conflitos sociais, constitui-se também como ponto de aproximação entre Dewey de Honneth. A racionalização comunicativa dos conflitos, de forma democrática, possibilita o surgimento de sociedades (e não apenas de Estados), criando perspectiva de maior autorrealização para os indivíduos. Nesse ponto, Dewey e Honneth se aproximam de Habermas, sem, contudo, limitarem-se a procedimentos normativos da razão comunicativa dos conflitos sociais, pois ambos concebem que as lutas por justiça são intensas e

> [...] [a]paixonadas, que tocam no âmago dos sujeitos e de suas identidades. Isso ajuda a entender o cuidado de ambos os autores em discutir o papel político das emoções. Dewey (1970) ressalta a dimensão motivacional das emoções e é taxativo ao afirmar que "emoções e imaginação são mais potentes em moldar o sentimento e a opinião pública de que a informação e a razão (p. 103)". Honneth, baseando-se em Dewey, também ressalta a impulsão emotiva dos atos sociais, além de situar o amor como um dos domínios da autorrealização. (MENDONÇA, 2012, p. 130).

É importante relembrarmos que, na Teoria Social de Habermas, a ação comunicativa se constitui como a forma, por excelência, de se chegar à formação da opinião e da vontade política, tendo em vista a resolução dos conflitos morais de forma racionalmente justificados. Contudo, na medida em que existe uma autonomia das instituições estatais, estas podem ou não validar os consensos estabelecidos na sociedade. Percebemos ainda que, diferentemente de Dewey e Honneth, Habermas não recorre aos fundamentos da Psicanálise para explicitar a sua teoria. Sendo assim, não toma como base os domínios da emoção, do sofrimento, da dor, do amor como fundamentos na luta pela autorrealização.

Por outro lado, ao recorrerem à Psicanálise, Dewey e Honneth não se restringem a pensar o indivíduo apenas na dimensão do *self*, pois suas demandas por autorrealizações são elevadas à dimensão política, tensionando a luta por reconhecimento e justiça nas estruturas macrossociais.

É nesse sentido que a Teoria do Reconhecimento é atravessada por uma teoria democrática, fazendo-se necessária à sua expansão. Conforme vimos anteriormente, a limitada democracia do liberalismo, sobretudo a partir das variações schumpeterianas que apenas apontam para a autorização das elites políticas e para o crescente processo do sufrágio até a sua universalização, não responde aos pressupostos da Teoria do Reconhecimento.

Por outro lado, em disputa com essa, as teorias do republicanismo e do procedimentalismo, ideal de deliberação e de tomada de decisões habermasiano, situadas no campo da democracia radical, avançam para formas normativas de participação na coisa pública sem darem contas, inteiramente, da explicitação da teoria do reconhecimento.

É, pois, nessa direção que Honneth (2001, p. 64) entende que o republicanismo e o procedimentalismo

> [...] [d]esignam dois modelos normativos de democracia cuja meta comum é dar maior ênfase à formação democrática da vontade do que habitualmente se dá no liberalismo político. Em vez de limitar a atividade participatória dos cidadãos para a função de legitimar periodicamente o exercício do poder do Estado, essa atividade deve ser permanente na esfera pública democrática e deveria ser vista como a fonte de todos os processos políticos de tomada de decisão.

Assim, na visão de Honneth, a democracia deve comportar formas deliberativas de participação como normalmente ocorre no republicanismo e no procedimentalismo. A diferença entre os dois modelos consiste em que, no republicanismo a ênfase recai sobre o "[...] ideal antigo de negociação intersubjetiva acerca de assuntos públicos como parte essencial da vida dos cidadãos" (HONNETH, 2003, p. 64), enquanto na visão procedimentalista "[...] não são as virtudes cívicas dos cidadãos que motivam o processo de formação democrática da vontade, mas sim procedimentos moralmente justificados" (HONNETH, 2003, p. 64). No esquema a seguir, traça-se um quadro comparativo dos três modelos de democracia, construído a partir de Habermas (1997).

Quadro 1 – Quadro comparativo das teorias

QUADRO COMPARATIVO DAS TEORIAS		
LIBERAL	**REPUBLICANA**	**PROCEDIMENTALISMO (TEORIA DO DISCURSO)**
Processo democrático cumpre a tarefa de programar o Estado no interesse da sociedade. A separação do aparato estatal com respeito à sociedade não pode ser eliminada, mas no máximo transposta pelo processo democrático. As débeis conotações normativas comportadas pela ideia de equilíbrio entre o poder e os interesses da sociedade necessitam, em todo o caso, do complemento representado pelo Estado de Direito. A formação democrática da vontade comum dos cidadãos preocupados somente com seu próprio interesse somente pode ser um elemento dentro de uma constituição que deve disciplinar o poder do Estado mediante dispositivos normativos como os direitos fundamentais, a separação de poderes e a vinculação da administração à lei.	Não se limita à função de mediação. Formação horizontal da vontade política orientada para o entendimento ou para o consenso alcançado argumentativamente, deve mesmo gozar de primazia, seja genericamente, seja de um ponto de vista normativo. É sinônimo de auto-organização política da sociedade. Disso resulta uma compreensão da política que se volta polemicamente contra o aparato estatal.	Incorpora elementos de ambas as teorias e os integra no conceito de um procedimento ideal de deliberação e de tomada de decisões. Esse procedimento democrático estabelece uma conexão interna entre considerações pragmáticas, compromissos, discursos de autocompreensão e discursos relativos a questões de justiça e fundamenta a suposição de que sob tais condições obtêm-se resultados racionais e equitativos. A razão prática se afastaria dos direitos universais do homem (liberalismo) ou da eticidade concreta de uma determinada comunidade (comunitarismo) para se situar naquelas normas de discurso e de formas de argumentação que retiram seu conteúdo normativo do fundamento de validade de ação orientada para o entendimento, e, em última instância, portanto, da própria estrutura da comunicação linguística.

QUADRO COMPARATIVO DAS TEORIAS		
LIBERAL	**REPUBLICANA**	**PROCEDIMENTALISMO (TEORIA DO DISCURSO)**
Por meio da competição entre partidos políticos, de uma parte, e entre o governo e a oposição, de outra, essa constituição deve fazer o Estado levar adequadamente em conta os interesses sociais e as orientações valorativas da sociedade. O eixo do modelo é a normatização (em termos de Estado de direito) de uma sociedade centrada na economia que, mediante a satisfação das expectativas de felicidade de pessoas privadas empreendedoras, deve garantir um bem comum entendida, no fundo, de modo apolítico.		Associa ao processo democrático conotações normativas mais fortes do que o modelo liberal, porém mais fracas do que o modelo republicano, toma elemento de ambos e os articula de uma forma nova e distinta. Coincidindo com o modelo republicano, ela concede um lugar central ao processo político de formação da opinião e da vontade comum, mas sem entender como algo secundário a estruturação em termos de Estado de Direito. Entende os direitos fundamentais e os princípios do Estado de Direito como uma resposta consequente à questão de como institucionalizar os exigentes pressupostos comunicativos do processo democrático. Entende os direitos fundamentais e os princípios do Estado de Direito como uma resposta consequente à questão de como institucionalizar os exigentes pressupostos comunicativos do processo democrático.

QUADRO COMPARATIVO DAS TEORIAS		
LIBERAL	**REPUBLICANA**	**PROCEDIMENTALISMO (TEORIA DO DISCURSO)**
		Da visão de democracia segue-se normativamente a exigência de um deslocamento do centro de gravidade da relação entre recursos representados pelo dinheiro, pelo poder administrativo e pela solidariedade, dos quais as sociedades modernas se valem para satisfazer sua necessidade de integração e de regulação.

Fonte: adaptado de Habermas (1997). Elaboração do autor

Assim, tendo em vista essas perspectivas quanto às noções de democracia — liberal, republicana e procedimental —, os pressupostos teóricos honnethianos se assentam "[...] [n]a ideia de uma comunidade que se autogoverna requer alguma forma de igualdade entre os membros dessa comunidade e algum tipo de participação desses membros, de modo que o autogoverno se materialize em práticas concretas (esporádicas ou continuadas)" (MENDONÇA, 2012, p. 130).

É importante ressaltar que a comunidade que se autogoverna tem, implicitamente, uma dimensão ética de convivência social, pois ao criticar as injustiças se aproxima de uma concepção de bem comum que se concretiza na autorrealização dos indivíduos. Nesse contexto, a experiência democrática se efetiva ao potencializar a luta pela emancipação dos sujeitos na medida em que a participação deliberativa, ao expressar seu forte vínculo ético, cria as possibilidades de atendimento das demandas identitárias por reconhecimento e justiça.

Considerando tal perspectiva, percebe-se que a Teoria Democrática de Honneth está estreitamente vinculada ao pensamento de Dewey, pois busca associar uma forma reflexiva de cooperação comunitária com a democracia, divisão cooperativa do trabalho e liberdade, entendendo desse modo que a plena liberdade do indivíduo apenas se firma na medida em que contribui, no âmbito da divisão do trabalho, para a manutenção da comunidade com suas próprias atividades.

A autorrealização se materializa com a articulação do reconhecimento das singularidades socialmente úteis. A respeito dessa análise, Honneth (2001, p. 67, grifo nosso) afirma que

> Dewey, em contraste ao republicanismo e procedimentalismo democrático, **não é orientado pelo modelo de consulta comunicativo, mas pelo de cooperação social**. É essa ideia que servirá de diretriz na tentativa de reconstrução da teoria democrática de Dewey. Porque Dewey deseja entender a democracia como forma refletiva de cooperação comunitária — eis minha tese de forma reduzida — ele é capaz de combinar deliberação racional e comunidade democrática, ambas separadas em posições adversárias na discussão atual sobre a teoria democrática.

Percebemos que, em Honneth, o processo de reconstrução do modelo de democracia como forma reflexiva de cooperação social origina-se a partir da oposição entre a argumentação discursiva, tese apresentada nos projetos das teorias republicana e procedimental, e a comunidade democrática. Esta última é entendida como cooperação social, tendo por direção as contribuições que os sujeitos propiciam à manutenção da comunidade como resultante da intersubjetividade na divisão social do trabalho, na qual a vida social é apresentada como se fosse um organismo social pressupondo-se, desse modo, que "[...] cada indivíduo contribui, por meio de sua própria atividade, para a reprodução do todo" (HONNETH, 2003, p. 71). Nessa perspectiva, o fato que melhor caracteriza a sociabilidade é a experiência de cooperação.

A participação deliberativa na formação da opinião e da vontade política, no assim designado autogoverno, constitui a contraface do modelo de democracia que Honneth compartilha com Dewey. Isso implica afirmar que

> [...] [o] aparato estatal deve ser encarado como a instituição política de execução dessa vontade. Por isso o governo não deve ser concebido como uma esfera diferenciada para a qual são delegados os representantes públicos por meio da aplicação da regra da maioria, mas como uma expressão viva do esforço combinado de tentativa de implementação mais efetiva dos fins cooperativamente desejados, ou seja, pela concentração de forças reflexivas. (HONNETH, 2003, p. 72).

Entende-se, pelo exposto, que a autorrealização é uma condição indispensável para a conquista da liberdade e que esta se realiza a partir da cooperação social em conformidade com os fins éticos que são proporcionados pelo compromisso com a totalidade social, e que o Estado apenas implementa o bem público. É nesse sentido que o aparato estatal se constitui como o órgão que administra as deliberações que, cooperativamente, foram acordadas pela concentração de forças reflexivas.

Contudo, há uma questão que se deve responder sobre a capacidade de renúncia que cada indivíduo tem em função do todo. Como realizar esta proeza num tipo sociedade marcada pela predominância do eu sobre o todo, do individual sobre o social? Honneth (2003, p. 74), tomando por base as ideias de Dewey, responde que

> [...] [a] democracia difere quanto a seus meios. Esse sentimento universal, essa lei, essa unidade de propósito, esse preenchimento de funções em devoção ao interesse do organismo social, não é imposto a um homem. Deve ter início no homem em si, embora em muito contribuam os bons e justos da sociedade. Responsabilidade pessoal, iniciativa individual, essas são as marcas da democracia. Há um indivi dualismo na democracia que não está presente na aristocracia, mas é um individualismo ético e não numérico. É um individualismo de liberdade, de responsabilidade, de iniciativa com respeito ao ideal ético, não um individualismo sem lei.

É essa conexão interna entre democracia, liberdade e cooperação social que possibilita a superação do individualismo sem lei, burguês, liberal, capitalista, egoísta. Assim, o individualismo democrático em Honneth nada tem de comum com a ética do individualismo liberal, pois enquanto este se alicerça na competição, na exclusão, no ter em detrimento da maioria, aquele se funda na cooperação que, por sua vez, se sustenta na "[...] divisão social do trabalho como evidência do fato de o indivíduo dever sua liberdade pessoal somente à comunicação com os outros elementos da sociedade" (HONNETH, 2003, p. 74).

A autorrealização tem por princípio a sua incompletude, pois ela é ilimitada, está sempre se reconstruindo, é sempre provisória. Este pressuposto se constitui como o alicerce da liberdade na medida em que, somente assim, criam-se as condições para os indivíduos descobrirem e desenvolverem integralmente suas habilidades e talentos, podendo, assim, fundado na divisão social do trabalho, contribuir para a manutenção do todo social.

Nessa perspectiva, todo esse processo de situações que gira em torno da concretização da autorrealização transpassa o ideal democrático se efetivando, segundo a visão de Honneth (2003, p. 75), na "[...] [l]ivre associação de todos os cidadãos, embasada na divisão de trabalho, com a finalidade de realizarem os seus fins compartilhados, gerando, assim, expectativas mútuas entre os cidadãos de aperfeiçoamento de suas capacidades de servir ao bem comum".

Esse modelo de democracia, denominada por Honneth de "democracia como cooperação reflexiva", ou simplesmente "democracia cooperativa", é colocada por ele como uma nova alternativa ao republicanismo e ao procedimentalismo. Contudo, conforme se viu anteriormente, seus fundamentos não são exatamente novos, pois derivam dos estudos empreendidos por J. Dewey. A contribuição de Honneth deve-se ao cruzamento da Teoria do Reconhecimento com a Teoria Democrática de Dewey.

Tecendo uma comparação com a realidade brasileira, constata-se que a Teoria Democrática de Honneth se afasta bastante do modelo, pois o que entre nós se instalou não aprofunda processos interativos com os sujeitos sociais que participam apenas no momento da escolha dos representantes. Ao privilegiar a representação política, ele se encerra nos processos eleitorais que acontecem, em geral, a cada dois anos. Além disso, não existe controle social sobre a classe política, permitindo que elas exerçam suas competências (legislativas e/ou governativas) quase sem participação dos mais interessados, a sociedade civil e os cidadãos simples. Os institutos do referendo, do plebiscito e da iniciativa popular que poderiam aproximar os eleitores dos seus representantes quase não são acionados, pois se criaram inúmeros obstáculos para o seu melhor funcionamento e exercício. Como consequência, o modelo dominante de representação política tem como principal característica a ambição dos partidos políticos em deter o monopólio do poder de representação dos interesses dos cidadãos, embora pouco faça por eles.

Contudo, não obstante os muitos limites, esse modelo vai se consolidando no Estado de Direito, propiciando espaços para que os discursos presentes na Educação em Direitos Humanos criem comportamentos e atitudes que possam contribuir para a instalação de uma cultura de mais respeito à dignidade dos diferentes, em que pese o entendimento de que existe uma tensão permanente entre democracia e Direitos Humanos. Essa tensão é bem captada por Lefort (2011), ao advertir que a conquista de direitos gera a luta pela emergência de novos direitos.

Por tudo isso, entende-se que democracia, Direitos Humanos e reconhecimento formam um importante escopo epistemológico de análise da realidade social e política. Nessa perspectiva, infere-se que o reconhecimento da alteridade, na esfera da vida social, em regimes democráticos, cria condições favoráveis à autorrealização. Significa, ao mesmo tempo, a real possibilidade na elaboração de pactos sociais e institucionais que, ao instalarem procedimentos normativos e de respeito nas relações de convivências sociais, contribuam para a superação de obstáculos que se caracterizam pelo preconceito e pela discriminação — embora com a clareza de que essas relações, em qualquer situação, serão sempre tensas, conflituosas e provisórias.

Com essa compreensão, a convenção da Unesco (2005, p. 110) reconhece que "[...] a diversidade cultural constitui patrimônio comum da humanidade, a ser valorizada e cultivada em benefício de todos". Ressalta ainda que ao criar um "[...] mundo rico e variado aumenta a gama de possibilidades e nutre as capacidades e valores humanos, constituindo, assim, um dos principais motores do desenvolvimento sustentável das comunidades, povos e nações" (UNESCO, 2005, p. 110), garantindo a dignidade e a multiplicidade cultural.

A ocorrência desses eventos internacionais por Direitos Humanos, à medida que possibilitam a celebração de pactos e compromissos, mostra que acontecimentos nacionais, regionais e locais são modelados por discursos e fatos sociais que ocorrem a muitas milhas de distância e vice-versa. A reverberação desses eventos, em que pese a globalização capitalista, ratifica que a democracia, embora sendo considerada o mais imperfeito dos regimes, tem o poder de efetuar mudanças, criando fendas na estrutura do poder que possibilitam a sua ampliação de forma expressiva a partir das lutas sociais.

Ao final desta análise teórico-conceitual, vale a pena apontar, a título de ensaio, algumas reflexões a respeito das razões pelas quais Honneth é um teórico importante para ser estudado na educação e na EDH.

Primeiro, é importante destacar que Honneth é um pensador multidisciplinar, porque a sua Teoria do Reconhecimento se aproxima de vários campos teórico-epistemológicos. Ao tomar por base a Filosofia

Social de Hegel, a Filosofia Política dos contratualistas, a Ciência Política, a Psicologia Social, a Psicanálise e a Sociologia têm nítidos rebatimentos na educação e na EDH.

Nessa perspectiva, Hegel destaca o papel intersubjetivo do reconhecimento na autorrealização dos sujeitos tendo em vista a construção da liberdade individual; a Filosofia Política faz um contraponto com os contratualistas, especialmente com as ideias de Hobbes, discorrendo que a luta de todos contra todos é uma luta por reconhecimento. Da Ciência Política faz uma recuperação da Teoria da Democracia de Dewey, renovando-a no que ele denomina "democracia como cooperação reflexiva", ou simplesmente "democracia cooperativa", colocada por ele como uma nova alternativa ao republicanismo e ao procedimentalismo; da Psicologia Social e da Psicanálise, toma emprestadas as ideias de George Herbert Mead no que diz respeito à formação da identidade a partir das ligações emotivas fortes; e, por fim, da Sociologia faz uma atualização da Teoria Crítica ao fornecer ferramentas para identificar patologias no tecido social e avaliar os movimentos sociais.

Todos esses campos de conhecimento se aproximam da educação de diversas formas:

1. na relação professor aluno ao reconhecê-lo como fazendo parte da própria identidade do professor;
2. na escola e na sala de aula como sendo um local de vivência da cooperação reflexiva;
3. na relação de respeito, de não violência e de reconhecimento da alteridade como fundamentos para a autorrealização de discentes e docentes;
4. na interação entre professor e aluno;
5. no estabelecimento de relações democráticas, ao tomar a escola como uma comunidade de cooperação reflexiva na qual a divisão do trabalho deve se processar de forma solidária;
6. no entendimento do multiculturalismo como ferramenta teórica indispensável para promover o reconhecimento das identidades sociais e compreender os efeitos das políticas públicas que se intitulam como inclusivas.

Por tudo isso, este trabalho considera que a Teoria do Reconhecimento de Honneth tem muito a contribuir para a educação, para os Direitos Humanos e para a Educação em Direitos Humanos.

Assim, no próximo capítulo, torna-se imprescindível abordar as questões relativas às diferentes perspectivas de compreensão dos Direitos Humanos, da Educação em Direitos Humanos e da sua trajetória histórica no Brasil.

3 CAPÍTULO TERCEIRO

3.0 Direitos Humanos e Educação em Direitos Humanos

Pretende-se, neste capítulo, tecer uma discussão acerca da tensão entre a visão universalista e a interculturalista de Direitos Humanos, tendo por objetivo explicitar como, historicamente, esses conceitos vêm entremeando as discussões acerca dos Direitos Humanos e, consequentemente, da Educação em Direitos Humanos. Nesse sentido, adquire relevância, apreender a concepção e a trajetória histórica da Educação em Direitos Humanos no Brasil, questão que se configura como passo importante na construção de uma cultura em Direitos Humanos. Refletir sobre a questão da diversidade e da diferença também se coloca como pretensão deste capítulo, haja vista a necessidade de apropriação de seus enfoques teórico-conceituais como requisito ao entendimento das questões a serem analisadas.

3.1 A construção dos Direitos Humanos: tensão entre universalismo e interculturalismo

A concepção hegemônica dos Direitos Humanos afirma que a pessoa humana se constitui como o mais importante de todos os valores consagrados nos diplomas legais, o que implica afirmar que não foi por acaso que a invenção das Ciências Jurídicas nasce em função dela, para ela e por ela. É justamente tomando por base essa premissa que aparece a noção de pessoa representando, como diria Reale (1990, p. 211), "[...] o valor-fonte de todos os valores".

A história mostra que o discurso da modernidade se centra na razão humana e que a dignidade da pessoa se concretiza na igualdade, na liberdade e na fraternidade, constituindo o alicerce do novo mundo que vai se afirmando frente às ruinas do *Ancien Régime*. O discurso moderno traz a esperança de uma plena emancipação do homem, conferindo-lhe igualdade e dignidade e, desse modo, redimindo-o da opressão (miséria política) e da ignorância (miséria moral) que, ao longo da história, condenaram a maioria da população à condição de vassalos, sem quase nenhum direito que a afirmasse como pessoa humana.

Nessa acepção dominante, a dignidade é uma qualidade intrínseca e inalienável de toda e qualquer pessoa humana, o que torna implícita a universalidade dos Direitos Humanos. Sarlet (2001, p. 27) ratifica isso ao afirmar que tais qualidades se vinculam de tal modo que a "[...] destruição de uma implicaria a destruição da outra e que o respeito e a proteção da dignidade da pessoa (de cada uma e de todas as pessoas) constituem-se (ou, ao menos, assim, deveriam) como meta permanente da humanidade e do Estado de direito".

Na mesma direção, Bobbio (1992, p. 17) entende que os seres humanos "[...] possuem certos direitos que devem ser respeitados e garantidos e ninguém, nem mesmo o Estado — e principalmente ele, que existe para garantir seu Bem-Estar — pode violar. Todos os homens são titulares destes direitos e nem os próprios podem os alienar".

Assim, nessa visão, os chamados Direitos Humanos aparecem como sendo direitos inerentes a todos os seres humanos, "[...] sem distinção de qualquer espécie, seja de raça, cor, sexo, língua, religião, opinião política ou de outra natureza, origem nacional ou social, riqueza, nascimento ou qualquer outra condição", conforme atesta a Declaração Universal dos Direitos Humanos de 1948 (DUDH), no seu artigo 2º.

Nessa direção, não podemos deixar de ressaltar que o discurso da dignidade e da universalidade da pessoa humana, bem como da sua ampliação nos séculos seguintes, trouxe um grande desafio no limiar da modernidade. Mais recentemente, a DUDH (1948), ao "[...] formular juridicamente uma base mínima de direitos que alcance a todos os indivíduos e formas de vida que compõem a ideia abstrata de humanidade" (FLORES, 2009, p. 18), não deixa de ser um avanço.

Contudo, hoje, se coloca em pauta uma discussão crítica em torno da constituição dos Direitos Humanos por organismos internacionais, sobretudo a ONU, que garanta a promoção e proteção da pessoa humana, não apenas daqueles horrores de genocídio que se passaram durante a Segunda Guerra Mundial, entre 1939–1945, mas também contemporaneamente. Nessa perspectiva, Flores (2009, p. 12) entende que

O direito, seja nacional ou internacional, não é mais do que uma técnica procedimental que estabelece formas para acessar aos bens por parte da sociedade [...]. O direito, então, não é uma técnica neutra que funciona por si mesmo. Nem tampouco é o único instrumento ou meio que se pode usar para a legitimação ou transformações das relações sociais dominantes. O "direito" dos Direitos Humanos é, portanto, um meio — uma técnica — entre muitos outros que pode assegurar o resultado das lutas e interesses sociais.

Percebemos que Flores não coloca a demarcação jurídica como sendo a mais importante das ferramentas de acesso aos bens materiais e simbólicos da humanidade, mas apenas uma delas. Observa-se que, em sua visão, as lutas sociais são, prioritariamente, as ferramentas que podem garantir a existência de uma vida digna mediante o acesso aos bens materiais e simbólicos, consagrando esses embates políticos em Direitos Humanos.

A expressão "Direitos Humanos" é muito abrangente e difícil de ser conceituada. Talvez mais relevante do que a sua definição seja a ideia em si de que eles estão ligados à pessoa humana, isto é, aos homens e mulheres, pois são eles que conferem justificação à existência humana.

Nessa perspectiva, vamos adotar a noção de Flores (2009) ao afirmar que Direitos Humanos são processos de luta pela dignidade. Os Direitos Humanos não são produtos de essências, nem são imutáveis, tampouco universais, pois se constituem a partir das lutas sociais pela dignidade. Isso implica afirmar que a efetivação dos direitos, necessariamente, não se afirma a partir de resoluções, convenções ou declarações, mas, sobretudo, a partir de setores organizados da sociedade das lutas sociais que, assim, buscam garantir a sua instituição e implementação.

Reafirma-se, conforme ressaltado anteriormente, que o processo de reconhecimento e de afirmação dos Direitos Humanos, na esfera jurídica se constituiu como um importante marco da história da humanidade no mundo ocidental. Embora com a clareza de que tais direitos expressam os ideais da cultura liberal-burguesa e da doutrina do jusnaturalismo, vemos também que eles mostram, ao mesmo tempo, que estavam ocorrendo transformações significativas na era da razão iluminista. Considerando tais aspectos, Bobbio[30] (1992, p. 68) explicita que o discurso da

> [...] ampliação e universalização dos direitos [...] processou-se por três razões: a) aumentou a quantidade de bens considerados merecedores de tutela; b) estendeu-se a titularidade de alguns direitos típicos a sujeitos diversos do homem; c) o homem não é mais concebido como ser genérico, abstrato,

---

[30] Enquanto Flores parte de uma visão relativista de Direitos Humanos denominada por ele de "interculturalidade", Bobbio parte do princípio de que tais direitos se enquadram numa perspectiva universalista.

[...] mas é visto na especificidade ou na concreticidade de suas diversas maneiras de ser em sociedade, como criança, velho, doente etc.

Dessa compreensão, extrai-se que a multiplicação desses novos direitos vinculados à nova ordem favoreceu a ascensão da nova classe dominante, a burguesia, que processualmente vai se tornando hegemônica com a consolidação de sua visão de mundo, seus princípios, suas tradições, seus valores e, sobretudo, o seu modelo de Estado e de economia firmado na centralidade do capital. Dentre esses novos direitos destaca-se a dimensão dos direitos civis e políticos que se vinculam aos direitos individuais por se constituírem como marca da concepção individualista que caracteriza a ordem nascente.

Assim, nesse processo de instalação do novo regime, esses novos direitos demarcam o tipo de liberdade, de igualdade e de propriedade que a sociedade burguesa adota como princípios naturais. Balizam, ainda, a segurança e a ordem, mediante a invenção de uma forma de Estado constituído a partir de sua visão de mundo. Esses direitos, por se formarem contra o Estado, são denominados "direitos negativos", sendo considerados atributos inerentes à pessoa humana e, portanto, naturais, inalienáveis e imprescritíveis por se afirmarem em defesa da individualidade.

É justamente essa essência ontológica, metafísica e, portanto, imutável dos direitos da pessoa humana que está sendo colocada, contemporaneamente, em cheque por intentar garantir a universalidade num universo de diversidades em processos de lutas por afirmações identitárias. Essa visão hegemônica de direitos, ao longo da história, em que pese a importância do discurso proclamado, na prática não se efetivou. Nesse sentido, Flores (2009, p. 14-15) adverte que

> A luta por direitos e por Direitos Humanos no mundo contemporâneo passa necessariamente por uma redefinição teórica. As três décadas de implementação do neoliberalismo em todos os países, minou qualquer posição ingênua sobre a eficácia imediata dos textos e práticas das organizações internacionais que se tem dedicado à 'gestão' dos Direitos Humanos em todo o mundo [...]. Clássicos e tradicionalmente considerados como parte da essência humana, os Direitos Humanos são reduzidos, por um lado, a mera retórica bem pensada — evangelizadora — hipócrita que serve muito mais para justificar o injustificável do que resolver os problemas específicos da humanidade.

Percebe-se de forma concreta a ineficácia do discurso da ONU quando a dimensão dos direitos econômicos e sociais é analisada. Essa dimensão de direitos visa garantir dignidade com qualidade de vida. Contudo, a implementação de tais direitos entra em conflito com a reprodução do capital, na medida em que a sua expansão implica na redução da taxa de lucro. O conflito entre o capital e o trabalho, gerando a luta de classes, na acepção marxista, decorre, em boa medida, dessa tensão. Por isso, a dimensão dos direitos econômicos e sociais, ao longo da história, em grande parte, tem sido letra morta, pois a miséria, a fome e a exclusão social encampam o nosso planeta.

Por isso entendemos que a defesa da universalidade, por si só, não se sustenta. É importante agir no sentido do fortalecimento dos movimentos sociais e organizações que lutam pela construção de um marco que possibilite a todos e todas forjarem as condições que assegurem, de maneira igualitária, o acesso aos bens materiais e simbólicos de forma efetiva e digna. Desse modo, urge mudar essa perspectiva, pois conceitos fundamentados em tradições e essências tornaram-se anacrônicos e não dão conta da diversidade cultural que hoje se alastrou no mundo globalizado.

Assim, não obstante a proclamação da DUDH (1948) e dos pactos internacionais sobre direitos civis e direitos sociais (1966), as mudanças foram assaz limitadas no que diz respeito à efetivação da ampla cobertura dos direitos anunciados. É importante relembrarmos que nem diante do contexto da Guerra Fria entre as duas superpotências — EUA e URSS — que lutavam pela hegemonia mundial foi possível avançar de forma significativa na implementação da dimensão econômica e social dos Direitos Humanos.

Nesse contexto, assistimos a tímidos processos controlados de descolonização, com o consequente aparecimento de novas nacionalidades, ao mesmo tempo em que se colocava em prática políticas públicas de corte keynesiano. Estas apontavam para um relativo Bem-Estar de parte da população nos países desenvolvidos e intentavam, sobretudo, implementar ações de pleno emprego frente às consequências mais deletérias do mercado para a sociedade.

É também nesse período que nascem e se proliferam muitas empresas públicas, inclusive na realidade brasileira, a exemplo da Petrobrás e da Eletrobrás, que tinham — e ainda têm, nos dias de hoje — grande importância do ponto de vista econômico. Vários direitos trabalhistas são conquistados e implementados pelo Estado, a exemplo de negociações diretas entre sindicatos e governos sobre as condições de salário e trabalho, estabelecendo-se leis de regulação entre capital e trabalho e, assim, reconhecendo direitos de cidadania, sobretudo nos países desenvolvidos, embora, de forma limitada, estendam-se também para os países em desenvolvimento. Existem ainda avanços com relação ao reconhecimento de outros direitos sociais, a exemplo dos direitos à educação e à saúde.

Contemporaneamente, estamos vivenciando outro contexto, radicalmente diferente daquele cenário imputado à Guerra Fria e ao Estado do Bem-Estar Social, caracterizado, de acordo com Santos (2014), por uma exacerbada forma de

> Autonomia individual devendo assim ser entendida como um compromisso pessoal do indivíduo com um mundo pré-formatado e imutável, o ser associal ou mesmo antissocial que emerge desta ideologia é o *homo sociologicus* do capitalismo global econômico-financeiro monopolista do neoliberalismo, como é comumente designado, uma versão muito mais ampliada do *homo economicus* da economia clássica e neoclássica [...]. Esta ideologia tende a prevalecer em todos os cantos do globo, embora o impacto da sua penetração varie amplamente de região para região. Trata-se de uma forma ideológica de um pós-Estado, pós-social, com um poder estrutural extremamente concentrado por meio do qual os cerca de 1% da elite global governam os 99% da população empobrecida do mundo.[31]

Percebemos que, independentemente dos contextos econômicos, políticos, sociais e culturais que se operam no Ocidente, persiste a tendência à universalização e à imutabilidade. O mundo neoliberal e globalizado tem impacto significativo na gramática da dignidade humana e, por conseguinte, dos Direitos Humanos. Sobretudo estes últimos, que somente passaram a compor "[...] as agendas nacionais e internacionais a partir das décadas de 1970 e 1980"[32] (SANTOS, 2014, p. 7).

---

[31] Livro eletrônico sem paginação. A página indica 3% da leitura do livro.
[32] A UNESCO, em 2005, em **convenção sobre a proteção e promoção da diversidade das expressões culturais**, texto oficial ratificado pelo Brasil por meio de Decreto Legislativo n.º 485, em 2006, evidencia que hoje ganha grande visibilidade a temática da diversidade cultural, tornando cada vez mais difícil defender a universalidade dos Direitos Humanos, tal qual anuncia a declaração da ONU de 1948.

Contudo, em que pese tal análise, não nos passa despercebido que a instituição dos direitos de primeira dimensão[33] — numa acepção de Direitos Humanos como parte inerente à natureza humana — foi fundamental para o estabelecimento do Estado Democrático de Direito no mundo moderno ocidental, concretizando-se nos cenários históricos dos séculos XVIII e XIX como marca da visão do jusnaturalismo secularizado, expresso

> Do racionalismo iluminista, do contratualismo societário, do liberalismo individualista e do capitalismo concorrencial. Socialmente o período consolida a hegemonia da classe burguesa, que alcança o poder através das chamadas revoluções norte-americana (1776) e francesa (1789). Esses direitos individuais, civis e políticos, surgem no contexto da formação do constitucionalismo político clássico que sintetiza as teses do Estado Democrático de Direito, da teoria da tripartição dos poderes, do princípio da soberania popular e da doutrina da universalidade dos direitos e garantias fundamentais. (SARLET, 2001, p. 48-49).

Nesse contexto, a fonte que propiciou a institucionalização dos clássicos direitos de primeira dimensão decorre das declarações de direitos de Virginia (1776) e da França (1789). Tais direitos e garantias consagram-se nas Constituições Americana de 1787 e Francesa de 1791 e 1793. É relevante, ainda, afirmar que "[...] o mais importante código privado dessa época — fiel tradução do espírito liberal-individual — foi o código Napoleônico de 1804" (WOLKMER, 2010, p. 16).

Diferentemente dos direitos de primeira dimensão, os de segunda não são constituídos contra o Estado, mas se instituem a partir dos princípios da igualdade e são movidos por garantias e concessões pelo poder político, a todos os cidadãos vinculados ao mesmo Estado-Nação. Nessa perspectiva, Celso Lafer (1998, p. 127) entende que tais direitos nascem como

> [...] crédito do indivíduo em relação à coletividade. Tais direitos — como direito ao trabalho, à saúde, à educação — têm como sujeito passivo o Estado, porque [...] foi a coletividade que assumiu a responsabilidade de atendê-los. O titular desse direito, no entanto, continua sendo, como

---

[33] Observem que estamos substituindo o vocábulo "geração" por "dimensão", pois vários questionamentos vêm sendo imprimidos por autores nacionais (Paulo Bonavides, Ingo Sarlet e Paulo de T. Brandão) com relação ao uso técnico da expressão gerações. Para esses autores existe uma "[...] vantagem lógica e qualitativa, pois o termo geração indica apenas sucessão cronológica e, portanto, suposta a caducidade dos direitos das gerações antecedentes, o que não é verdade" (WOLKMER, 2010, p. 15).

nos direitos de primeira geração [dimensão], o homem na sua individualidade.

Os direitos de segunda dimensão estão ligados ao arranque de industrialização que impulsionou as sociedades ocidentais, na segunda metade do século XIX e nas primeiras décadas do século XX, e as graves crises socioeconômicas e políticas que impactaram tais sociedades no mesmo período. Esses fatos aconteceram com o surgimento do capital financeiro e monopolista que, ao superar a etapa do capitalismo liberal, possibilitou o engendramento do Estado do Bem-Estar Social que assume o compromisso de regular a relação entre o capital e o trabalho.

No mesmo contexto, assistimos ao nascimento das tendências socialistas, anarquistas e reformistas que, a partir do incremento da luta de classes e das reivindicações trabalhistas, contribuíram para a condensação material dos conflitos sociais na estrutura do Estado capitalista operando mudanças ao possibilitar a implementação de políticas sociais para os menos favorecidos. Recorrendo ainda aos estudos de Wolkmer (2010, p. 17), encontramos o seguinte entendimento:

> Não menos importante para os avanços sociais são: a posição da Igreja Católica com sua doutrina social (a Encíclica *Rerum Novarum*, de Leão XIII, 1891), os efeitos políticos das revoluções Mexicana (1911) e Russa (1917); os impactos econômicos do Keynesianismo e o intervencionismo estatal do New Deal. Cria-se a Organização Internacional do Trabalho (1919); o movimento sindical ganha força internacional; a socialização alcança a política e o Direito (nascem o Direito ao Trabalho e o Direito Sindical).

Todo esse processo de lutas sociais foi institucionalizado como direitos de segunda dimensão, incorporados como direitos fundamentais na Constituição Mexicanas de 1917, na Constituição da República de Weimar de 1919, na Constituição Espanhola de 1931 e na Constituição Brasileira de 1934.

Pelo exposto, extrai-se que a instituição de direitos de primeira e de segunda dimensões, aparentemente, universalizou-se[34], motivo que, de

---

[34] É sempre importante estar relembrando que esse processo de instituição dos direitos de primeira e segunda dimensões se operou, sobretudo, em países desenvolvidos, a rigor não se universalizou. Em países emergentes, embora alguns deles, entre os quais o Brasil, tenha incorporado em parte tais direitos, isto é, um arcabouço jurídico similar aos desenvolvidos, na prática, não se efetivou a sua implementação. Na América do Sul, contratoriamente, no final da década de 1960 e ao longo de toda a década de 1970, instalaram-se ditaduras nas quais as violações dos direitos de primeira e de segunda dimensões se tornaram rotina.

certa forma, justificou naquela conjuntura a universalidade da Declaração de 1948, legitimando-a.

Contudo, é importante destacar que a conquista de tais direitos se deve às mudanças que vão ocorrendo no formato do próprio Estado, a partir das lutas sociais, estendendo-se com mais intensidade até meados dos anos de 1970. Esse modelo é denominado por alguns teóricos de "Estado Ampliado"[35] ou de "Estado-Relação", de acordo com a teoria política adotada. Nele, parecia existir uma justa relação entre Estado e sociedade civil. Nessa conjuntura de Guerra Fria pela hegemonia mundial entre as duas superpotências, o Estado Nacional regulava as consequências maléficas do mercado por meio de ações intervencionistas.

Contemporaneamente, o mercado neoliberal impõe as regras do jogo mediante instituições globais, a exemplo do Fundo Monetário Internacional (FMI), do Banco Mundial e da Organização Mundial do Comércio (OMC). Por isso aqueles que lutam pela universalidade dos direitos acabam se desencantando e se frustrando, pois "[...] apesar de se afirmar que se têm direitos, na prática, a imensa maioria da população mundial não pode exercê-los por falta de condições materiais" (FLORES, 2009, p. 22).

Por isso, conforme explicitado anteriormente, adota-se neste livro a noção de Direitos Humanos como cultura de acordo com a acepção apontada por Candau *et al.* (2014)[36] ao considerá-la

> Como processo contínuo de criação e recriação coletiva, de atribuição de sentido, de interpretação do vivido. A cultura é um fenômeno plural e multiforme, configura profundamente nosso modo de ser e de situar-nos no mundo, bem como a maneira como cada grupo humano organiza a vida; manifesta-se nos gestos mais simples da vida cotidiana, configura mentalidades, imaginários e subjetividades.

Nessa acepção, os Direitos Humanos se articulam com as lutas desenvolvidas pelos movimentos da sociedade. São processos, ou seja, se constituem como resultados sempre provisórios de lutas que os seres humanos põem em prática, tendo por finalidade acessar aos bens necessários à existência de uma vida digna.

---

[35] Para melhor compreensão acerca dos temas Estado Ampliado e Estado-Relação, consultar especialmente os capítulos 3 e 4 de: CARNOY, Martin. **Estado e teoria política**. 2. ed. Tradução da equipe de tradução PUC-CAMP. Campinas: Papirus, 1988.

[36] Todas as citações relativas a essa obra estão sem a indicação das páginas, pois se trata de livro eletrônico, portanto, sem paginação.

Isso implica afirmar que a luta por Direitos Humanos, necessariamente, não ocorre no âmbito do marco jurídico existente, mas é exterior a ele. É uma luta que incide sobre as instituições de fora para dentro, engendrando-se a partir de uma desobediência civil[37], tomada como um meio de exercício de cidadania ativa[38]. Desse modo, existe uma persistente tensão entre os Direitos Humanos não reconhecidos e as práticas sociais que buscam efetivá-los e constituir outros direitos ou outras formas de reconhecimento para direitos institucionalizados.

Percebemos que tais lutas sempre aparecem com a finalidade de garantir a efetividade de uma vida digna mediante alimentação saudável, educação pública de qualidade, moradia digna, trabalho e tempo para lazer, livre direito de expressão e de opção religiosa etc. Os direitos advêm *a posteriori,* isto é, como uma decorrência dessas lutas sociais.

Contextualmente, essas lutas por Direitos Humanos vão, pouco a pouco, incorporando-se aos diplomas legais e às políticas de Estado como ações de governo, garantindo assim a sua implementação. Nessa acepção, os Direitos Humanos são tomados como uma convenção cultural, isto é, não se caracterizam pela imutabilidade universal da Declaração de 1948. São uma decorrência da diversidade e das diferenças culturais existentes nos diversos contextos societários.

Com essa compreensão acerca da construção dos Direitos Humanos, podemos dar um passo à frente analisando do ponto de vista histórico e conceitual o discurso da diversidade e da diferença no contexto da Educação em Direitos Humanos, no Brasil — tema que será abordado no próximo subitem do presente capítulo.

3.2 Educação em Direitos Humanos: da concepção à trajetória histórica no Brasil

O presente item aborda a temática da Educação em Direitos Humanos e a sua trajetória no Brasil, tomando por base a noção de Direitos Humanos discutida na seção 2.1 deste capítulo, no qual afirma-se sua aproximação com a teoria crítica. Frente a essa perspectiva, a Educação em Direitos Humanos se constitui como processos de formação de sujei-

---

[37] Para melhor compreensão, ver páginas 5–56 de THOREAU, Henry David. **A desobediência civil**. Tradução de Sérgio Karam. Porto Alegre: L&PM, 1997.
[38] Para melhores compreensões e fundamentos acerca da categoria Cidadania Ativa consultar: BENEVIDES, Vitoria. **A Cidadania Ativa**: Referendo, Plebiscito e Iniciativa Popular. São Paulo: Editora Ática, 1991.

tos, de sujeitos críticos, de sujeitos de direitos, formando cidadãos ativos, capacitando-os para atuar de forma consciente nas lutas sociais frente às injustiças e à violação de direitos.

É importante relembrarmos que partimos do entendimento de que o campo educacional tem como atributo produzir, sistematizar e difundir conhecimentos historicamente acumulados por meio da prática educativa em instituições formais como escolas e universidades. Nelas, a socialização do conhecimento ocorre como forma de preservar o patrimônio cultural da humanidade e de formar cidadãos críticos como agentes de transformação.

Por outro lado, contemporaneamente temos a compreensão de que os movimentos sociais também assumem essa competência, além de fazer denúncias de violações e de lutar por mais direitos e dignidade, sobretudo para os excluídos e injustiçados pelo modelo hegemônico. Muitos movimentos sociais se institucionalizam, constituindo-se como lócus de estudo, pesquisa e de desenvolvimento de projetos e ações em diferentes áreas temáticas ligadas a promoção e proteção dos Direitos Humanos, como é o caso de parte significativa de Organizações Não Governamentais (ONGs), desenvolvendo a denominada "educação não formal".

Isso implica que, além de considerarmos a Educação como um dos mais importantes Direitos Humanos, é fundamental que a prática educativa seja traspassada, de forma transdisciplinar, pelas temáticas dos Direitos Humanos e que a ação docente não fique na mera transmissão de conhecimentos. Nesse sentido, o trabalho docente, quer seja na educação formal ou na educação não formal, deve se constituir em espaço de vivência efetiva dos Direitos Humanos, pelo exercício cotidiano e por engajamentos em diferentes práticas sociais que ensejem a afirmação deles.

A efetivação da Educação em Direitos Humanos pressupõe a adoção de metodologias ativas viabilizadoras da participação e de expressão de múltiplas linguagens, demandando dos educadores o compromisso com a construção de uma nova cultura em que os Direitos Humanos adquiram centralidade no fazer educativo cotidiano mediante práticas pedagógicas que articulem teoria e prática.

De forma semelhante, a formação de educadores constitui aspecto relevante na criação de uma cultura de Direitos Humanos na educação formal, na medida em que exerce papel mobilizador e mediador de práticas sociais e políticas, produzindo, de forma coletiva, cultura. Nas palavras de Silva (2000, p. 16), "[...] é necessária a construção de um projeto pedagógico democrático e participativo, onde a formação do sujeito possa ser assumida coletivamente". Silva afirma, ainda, que uma escola que tem o compromisso de formar em Direitos Humanos deve reconhecer a educação formal como condição à formação da cidadania, fazendo da Educação em Direitos Humanos o seu projeto global.

Assim, formar sujeitos de direito, aptos para a vivência dos Direitos Humanos no cotidiano da escola e na vida, será sempre tarefa da prática educativa. Carbonari (2014, p. 35) ratifica isso ao afirmar que

> Formar sujeitos de direitos é contribuir de maneira decisiva para a reconfiguração das relações entre os seres humanos e destes com o mundo cultural e com o ambiente natural de forma a subsidiar processos de afirmação dos humanos como sujeitos em convivência com outros sujeitos.

Dessa forma, entende-se que um dos grandes desafios da Educação em Direitos Humanos é o de desenvolver processos de formação que concorram para "[...] o bem viver como integração do viver humano com o viver de outras formas de vida, reconstruindo a relação do humano com o ambiente no qual se insere" (CARBONARI, 2014, p. 35).

Tal processo de formação comporta uma percepção contextualizada e, portanto, histórica e crítica, pois mostra que o conhecimento em Direitos Humanos se constitui como pano de fundo para todas as práticas dos seres humanos, em qualquer espaço, tempo e cultura. Nessa direção, um dos temas mais sensíveis da atualidade — quiçá o mais importante — diz respeito a possibilidades e limites entre universalidade e particularidade.

Essa tensão se ampliou com o processo de globalização e com a vitória do neoliberalismo que, com o seu desdobramento em espaços, tempos e culturas, trouxe à baila

> A problemática de como sensibilizar sociedades, culturas, grupos sociais, para a perspectiva teórico-prática dos Direitos Humanos, que comporta determinada(s) visão(s) de mundo, de sociedade, de ser humano, e ações consequentes à(s) mesma(s), entre as quais a intervenção na Educação. (GODOY, 2007, p. 245).

É possível extrairmos do discurso de Godoy (2007) que a Educação em Direitos Humanos comporta processos socializadores de culturas em Direitos Humanos, ao mesmo tempo em que traz, de forma implícita, uma controvérsia entre o universalismo e o localismo, pois, "[...] a Cultura, por enraizar-se espacial e temporalmente, é plural" (GODOY, 2007, p. 246), diversificada, múltipla, específica, particular, se intercambiando "Pelo contato entre as sociedades, povos, em fluxos os mais diversos, variadas formas de recepção e apropriação cultural, combinatórias culturais, no âmbito de um espectro que pendula de uma socialização coletiva a uma socialização privatizante" (GODOY, 2007, p. 246).

Nessa perspectiva, extraímos desse fragmento que existe uma multiculturalidade nos Direitos Humanos num contínuo processo de tensão como discurso da universalização proclamada pela ONU, a partir da DUDH (1948) e pelos pactos, convenções e resoluções que a sucederam. O localismo multicultural se intensificou com o crescente processo de descolonização posterior à Segunda Guerra Mundial (1939–1945), sobretudo a partir da década de 1960.

Esse processo de descolonização favoreceu o aparecimento de múltiplas nações na África, na Ásia e na América Latina, nas quais renascem culturas que haviam sido silenciadas pela dominação imperialista de nítidos cortes "[...] democrático liberal, capitalista, branco, masculino, cristão. Nessa rota histórica, que se prolonga por todo o século XX, a Cultura que a envolve, vai adquirindo discursividades e práticas pretensamente universalizantes" (GODOY, 2007, p. 247-248).

Dois desses exemplos de dominação e de exploração imperialistas ocorreram na América Latina e no Brasil, segundo analisa Zenaide (2014, p. 31):

> O genocídio dos povos originais, o sequestro, o tráfico e a escravização dos africanos têm se constituído em práticas de dominação imperial desde a América Pré-Colombiana gestando mentalidades excludentes, racistas e autoritárias que se encontram presentes na cultura e nas práticas sociais e institucionais. No Brasil não foi diferente, foram mentalidades que atravessaram os 322 anos de Colônia, os 67 anos de Império e os 123 anos de República. Com 358 anos de escravidão negra e 29 anos de ditadura militar no Brasil, nós brasileiros, assim como outros países da América Latina, entendemos o que é sentir na carne e na alma regassada a convicção da necessidade de se educar para o nunca mais como uma dimensão da Educação em Direitos Humanos.

Dessa forma, a resistência ao pretenso processo de universalização dos Direitos Humanos da cultura ocidental encontra extrema dificuldade em sua efetivação, pois não podemos esquecer que o direito se constitui como um produto cultural que persegue determinados objetivos no marco dos processos hegemônicos. Nessa perspectiva, destaca-se Carvalho (2004, p. 59) ao afirmar que

> O estatuto do conceito de cultura está explicitado no que se reconhece hoje como "centralidade da cultura" entendida por Hall (1997:22) como "a forma como a cultura penetra em cada canto da vida social contemporânea, fazendo proliferar ambientes secundários, mediando tudo". [...]. As questões postas no mundo globalizado trazem à tona problemas relativos à pluralidade de saberes e formas singulares de ser (sentir, dizer, fazer) os quais ainda prescindem da definição de categorias mais amplas de análise, particularmente em relação ao currículo.

Por isso, a débil educação implementada nos países recentemente descolonizados, sobretudo os africanos, tem grande importância na construção de saberes e de subjetividades sociais e identitárias, priorizando a cultura local fundada, em grande parte, na transmissão oral do conhecimento (tradições, costumes valores etc.) buscando, assim, consolidar o incipiente Estado-Nação[39].

Desse modo, entende-se, conforme foi analisado no item anterior a partir de Herrera Flores (2009), que a Educação em Direitos Humanos deve privilegiar o processo da interculturalidade, assegurando aos educandos:

a. uma leitura crítica de mundo, buscando aprofundar o entendimento da realidade com os seus múltiplos problemas, orientando-os a participarem racionalmente de atividades sociais;

b. forte papel na tomada de consciência, auxiliando-os a tomarem posição frente às injustiças sociais e a se engajarem, de forma coletiva, em processos de mobilização por mais dignidade;

---

[39] Em boa parte dos países africanos, sobretudo aqueles que passaram por processos recentes de descolonização, a Educação em Direitos Humanos ocorre, sobretudo, nos movimentos sociais em estreita cooperação com a Anistia Internacional e organismos humanitários, privilegiando a trajetória das lutas locais. As denúncias de violações do Direito Internacional humanitário e dos Direitos Humanos mais citados são "[...] as detenções arbitrárias e ilegais, torturas e maus-tratos, os raptos, homicídios e desaparecimentos efetuados pelas forças governamentais e grupos armados da oposição" que atingem milhões de pessoas. Para melhores aprofundamentos, ver especialmente os relatórios da Anistia Internacional de 2015 (**Fiscalizando e informando sobre as violações dos Direitos Humanos na África**) e **Estado dos Direitos Humanos no Mundo** [2014-2015]).

c. uma visão alternativa de mundo voltada para determinadas coletividades sociais, notadamente excluídas e oprimidas, a exemplo das minorias étnicas e raciais, mulheres, pessoas com diferentes orientações sexuais e deficientes, imigrantes, meio ambiente etc.;

d. o exercício permanente da crítica, tanto social e política quanto cultural, auxiliando-os na tomada de atitudes frente às lutas por mais dignidade humana.

Como observou-se anteriormente, a perspectiva crítica da Educação em Direitos Humanos não passa por quaisquer tentativas de ressignificação das teses jusnaturalistas dos Direitos Humanos, tampouco do seu caráter, *a priori*, de universalismo que se firmaram como hegemônicos no mundo ocidental. Candau (2008, p. 46) também aborda essa questão:

> De maneira um pouco simplificada, é possível afirmar que toda a matriz da modernidade enfatizou a questão da igualdade. A igualdade de todos os seres humanos, independentemente das origens raciais, da nacionalidade, das opções sexuais, enfim, da igualdade é uma chave para entender toda a luta da modernidade pelos Direitos Humanos. No entanto, parece que hoje houve um descolamento.

Esse modelo de imposição de padrões culturais de Direitos Humanos de uma cultura sobre a outra não tem lugar no pensamento de uma Educação em Direitos Humanos de perspectiva emancipatória.

Santos (2009), ao analisar todo esse processo de descolonização e o reaparecimento de múltiplas culturas localistas, parte do entendimento de que existe uma natural incompletude entre elas e que somente um diálogo intercultural pode possibilitar o seu compartilhamento, em alguns aspectos. Esse encontro, denominado por ele de "hermenêutica diatópica" (SANTOS, 2009, p. 15),[40] foi assim abordado:

> A hermenêutica diatópica se baseia na ideia de que os *topoi* de uma dada cultura, por mais fortes que sejam, são tão incompletos quanto a própria cultura a que pertencem [...]. O objetivo da hermenêutica diatópica não é, porém, atingir a completude — um objetivo inatingível — mas, pelo contrário, ampliar ao máximo a consciência de incompletude

---

[40] Para mais aprofundamento, ver SANTOS, Boaventura de Sousa. Direitos Humanos: o desafio da interculturalidade. **Revista Direitos Humanos**, [S. l.], n. 2, p. 10-18, jun. 2009.

> mútua através de um diálogo que se desenrola, por assim dizer, com um pé numa cultura e outro noutra. Nisto reside seu caráter diatópico.

Nessa perspectiva, o exercício da hermenêutica diatópica está dando apenas os primeiros passos, pois esse diálogo intercultural se apresenta com extrema complexidade, impondo inúmeros desafios aos que pensam a partir dessa visão. A vivência dos Direitos Humanos ainda está muito atrelada ao projeto de modernidade que tem por fundamento a visão liberal de sociedade, pois, segundo Candau (2008, p. 53) as "[...] interações entre diferentes grupos socioculturais [ocorrem] de modo superficial, sem enfrentar a temática das relações de poder que as perpassam".

Esse diálogo intercultural se define pela permuta que ocorre entre os diferentes saberes e entre as diferentes culturas, o que nos permite afirmar que acontece entre universos de sentidos diferentes e, em grande parte, incomensuráveis. Esses encontros dialogais acontecem em "[...] lugares comuns retóricos mais abrangentes de determinada cultura" chamados de *topoi* que "[...] funcionam como premissas de argumentação que, [por] sua evidência, não se discutem tornam possível a produção e a troca de argumentos" (SANTOS, 2009, p. 15).

Essa complexa e intrincada tentativa de diálogo intercultural vem ocorrendo em diversos países latino-americanos, inclusive no Brasil, com muita tensão, conflitos e negociações entre diversos sujeitos coletivos, conforme atesta Sacavino (2012, p. 3) ao afirmar que

> As problemáticas são múltiplas, visibilizadas pelos movimentos sociais, que denunciam injustiças, desigualdades e discriminações, reivindicando igualdade de acesso a bens e serviços e reconhecimento político e cultural. Esses movimentos nos colocam diante da construção histórica do continente, marcada pela negação dos "outros", física e/ou simbólica, ainda firmemente presentes nas nossas sociedades.

Nessa perspectiva, a Educação em Direitos Humanos pode contribuir para a construção do diálogo intercultural ao tratar de temáticas que focalizem essa relação de complexidade e conflito entre igualdade e diferença, ou seja, possibilitar o encontro entre os princípios da igualdade e o reconhecimento igualitário das diferenças entre as pessoas.

Contudo, é importante termos a clareza de que, conforme destaca Ansión (2000, p. 44)[41], que

> A interculturalidade não se limita a valorizar a diversidade cultural, nem a respeitar o direito de cada um a manter sua própria identidade. Busca ativamente construir relações entre grupos socioculturais. Implica uma disposição a aprender e a mudar no contato com o outro. Não coloca o fortalecimento de identidades como condição para o diálogo, mas assume que as identidades se constroem na própria tensão dinâmica do encontro, que se dá também muitas vezes no conflito, mas que se reconhece como fonte de desenvolvimento para todos.

Desse modo, a Educação em Direitos Humanos tem como um dos seus pilares socializar e mediar conteúdos e práticas que contribuam para a formação de sujeitos capazes de vivenciar diferentes situações relativas aos Direitos Humanos. Sujeitos, portanto, que promovam o diálogo intercultural com o respeito à alteridade, à tolerância, à solidariedade e, sobretudo à autonomia e à emancipação das pessoas envolvidas na prática educativa, alunos, pais, professores, técnicos, gestores etc., com a clareza de que esse diálogo é complexo, polêmico, trabalhoso e de árdua negociação.

Com esse delineamento, a Educação em Direitos Humanos tem seus fundamentos inscritos na Teoria Crítica, assumindo, por conseguinte, uma perspectiva axiológica transformadora de educação e de sociedade, constituindo-se como prática social e política emancipatória, espaço de conquista e proteção de direitos.

É com esse intuito que Candau (1998, p. 36) ratifica a dimensão sociocrítica da educação ao afirmar que "[...] a Educação em Direitos Humanos potencializa uma atitude questionadora, desvela a necessidade de introduzir mudanças, tanto no currículo explícito, quanto no currículo oculto, afetando assim a cultura da escola".

Assim, uma educação comprometida com a emancipação finca suas bases no processo de conscientização e de tomada de responsabilidades frente às situações de opressão, de dominação, de exclusão social e política, de uma nova barbárie, tanto mais sutil como mais perigosa, como tão bem descreve Bauman (1998, p. 76), pautando-se na afirmação intransigente de uma cultura em Direitos Humanos.

---

[41] Pensador peruano com importante produção bibliográfica no campo da interculturalidade.

Pereira (2013, p. 115), ao refletir sobre a Educação em Direitos Humanos, situa-a da seguinte maneira:

> Como elemento relevante para a sua discussão o entendimento de que ela deve assumir como premissa básica a formação da consciência de que a pessoa humana constitui o primeiro valor a ser tomado no processo educativo, assim como o respeito à sua dignidade e que devem ser considerados como requisitos fundamentais à instalação de uma cultura de Direitos Humanos.

Para essa estudiosa, compete à Educação em Direitos Humanos comprometer-se com a formação de sujeitos que, no dizer de Paulo Freire (2000), sejam capazes de exercitar a indignação e a intolerância frente às injustiças, às desigualdades sociais, aos preconceitos, às formas sutis e perversas de exclusão social, ao desrespeito à pessoa do outro, à degradação do meio ambiente. Uma educação que se contraponha a toda e qualquer postura que coloque em risco a dignidade da pessoa e a vida planetária, carregando, em si, uma forte conotação ético-política, ao expressar seu compromisso com a valorização da vida em toda a sua plenitude.

Retomando Candau (2007, p. 404), destacam-se alguns aspectos por ela explicitados e que não podem ser furtados no trato da Educação em Direitos Humanos:

- a formação de sujeitos de direito, em nível pessoal e coletivo, de modo a articular as dimensões ética, política e social e as práticas concretas;
- o favorecimento do processo de empoderamento, tornando as pessoas sujeito de sua vida social;
- o educar para o "nunca mais", resgatando-se a memória histórica e rompendo-se com a cultura do silêncio e da impunidade.

De forma semelhante, o Plano Nacional de Educação em Direitos Humanos – PNEDH (2007, p. 25) corrobora esses aspectos ao afirmar que a Educação em Direitos Humanos se constitui como

> Um processo sistemático e multidimensional que orienta a formação de sujeitos de direitos, articulando as seguintes dimensões;

a) Apreensão de conhecimentos historicamente construídos sobre Direitos Humanos e a sua relação com os contextos internacional, nacional e local;

b) Afirmação de valores, atitudes e práticas sociais que expressem a cultura dos Direitos Humanos em todos os espaços da sociedade;

c) Formação de uma consciência cidadã capaz de se fazer presente em nível cognitivo, social, ético e político;

d) Desenvolvimento de processos metodológicos participativos e de construção coletiva, utilizando linguagens e materiais didáticos contextualizados;

e) Fortalecimento de práticas individuais e sociais que gerem ações e instrumentos em favor da promoção, da proteção e da defesa dos Direitos Humanos, bem como da reparação das violações.

A concepção de Educação em Direitos Humanos que se acha presente no PNEDH (2007) se alinha à concepção contemplada em documentos internacionais dos quais o Brasil é signatário. Assume como princípio básico a educação como direito em si mesmo e como "[...] meio indispensável para o acesso a outros direitos" (BRASIL, 2007, p. 25). Uma concepção de educação que tem em vista a consolidação da cidadania ativa, propiciando o exercício do respeito, da tolerância, da valorização das diversidades de toda e qualquer natureza e a solidariedade entre os homens e entre os povos, traduzindo-se em condição indispensável à instalação de práticas democráticas pautadas no diálogo e no entendimento.

Como vimos anteriormente, conceber e implementar a Educação em Direitos Humanos requer considerar três dimensões que se articulam mutuamente. A primeira delas, a **dimensão ética**, que tem em vista a formação da consciência ética, mediante a adoção de uma didática pautada nos valores republicanos e democráticos, conforme analisado no capítulo anterior; a segunda, a **dimensão política**, que tem em vista o desenvolvimento de atitudes de tolerância frente à alteridade e à divergência, assumindo o bem comum como dever; e a terceira, a **dimensão intelectual** e a informação, pela qual possibilita o acesso da pessoa ao conhecimento como forma de combate às desigualdades e às injustiças.

Nessa perspectiva, percebemos que a Educação em Direitos Humanos tem forte compromisso ético-político, pois aponta para a valorização da existência humana, firmada na dignidade em toda a sua plenitude. Por isso concordamos com Freire (2000, p. 22) ao afirmar que é tarefa da educação libertadora

> Trabalhar a legitimidade do sonho ético-político da superação da realidade injusta. É trabalhar a genuinidade desta luta e a possibilidade de mudar, vale dizer, é trabalhar contra a força da ideologia fatalista dominante, que estimula a imobilidade dos oprimidos e a sua acomodação à realidade injusta, necessária ao movimento dos dominadores. É defender uma prática docente em que o ensino rigoroso dos conteúdos jamais se faça de forma fria, mecânica e mentirosamente neutra.

A construção dessa cultura de Direitos Humanos precisa ser gerada em diferentes espaços sociais, devendo se constituir tarefas da sociedade civil organizada, dos movimentos sociais e políticos, da educação, em seus diferentes níveis e modalidades, a partir da vivência de uma nova ética centrada na dignidade humana, no respeito às diversidades. Nessa perspectiva, um desses espaços são os movimentos sociais que

> Podem ser tomados como sendo as diferentes formas de organização do povo com vistas a introduzir mudanças significativas na perspectiva da transformação da sociedade, sobretudo no que diz respeito à defesa da dignidade da pessoa humana, da construção de sujeitos de direitos, de Direitos Humanos. Sua gênese são as demandas, anseios e necessidades imediatas da população, discriminações de gênero, raça, classe, orientação sexual, credo religioso; destruição do ambiente; ausência de participação, dentre tantos outros, caracterizando-se como expressão de posturas militantes e de práticas de mediação social. (NUNES; COSTA, 2014, p. 551).

Não podemos deixar de ressaltar que a crescente busca de viabilização de uma EDH deve-se à caminhada do processo de democratização que assistimos no Brasil, ao longo das últimas três décadas, associada à luta em prol da garantia de Direitos Humanos e da sua efetivação, dentre eles a educação, sobretudo para as classes menos favorecidas, excluídas historicamente de seus direitos de cidadania.

Uma breve incursão na história mostra que a Educação em Direitos Humanos, estreitamente vinculada à educação para a cidadania, vem se tornando realidade em diferentes países, tanto da Europa como da América

Latina[42]. Ela toma vulto na realidade brasileira, mais enfaticamente, nas duas últimas décadas, fruto do movimento de educadores e de segmentos organizados da sociedade civil e de governos comprometidos com a instalação de uma cultura de respeito à diversidade em nosso país.

Essa análise nos permite apreender as conquistas que vêm sendo galgadas em escalas, tanto em nível nacional quanto em nível internacional, em decorrência do entendimento de que a resistência a todas as formas de opressão e exploração humanas e o engajamento nas lutas sociais se constituem como experiências educativas dos Direitos Humanos. É, pois, ancorados nessa compreensão que vemos o processo de ampliação da Educação em Direitos Humanos, sobretudo na América Latina e na história recente brasileira.

Nessa perspectiva, não podemos desconsiderar a importância da década de 1960, mais precisamente 1966, quando foi instituído o Pacto Internacional das Nações Unidas que, em seu artigo 13, ao tratar dos direitos econômicos, sociais e culturais, expressa o reconhecimento do direito que toda pessoa tem à educação como elemento indispensável ao desenvolvimento de sua personalidade humana e de respeito à sua dignidade. Uma educação, portanto, que seja capaz de promover o respeito aos Direitos Humanos e às liberdades fundamentais da pessoa.

Contudo, nesse período da década de 1960 em que imperava no Brasil regime de exceção, a escola pública estava ocupada pelos filhos, sobretudo, das elites brasileiras. Por isso, a prática educativa caminhava na direção de uma educação que preparava os filhos das classes hegemônicas para serem dirigentes.

Os filhos das classes populares ficavam de fora desse modelo de educação elitista e excludente, sendo a sua formação pautada quase que exclusivamente na preparação para o mercado de trabalho. Esse dualismo presente na educação brasileira se constituiu, até recentemente, como o modelo predominante de formação. Observemos que o direito à universalização de uma educação pública de qualidade foi negado à maioria da população.

Mais recentemente, uma série de pactos vêm sendo selados pelas nações no intuito de fortalecer a luta por Direitos Humanos no mundo, entre os quais situam-se aqueles mais diretamente ligados à educação, a

---

[42] Para melhores aprofundamentos, ver: Zenaide, Rodino e Fernandez (2014); Dornelles (2014), dentre outros.

exemplo do Congresso Internacional sobre Educação em prol dos Direitos Humanos e da Democracia, promovido pela ONU, no ano de 1993, do qual resultou o Plano Mundial de Ação para a Educação em Direitos Humanos, referendado pela Conferência Mundial de Viena, realizada nesse mesmo ano.

Outros importantes marcos não podem ser esquecidos na defesa e na construção de uma Educação em Direitos Humanos, em escala internacional, como é o caso da promulgação da Década da Educação em Direitos Humanos, durante a Assembleia Geral da Organização das Nações Unidas (ONU), em dezembro de 1994, e da Declaração e Plano de Ação integrado sobre Educação para a Paz, os Direitos Humanos e a Democracia, ratificada pela Conferência Geral da UNESCO, em 1995, que assinala o compromisso com a educação de crianças, adolescentes e jovens diante das exacerbadas expressões de racismo, intolerância e xenofobia, dentre outros.

Contudo, a Declaração de Direitos Humanos de 1948, o Pacto de 1966, bem como as resoluções, convenções e conferências da ONU, por si só, não se concretizaram num amplo processo de instituição da Educação como um direito humano, muito menos numa Educação em Direitos Humanos. Muito pelo contrário, as décadas de 1960 e de 1970, especialmente, no Brasil, na Argentina, no Chile e no Uruguai foram períodos de extrema repressão, de violações e de negação de direitos, entre eles a educação.

No Brasil, foi implementado um modelo de educação alienante e descontextualizada, na medida em que foram introduzidos conteúdos e práticas alicerçados em valores e princípios cívicos, patrióticos e ufanistas, que somente reforçavam a dominação vigente e o processo de exclusão.

Por isso, entendemos que o processo de ampliação da Educação e da Educação em Direitos Humanos emerge, sobretudo, das lutas sociais e das resistências às históricas práticas de violação dos Direitos Humanos e de negação de direitos, encontrando, inclusive, respaldo na Constituição Federal de 1988 — que foi elaborada, de forma inédita em nossa realidade, a partir de amplos debates com a participação da sociedade civil. Nela, foram instituídos mecanismos relevantes para a universalização da educação pública e para a proteção dos Direitos Humanos, materializados, posteriormente, em leis complementares que buscam garanti-los[43].

---

[43] Lei n.º 9.394/1996, que institui a Lei de Diretrizes e Bases da Educação Nacional; Lei n.º 7.716/1989, sobre combate ao preconceito de raça ou de cor; Lei n.º 8.069/1990, que criou o Estatuto da Criança e do Adolescente; Lei n.º 9.140/1995, que estabeleceu Comissão Especial de Mortos e Desaparecidos Políticos durante a ditadura militar; Lei n.º 10.098/2004, que criou o programa de Promoção e Defesa da pessoa com deficiência, entre outras.

Como sabemos, a sociedade civil brasileira, a partir dos anos de 1980, pouco a pouco vai se organizando e ampliando reivindicações por direitos, Direitos Humanos e sua implementação, que ao longo de nossa história foram negados à maioria da população. Nesse sentido, como resultante desse amplo processo de mobilização social, a Constituição de 1988 assegurou, de forma consistente, pela primeira vez na trajetória histórica do país, direitos civis, políticos, econômico-sociais e culturais, sendo chamada de Constituição Cidadã justamente pela sua cobertura.

É importante ainda ressaltar que, em 1996 e 2002, foram instituídos a primeira e a segunda edições, respectivamente, do Programa Nacional de Direitos Humanos (PNDH), colocando os Direitos Humanos como eixo capaz de nortear e perpassar programas e projetos voltados para a sua promoção e proteção, incluindo dentre suas linhas de ação a necessidade de implementação do PNEDH, que começou a ser elaborado em 2003.

A construção e o monitoramento do PNEDH ficaram a cargo de um Comitê Nacional de Educação em Direitos Humanos, criado pela Secretaria Especial dos Direitos Humanos da Presidência da República, instaurando-se no país um amplo e caloroso debate envolvendo diferentes segmentos sociais e políticos em torno da elaboração desse plano. A participação da sociedade civil na sua feitura não apenas garante sua legitimidade como traz para o debate os temas mais candentes e de visibilidade das lutas dos movimentos sociais.

De modo geral, podemos perceber que a Educação em Direitos Humanos vem sendo alvo da legislação, compondo a agenda da política educacional brasileira, figurando no Plano Nacional de Educação, nos Parâmetros Curriculares Nacionais de 1996, bem como em programas e projetos educacionais emanados do MEC. Em 2012, a Resolução do Conselho Nacional de Educação (CNE) institui as Diretrizes Curriculares de Educação para os Direitos Humanos e, mais recentemente, as Diretrizes Curriculares Nacionais para Formação Inicial e Continuada dos Profissionais da Educação Básica (publicado em Diário Oficial em 25 de junho de 2015), que ratifica a importância de incorporar os conteúdos da EDH aos processos de formação desses profissionais, evidenciando a crescente visibilidade que essa temática vem assumindo no cenário educacional brasileiro.

A clareza do que vem se constituindo como Educação em Direitos Humanos nos permite apreender a relação que se estabelece entre democracia, educação e Direitos Humanos, articulação que vem possibilitando importantes avanços no reconhecimento e efetivação de muitos direitos instituídos, ao lado daqueles que estão em processos de institucionalização por meio das lutas sociais.

3.3 O discurso da diversidade e da diferença no contexto da educação brasileira

O presente item tem por objetivo analisar que as expressões diversidade e diferença são categorias teóricas epistemologicamente diferentes, sendo, portanto, necessário defini-las de forma mais precisa, tendo em vista os conflitos sociais identitários e o seu rebatimento nas políticas de governo. De princípio, indicamos que as noções dessas categorias vêm sendo adotadas de forma ambígua, desde 1980, no campo da educação brasileira, conforme constatam Abramowicz, Rodrigues e Cruz (2011, p. 86) ao considerarem que

> A utilização dos termos diversidade e diferença de forma indiscriminada neste período sugerem que o processo denominado de ascensão da diversidade é um dos efeitos das lutas sociais realizadas no âmbito dos movimentos sociais, no entanto traz à tona também as discussões de distintas perspectivas teóricas que se ocupam dessa temática, de mudança de matriz de políticas públicas, em como compatibilizar nas políticas públicas as exigências de respeito à diferença reivindicadas por grupos sociais sem restringir-se ao relativismo cultural. Ao mesmo tempo, essas distintas perspectivas teóricas atribuem diferentes significados e possibilidades à ideia de diversidade e diferença.

Esse processo de desabrochamento das múltiplas identidades sociais começa na família, em outros espaços da sociedade civil e, sobretudo, nas escolas. Nelas, aprendemos os princípios do bom viver, os valores, as tradições, os costumes e, pouco a pouco, descobrimos que nascemos numa sociedade que, embora sempre incompleta, encontra-se em processo avançado de construção do ponto de vista econômico, social e cultural, como também o seu entorno: a casa, a estrutura familiar, o bairro, a comunidade e, nela, a escola na qual damos os primeiros passos para a socialização no mundo já pré-existente.

Nesse lugar — a escola —, que de início nos parece estranho e que gradativamente passamos a apreciar e a amar, internalizamos o mundo por meio dos professores, amigos, colegas e da comunidade escolar em geral. O significado, os símbolos e sentidos das coisas, das pessoas e do mundo começam a ser decifrados por conhecimentos e saberes que vão sendo apreendidos no seu interior. É, pois, nesse lócus de transmissão e de socialização de saberes que também desvelamos nossa identidade. Nossa individualidade vai se constituindo a partir da diferença, pois nos deparamos com os contrastes quando nos comparamos com os outros: a cor da pele, a altura, a forma de falar, a empatia/antipatia com nossos colegas, os primeiros conflitos, a diferença de gênero e de orientação sexual, formando-se assim nossa identidade enquanto seres humanos.

É, pois, na escola, que internalizamos as tradições, os costumes, as memórias e recordações de nossas vivências, e nela também aprendemos a nos libertar na medida em que a convivência com as emaranhadas culturas em seu âmbito contribui para a construção de concepções de mundos diferentes e que podem, a partir do modelo de educação que nela se socializa, pautar-se pelo respeito à diversidade.

Dessa forma, constatamos a importância social que a educação carrega em si, pois, para além da formação intelectual, trabalha também a questão da cultura, existindo entre essas duas dimensões uma ampla e complexa relação de cumplicidade. Observamos, assim, que a educação, ao socializar conhecimentos e trabalhar a cultura numa dimensão mais ampla, contribui também para o desenvolvimento das pessoas enquanto seres humanos.

Nessa última acepção, a educação tem sido tomada como um direito humano inalienável, pois o saber sistematizado propiciado pela escola constitui-se como um componente imprescindível à constituição do ser e do cidadão, reconhecendo, assim, a sua dignidade intrínseca — isto é, a sua condição de humanidade e um ser portador de direitos em quaisquer situações. Por isso a ONU (1948, p. 2) declara, no preâmbulo da Declaração Universal dos Direitos Humanos, que "[...] o reconhecimento da dignidade inerente a todos os membros da família humana e de seus direitos iguais e inalienáveis é o fundamento da liberdade, da justiça e da paz no mundo".

Pelo exposto, o discurso prescrito pela ONU e contemplado na DUDH (1948) parece nos revelar que a universalidade parte do princípio de que toda pessoa humana é portadora de direitos iguais e inalienáveis.

Os fundamentos desse discurso podem nos conduzir à compreensão de que os seres humanos portam uma natureza ontológica, fincando suas bases na metafísica que parte da ideia de que existe uma natureza humana universal e imutável.

Essa natureza comum, essa essência inerente a todos e a cada criatura, justifica a universalidade dos Direitos Humanos, não considerando as diferenças étnicas e de raças, tampouco as de orientação sexual, de gênero, de geração etc. O valor da pessoa humana, nessa premissa, revela-se na condição da igual dignidade humana ao considerá-la como dotada de uma natureza comum, ontológico-metafísica, que, por si só, justificaria o pressuposto de teorias que norteiam a universalidade ética dos Direitos Humanos.

No entanto, ao analisarmos esses princípios ontológicos da natureza humana, podemos perceber que eles parecem autorizar formas de entendimento que são discriminatórios da espécie humana, por não considerarem as especificidades e particularidades que cada pessoa ou povo carrega em si. Isso significa, parafraseando Simone de Beauvoir (1970, p. 171)[44], que nós não nascemos humanos, tornamo-nos humanos, produtos de uma construção singular, cultural e histórica, e que por isso sentimos, pensamos e existimos a partir de perspectivas diferentes. O mundo, por si só, comporta a diversidade, pois não basta nascermos com a carga genética da espécie humana, faz-se também necessário tornarmo-nos humanos, mediante contato com os outros, autênticos mediadores dos padrões culturais, agentes do processo que nos torna seres humanos.

Entendemos que a emergência da diversidade é um processo histórico, o resultado de lutas sociais e políticas realizadas no coração dos movimentos sociais que, ao mesmo tempo, traz no cerne do debate distintas perspectivas teóricas, passando a exigir do Estado políticas que respeitem a diferença — políticas focais — sem, contudo, restringir-se ao relativismo cultural.

Dessa forma, o discurso acerca da diversidade, centrado nas diferenças culturais que marcam as sociedades hodiernas, parece se colocar em nítida contraposição ao modelo unitário do Estado-Nação moderno, liberal e ocidental. Essas mudanças são propiciadas pela ascensão de uma

---

[44] Simone de Beauvoir, em 1949 publica *O segundo sexo: fatos e mitos*, obra em que se localiza a célebre frase que diz: "[...] ninguém nasce mulher, torna-se mulher" (BEAUVOIR, 1970, p. 171). Aqui, parafraseamos Beauvoir ao afirmar que ninguém nasce humano, torna-se humano.

série de questões anteriormente subsumidas, a exemplo da migração, das questões de gênero, da sexualidade, da raça, da etnia, da religião e da língua, entre outros fatores que se constituíram como a pedra angular de todo esse processo de mobilização e discussão sobre o conceito de diversidade.

Conforme destacou-se no preâmbulo deste capítulo, as noções de diversidade e diferença não são expressões de sentido semelhante e "[...] nem mesmo próximo, apesar de que temos usado as palavras de maneira indiferenciada", conforme Abramowicz, Rodrigues e Cruz (2011, p. 91). Nesse sentido, destacam que

> Grosso modo, podemos dividir essas noções em três linhas: a primeira trata as diferenças e/ou diversidade como contradições que podem ser apaziguadas, a tolerância seria uma das muitas outras formas de apaziguamento, a repactuação, sem esgarçar o tecido social, sendo sintetizadas pelo multiculturalismo. A segunda vertente, denominada liberal ou neoliberal que usa a palavra diferença ou diversidade como estratégia de ampliação das fronteiras do capital, pela maneira com que comercializa territórios de existência, formas de vida a partir de uma maquinaria de produção de subjetividades; e por fim, a perspectiva que enfatiza as diferenças como produtoras de diferenças, as quais não podem se apaziguar, já que não se trata de contradições. (ABRAMOWICZ; RODRIGUES; CRUZ, 2011, p. 91).

Tomando por base essa afirmação, podemos entender que diferença significa "[...] não ser idêntico, ser outro, discernível", como diria Jacques Derrida (1991, p. 39). Contudo, talvez, seja mais expressivo ainda afirmar que, do ponto de vista filosófico, a diferença não pode ser capturável nem pela visão ontológica nem pela teológica na medida em que "[...] produz o seu sistema e a sua história, a compreende, a inscreve e a excede sem retorno" (DERRIDA, 1991, p. 91). Como parece ser possível perceber, a noção de diferença é entendida a partir de sua raiz, de forma mais radical, tomando por base sua origem sem comportar formas de amalgamento ou assimilacionismo.

Com respeito ao sentido da primeira visão, a não diferenciação entre as noções de diversidade e/ou diferença parece contar com uma predisposta intenção para ocultar as desigualdades e, sobretudo, as diferenças. Recoberta sob o signo da diversidade, o reconhecimento das várias identidades e/ou culturas aparece sob a proteção da tolerância. Nessa perspectiva, defender a tolerância significa manter incólumes as relações hegemônicas de contradição com o colonizador, na medida em que o diferente pode ser incorporado por meio de políticas de apaziguamento, que consistem em integrar todos os grupos minoritários (negros, índios, mulheres, homossexuais, entre outros).

Esse processo de repactuação pode ser sintetizado sob a bandeira do multiculturalismo ou do pluralismo cultural, o que implica na adoção de políticas multiculturalistas implementadas pelo Estado. Se, por um lado, a política multiculturalista aparentemente abranda os conflitos silenciando as contradições, por outro, possibilita a resistência à homogeneidade das culturas, obtendo, dessa forma, o reconhecimento público. É nesse sentido que a categoria do multiculturalismo se apresenta, conforme citado por Gonçalves e Silva (2003, p. 111), como

> O jogo das diferenças, cujas regras são definidas nas lutas sociais por atores que, por uma razão ou outra, experimentam o gosto amargo da discriminação e do preconceito no interior das sociedades em que vivem [...]. Isto significa dizer que é muito difícil, se não impossível, compreender as regras desse jogo sem explicitar os contextos sócio-históricos nos quais os sujeitos agem, no sentido de interferir na política de significados em torno da qual dão inteligibilidade a suas próprias experiências, construindo-se enquanto atores.

Se fizermos uma análise do ponto de vista histórico, vamos perceber que o movimento multicultural, ao manifestar resistências contra a monocultura e/ou ao etnocentrismo da Europa Ocidental, alicerçado nas conquistas do século XVI, tendo por horizonte "[...] dominar a natureza e as sociedades atrasadas, bem como ocidentalizar o planeta" (LIAZU, 1992, p. 12), busca a preservação de suas culturas, assim como se engajar nas lutas contra a colonização política, econômica e cultural que foram impingidas pelos países hegemônicos.

De modo geral, essas múltiplas identidades singulares/culturais que compõem o universo da diversidade/diferença são protegidas juridicamente. A adoção de políticas de Estado, tendo por intuito a preservação de seus costumes, valores, rituais, dogmas, credos religiosos são necessários, pois asseguram de forma efetiva suas tradições, na mesma medida em que garante a convivência pacífica mediante a tolerância dos grupos majoritários e hegemônicos frente aos discursos, opiniões, tradições etc., dos grupos minoritários. Um aspecto que merece destaque na experiência brasileira, segundo Gonçalves e Silva (2003, p. 116), "[...] é que a própria legislação tem sido um instrumento indutor de políticas multiculturais. Isso tem ocorrido também em outros países".

Tomando por base esse raciocínio, percebemos que, ao iniciar o processo de liberalização política no Brasil, a partir de 1974, as reivindicações dos movimentos sociais se intensificaram. A utilização da categoria do multiculturalismo de forma política reduziu a pó a ideologia da democracia racial, em voga, sobretudo, desde os anos de 1930, com o processo de modernização política, econômica e social do Estado brasileiro. As políticas de ação afirmativa ratificam a erosão e falência da democracia racial[45] ou ideologia da mestiçagem, produções intelectuais de Gilberto Freyre, Oliveira Viana e Sérgio Buarque de Holanda, entre outros[46], sendo creditado a Getúlio Vargas, no plano político, a sua reverberação enquanto ideologia de Estado.

Nesse aspecto, a luta contra o racismo, ao colocar o sentido de raça como categoria política central, traz para agenda do poder estatal a urgência da integração social da população negra.

Assim, não obstante o movimento negro trazer à baila a temática da raça na perspectiva da integração social — podendo parecer, de certa forma, numa indiferenciação das noções de diversidade/diferença —, ao mesmo tempo, observamos que ocorre a sua transmutação à categoria analítica e de luta política que, para o movimento, sempre esteve presente no solo brasileiro, desde os momentos da "diáspora", segundo Stuart Hall (2003), dos negros para os canaviais brasileiros, a partir do século XVI. A luta política do movimento negro, ao reivindicar a inclusão de políticas públicas, ascende à agenda do poder político, especialmente como diversidade e não como diferença, ratificando o entendimento de que sob o manto da diversidade incorpora suas demandas como tática de luta.

---

[45] É importante ressaltar que o discurso da democracia racial, entre nós, vai dos anos de 1930 a 1970, período marcado pela predominância da ideologia da mestiçagem que, com o processo da democratização a partir do final da década de 1970 e início dos anos de 1980, vai pouco a pouco perdendo força no cenário político-ideológico brasileiro.

[46] No entanto, "[...] foi Homi Bhabha (1990) o autor a caracterizar de forma mais completa e adequada o momento narrativo de construção das nações, mostrando como este se encontra assente na tensão entre uma estratégia pedagógica e outra performativa. A ação pedagógica toma o povo como objeto dos discursos nacionais que reafirmam a origem comum e dos laços essenciais que unem os 'compatriotas'. Através da ação performativa, promove-se a permanente reinterpretação dos símbolos nacionais que faz do povo sujeito da reposição viva e permanente do desígnio comum. Essa dupla operação discursiva confere realidade à comunidade nacional imaginada, estabelecendo, ao mesmo tempo, seu ser e seu provir, a essência que a ela vincula um povo, uma cultura e um território e o movimento de transformação" (COSTA, 2001, p. 143).

Vale observar que, no campo do marxismo, as lutas sociais e políticas aparecem, predominantemente, na dimensão econômica, e, portanto, na seara da desigualdade social. Entretanto, conforme estudos de Abramowicz, Rodrigues e Cruz (2011, p. 92), "[...] diferença e diversidade também podem ser apaziguadas sob a forma de uma síntese totalizante das contradições, mesmo que em última instância". Os conflitos de etnia, de raça, de gênero, de sexo etc., situados na esfera da luta por Direitos Humanos, são considerados marginais frente à luta por igualdade social e econômica que, por princípio, constitui a contradição básica da sociedade capitalista. Existe uma compreensão na matriz marxista de que a desigualdade social é geradora das diferenças, constituindo-se, portanto, como o cerne da luta de classes que deve centrar-se na superação da sociedade capitalista. Nesse contexto, as questões étnicas, de raça, de gênero etc., são toleradas frente à luta maior que é a da superação das classes sociais e do próprio modelo de sociedade.

A segunda vertente, intitulada "liberal" ou "neoliberal", ao empregar as noções de diversidade e/ou diferença de forma indiferenciada visa, estrategicamente, a reprodução ampliada do capital, por meio de discursos/práticas "politicamente corretos". Nesse caso, o termo "diversidade" se constitui como a palavra fundamental no sentido da ampliação do campo do capital, possibilitando a sua penetração, de forma mais incisiva, nas subjetividades das pessoas. Nessa dimensão, incentivam-se as diferenças, pois, assim, vendem-se mais produtos. Trata-se de uma metamorfose mercadológica no processo de globalização que tem por prioridade a satisfação das subjetividades dos grupos minoritários, antes intactas. Segundo Abramowicz, Rodrigues e Cruz (2011, p. 92), "[...] vendem-se produtos para as diferenças, é preciso incentivá-las".

Assim, em face da análise das visões anteriormente apresentadas, entendemos que a noção de diversidade aparece num sentido universal por se constituir como uma "[...] síntese que totaliza as diferenças, ou seja, as diferenças e as diversidades se configuram como cultura que, por esta via, podem ser trocadas" (ABRAMOWICZ; RODRIGUES; CRUZ, 2011, p. 92).

Considerando, ainda, os estudos desenvolvidos por Abramowicz, Rodrigues e Cruz, essas noções indiferenciadas de diversidade e diferença se concretizam, no Brasil, nas políticas de educação. A esse respeito tais estudiosas acrescentam que,

> Uma das problemáticas decorrentes é que a cultura acaba perdendo sua matriz singular e torna-se um conceito universal, como o biológico. Propostas como a criação de currículos comuns, buscando o que é comum entre as culturas, são correntes no campo educacional. Ao fazer isso, há um processo de tornar estas culturas componentes do universalismo, supondo-se possível retirar a estratificação que o poder opera, ou supor que não há relações de poder. (ABRAMOWICZ; RODRIGUES; CRUZ, 2011, p. 92).

Assim, ao partir do postulado de que não existe uma relação de poder entre as culturas, a noção da diversidade, ao agregar a universalidade das diferenças, possibilita a apreensão de que as tensões sociais advindas de sínteses totalizantes podem transitar para processos de integração social constituindo, assim, uma unidade na diversidade. Nessa mesma direção, Martuccelli (1996, p. 37-38) aponta que

> [...] [a]s diversidades só podem tornar-se politicamente significativas no interior de uma concepção liberal, para a qual a sociedade deixa de ser um lugar de conflito para tornar-se o lugar de uma corrida social. A partir daí passa-se a entender a concepção de justiça social enquanto igualdade de oportunidades, mas não mais enfatizando os elementos comuns aos indivíduos genéricos e, sim, as suas diferenças, seus particularismos coletivos.

Tomando por base a inscrição do trecho acima, entendemos que esse processo não se concretiza sem uma ação interventora do Estado, pois introduz-se na arena política a noção de equidade que, de forma distinta da igualdade, não nega as diferenças na medida em que, ao se reconhecer a relevância política das especificidades culturais dos indivíduos e grupos, busca-se atingir a dita igualdade de oportunidades.

É, pois, como decorrência dessa transformação ética que vão aparecendo, em vários países, inclusive no Brasil, as ações afirmativas, a exemplo das políticas de cotas. Essas ações, para Gonçalves e Silva (2003, p. 118), aparecem, primeiramente, "[...] favorecendo as mulheres em representações políticas. Em seguida, estendem-se às pessoas com necessidades especiais, criando-se porcentagem para a sua absorção no quadro de funcionários em instituições públicas".

Como destacamos anteriormente, o multiculturalismo confere um destaque específico à diferença, dando-lhe um tratamento especial tendo em vista chegar à igualdade de oportunidades. Gonçalves e Silva (2003, p. 118) ainda acrescentam que "[...] [o] referido tratamento impõe como resposta, no plano da ação, não mais princípios da democracia formal, mas as estratégias chamadas, por alguns autores, de 'política do reconhecimento', por outros, de 'política de identidade' e, ainda, de 'política da diferença'".

Contrastando com as concepções observadas anteriormente, apresenta-se a visão pós-estruturalista, cuja abordagem não pode se realizar a partir de sínteses totalizantes, pois não existe totalidade nessa visão. Sabina Lovibond (1989, p. 6) descreve, de forma bastante esclarecedora, os distintos sentidos entre a cultura universalista, típica do iluminismo, de razão universal, com a cultura pós-estruturalista, fundada na diferença:

> O iluminismo descreve a raça humana como estando envolvida em um esforço em direção a uma moral universal e à autorrealização intelectual, aparecendo, assim, como o sujeito de uma experiência histórica universal; ele também postulou uma razão humana universal relativamente à qual as tendências sociais e políticas podiam ser avaliadas como "progressistas" ou não (o objetivo da política era definido como a realização da razão prática). O pós-modernismo rejeita essa descrição, isto é, rejeita a doutrina da unidade da razão. Ele se recusa a conceber a humanidade como um sujeito unitário que se esforça em direção ao objetivo da perfeita coerência (em seu conjunto partilhado de crenças) ou da perfeita coesão e estabilidade (em sua prática política). O pós-modernismo postula que existe uma pluralidade de razões, irredutíveis, incomensuráveis e relacionadas a gêneros, tipos de discurso e epistemes específicos, visão que contrasta com a pretensão iluminista à universalidade e com a concepção de uma razão humana unificada, a qual, concebida como "o" padrão de racionalidade, supostamente funda todas as asserções de conhecimento, independentemente de tempo e espaço, e proporciona o fundamento para um sujeito unitário, considerado como o agente de uma mudança historicamente progressista.

Nessa passagem, Lovibond (1989) compara o idílio moderno ao pós-moderno, mostrando que a perspectiva universalista da razão iluminista se funda na imagem de progresso. Progresso social, progresso econômico, progresso cultural, progresso humano. Este último se constituiu como parte essencial do empreendimento iluminista, por incluir o projeto de homem que se concretiza a partir da razão humana, cujos valores prescritos também assumem um caráter de universalidade.

No que diz respeito à educação, Michael Peters (2000, p. 50-51), ao comentar Lovibond na passagem anteriormente citada, mostra a crença de que os

> Liberais têm num projeto de uma razão educadora, de uma educação universal baseada em métodos universais igualmente aplicáveis a todas as nações e de uma educação de massa que funciona segundo o princípio do mérito, equipando os indivíduos com as habilidades, as atitudes e os atributos necessários para se tornarem cidadãos úteis e bons trabalhadores.

O mesmo entendimento tem Magnus Bernd (*apud* PETERS, 2000, p. 51) ao nos mostrar que a crítica pós-estruturalista converge para um conjunto de noções e conceitos presentes no limiar do pensamento de Nietzsche. Para ele, esses novos tempos apresentam como

> Perspectiva anti-epistemológica ou pós-epistemológica; um anti-essencialismo; um antirrealismo em termos de significado e de referência; um antifundacionalismo; uma suspeita relativamente a argumentos e pontos de vista transcendentais; a rejeição de uma descrição do conhecimento como uma representação exata da realidade; a rejeição de uma concepção de verdade que julga pelo critério de uma suposta correspondência com a realidade; a rejeição de descrições canônicas e de vocabulários finais; e, finalmente, uma suspeita relativamente às metanarrativas.

Evidencia-se, assim, que a vocação delineada pelo Iluminismo tende a caminhar na direção de um projeto universal, o que também justifica a universalidade dos Direitos Humanos, de uma tradição humana universal, mesmo que, para isso, seja preciso silenciar as diferentes culturas e as múltiplas identidades que se espraiam em nosso universo.

Nessa mesma direção, Alan Schrift, citado por Peters (2000 p. 6-7), ao analisar o projeto pós-estruturalista, tomando por base a crítica que Nietzsche faz da verdade e das noções diferenciais de poder e de saber, questiona os postulados que "[...] dão origem ao pensamento binário, optando, com frequência, por afirmar aquele termo que ocupa uma posição de subordinação no interior de uma rede diferencial". Os pós-estruturalistas também negam

> A figura do sujeito humanista, colocando em dúvida os pressupostos da autonomia e da transparência da autoconsciência, concebendo o sujeito, ao contrário, como uma complexa intersecção de forças discursivas e libidinais e de práticas sociais; resistem às pretensões de universalidade e unidade, preferindo, em vez disso, enfatizar a diferença e a fragmentação. (SCHRIFT *apud* PETERS, 2000, p. 7).

Dessa forma, a filosofia da diferença surge em contraposição à unidade prescrita pelo Iluminismo. Derrida (1991, p. 8-9), grande ícone do pós-estruturalismo, afirma que o movimento da *différance* se constitui como a "[...] raiz comum de todos os conceitos posicionais que marcam nossa linguagem, produzindo a diferença que é a condição de qualquer processo de significação".

É, pois, com essa compreensão que a tolerância, conforme descrita anteriormente, no cenário do Iluminismo se apresenta como sendo a convivência com o contraditório, com o outro, sem necessariamente aceitá-lo na sua inteireza. Significa, ainda, suportar, aceitar ou parar de combater o que não se pode mudar. Isso implica na persistência de um conflito latente, oculto, reprimido e que pode aflorar a qualquer momento, mostrando toda a sua radicalidade. Nesse caminhar, Gallo (2010, p. 4) destaca que

> A questão básica do conflito é que a "aceitação" do outro significa o apagamento de minha subjetividade. Na medida em que a consciência não encontra em sua interioridade – a subjetividade absoluta, em registro cartesiano – o fundamento de seu ser, sua identidade, ela vai encontrá-la projetada no reconhecimento pelo outro. É na captura que o outro faz da consciência que esta se descobre idêntica a si mesma: mas a descoberta da identidade está, então, na objetivação. Um "eu" só pode ser idêntico a si mesmo quando reconhecido, capturado por um "outro". Só que, em tal captura, a subjetividade do eu torna-se objetividade para o outro.

É importante destacarmos que os conflitos oriundos da diferença não se pactuam já que, no entendimento de Abramowicz, Rodrigues e Cruz (2011, p. 92), "[...] o que a diferença faz é diferir; a cada repetição extrai uma diferença, ou seja, diferenças geram diferenças. A diferença vai de encontro às identidades, já que tem por função borrá-las".

Parece-nos que a autora, ao adotar o sentido mais radical da noção de diferença, esvazia o conceito de diversidade. Ainda nesse entendimento,

Derrida (1991, p. 38) anuncia que é "[...] sempre a partir da diferença e da sua história que nós podemos pretender saber quem nós somos e onde estamos e o que poderiam ser os limites de uma época".

É, pois, nessa acepção que a diferença não comporta a tolerância, pois ela deve ser ressaltada e compreendida como geradora de originalidade. Derrida (1991, p. 39) ainda acrescenta que "[...] diferença designa a causalidade constituinte, produtora e originária, o processo de cisão e de divisão no qual os diferentes ou as diferenças seriam os produtos ou os efeitos constituintes".

Ao se fazer um recorte para a análise de nossa história recente, a partir de meados da década de 1980 e a de 1990, constatamos que o discurso da diferença não comporta a radicalidade da apreciação anteriormente desenvolvida. Pelo contrário: busca integrar, por meio de políticas públicas, não obstante com avanços, a pluralidade dos conflitos, tensões e divergências que se inscrevem na sociedade. Tal discurso beneficia as categorias sociais historicamente mais vulneráveis, a exemplo de mulheres, negros(as), povos indígenas, idosos(a), pessoas com deficiência, grupos raciais e étnicos, lésbicas, gays, bissexuais, travestis e transexuais, entre outros, que lutam pelo reconhecimento de suas especificidades/demandas e pela criação de políticas públicas, entre elas, a educacional. Abramowicz, Rodrigues e Cruz (2011, p. 89), ao ratificarem essa análise, concluem que

> A partir da década de 1990, a confluência de todos os fatores mencionados anteriormente fomenta a produção sobre estas temáticas, cultura, multiculturalismo, interculturalismo, entre outras. Essa década é considerada uma referência nessa passagem, pois é marcada por um contexto reivindicatório em que diferentes movimentos sociais denunciam as práticas discriminatórias presentes na educação e exigem mudanças.

Candau (2000, p. 1-2) também confirma essa leitura:

> A perspectiva multicultural na abordagem da dinâmica pedagógica constitui uma preocupação recente e crescente a nível internacional [...]. Também entre nós vem crescendo, principalmente nos anos 80 e 90, uma consciência das diferentes culturas presentes no tecido social brasileiro e um forte questionamento do mito da "democracia racial". Diferentes movimentos sociais — consciência negra, grupos indígenas, de cultura popular, movimentos feministas, dos

> sem-terra, etc. — têm reivindicado um reconhecimento e valorização mais efetivos das respectivas identidades culturais, de suas particularidades e contribuições específicas a construção social. Neste contexto, a desnaturalização da cultura escolar dominante nos sistemas de ensino se faz urgente, buscando-se caminhos de incorporar positivamente a diversidade cultural no cotidiano escolar.

Dessa forma, evidenciamos que, tanto na visão de Abramowicz, Rodrigues e Cruz (2011) quanto na de Candau (2000), a temática da diversidade penetra no campo da educação brasileira, impulsionada pelas lutas dos movimentos da sociedade, ratificando cada vez mais a necessidade de a escola estar articulada ao que acontece fora dos seus muros, sempre com dois olhares: um no seu âmbito e outro na sociedade. É na perspectiva desses olhares que as políticas educacionais podem escutar o clamor das ruas, contemplando suas reivindicações nas políticas de Estado.

Analisando os Parâmetros Curriculares Nacionais do ano de 1996, apresentado pelo Ministério da Educação, Candau (2000) apreende que eles incluem como um dos temas transversais a pluralidade cultural. Nele, vamos constatar que a concepção que predomina é aquela da multiculturalidade/diversidade, na qual se enfatiza a universalidade dos direitos. Em documentos oficiais mais recentes, a forma de contemplar a temática conceitual da diferença parece não ser diferente. Nas Diretrizes Nacionais de Educação em Direitos Humanos (BRASIL, 2012, p. 2) o discurso da diferença aparece nos princípios apresentados no artigo 3º, do inciso terceiro, afirmando que:

> A Educação em Direitos Humanos, com a finalidade de promover a educação para a mudança e a transformação social, fundamenta-se nos seguintes princípios: I - Dignidade humana; II - Igualdade de direitos; III - **Reconhecimento e valorização das diferenças e das diversidades;** IV - Laicidade do Estado; V - Democracia na educação.

Embora apareçam, ao mesmo tempo, as noções de diferenças e diversidades nas Diretrizes Nacionais de EDH é importante considerarmos que essa resolução toma por base o Plano Nacional de Educação em Direitos Humanos (2007) e que nele a acepção de tais conceitos parece se articular com a visão indiferenciada, conforme analisado anteriormente e que veremos a seguir.

Por isso, se nos debruçarmos atentamente sobre Plano Nacional de Educação em Direitos Humanos (2007), é possível perceber que a concepção nele encontrada é semelhante àquelas observadas tanto nas Diretrizes quanto nos Parâmetros Curriculares de 1996, conforme analisado por Candau (2000). Nessa perspectiva, ao lermos a introdução do referido plano, é possível captar, de forma indireta, que a acepção predominante parece vinculá-la à indiferenciação de diversidade/diferença tal qual expresso nas passagens abaixo:

> Uma concepção contemporânea de Direitos Humanos, incorpora os conceitos de cidadania democrática, cidadania ativa e cidadania planetária, por sua vez inspiradas em valores humanistas e embasados nos princípios da liberdade, da igualdade, da equidade e da **diversidade**, afirmando sua universalidade, indivisibilidade e interdependência. (CANDAU, 2000, p. 23).
>
> São objetivos balizadores do PMEDH conforme estabelecido no seu artigo 2º: a) fortalecer o respeito aos Direitos Humanos e liberdades fundamentais; b) promover o pleno desenvolvimento, **a tolerância**, a igualdade de gênero e a amizade entre as nações, os povos indígenas e grupos raciais, nacionais, étnicos, religiosos e linguísticos; d) estimular a participação efetiva das pessoas em uma sociedade livre e democrática governada pelo Estado de Direito; e) construir, promover e manter a paz. (CANDAU, 2000, p. 24).

Percebemos nessas duas passagens do discurso do Plano Nacional de Educação em Direitos Humanos (2007) que o sentido do conceito de diversidade/diferença parece estar estreitamente vinculado aos valores iluministas, portanto humanistas, a exemplo da liberdade, da igualdade, da universalidade. Nesses valores, subjaz o entendimento de que o sentido da diversidade/diferença caminha na direção da integração social e da constituição do Estado-Nação. É importante destacar, nessa análise, que organismos internacionais — especificamente a ONU — dificilmente poderiam avançar para um entendimento da diversidade/diferença que vá para além do significado da assimilação/integração, pois tais entidades trabalham no sentido da busca e da manutenção da paz mundial. Em que pese a ONU perseguir a promoção, proteção e a defesa da universalidade dos Direitos Humanos, constitui-se, ao mesmo tempo, como um importante organismo responsável pelo entendimento/consenso entre as nações.

Por isso, a segunda passagem reforça essa compreensão na medida em que o Plano Nacional de Educação em Direitos Humanos (2007) incorpora, por meio da intertextualidade, a totalidade dos objetivos do Programa Mundial de Educação em Direitos Humanos que, em nosso entendimento, adota como concepção o sentido de diversidade como diferença, utilizando a noção de tolerância como palavra-chave.

O importante a reter, nessa discussão, é que a temática da diferença penetra de vez no campo da educação brasileira, trazendo à baila a ideia de que o conhecimento relativo à nossa construção cultural é básico para todo e qualquer cidadão brasileiro. Mais relevante ainda é constatarmos que todas as vozes que contribuíram para a nossa diversidade estão se expressando, mostrando a sua cara, sem censura e sem repressão a seus valores, costumes, ritos, tradições, não apenas na ótica da tolerância, mas como algo que é diferente e que precisa ser cultivado, preservado, incentivado e, acima de tudo, respeitado como um direito humano fundamental.

Assim, ao se adotar como horizonte a promoção da justiça, da paz e da dignidade humana, devemos buscar garantir que cada pessoa/povo que contribuiu para a concretização da nossa cultura tenha assegurada a expressão de sua identidade e de suas tradições, pois a Educação em Direitos Humanos deve possibilitar que as pessoas sejam mais felizes, manifestando suas emoções, afetividades, valores que marcam o comportamento humano sem medo de ser reprimido ou descriminado.

As referências teóricas até aqui esboçadas e tomadas como escopo para análise/interpretação dos dados empíricos da presente pesquisa conduzem à necessidade de explicitar qual a concepção de Educação em Direitos Humanos adotada e a sua caminhada histórica na realidade brasileira.

O capítulo a seguir tem por objetivo explicitar o percurso metodológico adotado na presente pesquisa, explorando as bases epistemológicas da apreensão da realidade, a abordagem da Teoria de Discurso eleita para a análise dos dados empíricos e as técnicas de investigação adotadas, buscando apreender elementos relevantes para análise do objeto de pesquisa.

4 CAPÍTULO QUARTO

4.0 Metodologia

O presente capítulo trata das bases teórico-metodológicas adotadas na pesquisa em apreço, situando, assim, tanto as opções teóricas do percurso metodológico como as estratégias de análise dos dados empíricos. Tem, portanto, a finalidade de explicitar o caminho seguido, opção que reflete a busca de sintonia com os objetivos que se intenta alcançar.

4.1 Apreensão da realidade por meio da Análise de Discurso Crítica (ADC)

Com esse intuito, elegeu-se a análise de discurso sob o enfoque de Fairclough (1989, 1997, 1999, 2001), teórico contemporâneo que vem proporcionando importante contribuição na investigação da referida temática. Tomam-se, também, como referências as aproximações metodológicas de Orlandi (2001), Maingueneau (1987) e Sarfati (2010), pois ajudam e complementam o entendimento do modelo faircloughiano. A abordagem metodológica da análise de discurso vem influenciando diferentes campos da pesquisa científica, a exemplo da sociologia da ciência, dos estudos da mídia, dos estudos de tecnologia, da psicologia social e da análise de políticas, entre outros — e, evidentemente, o campo da educação.

Constitui-se como uma forma de abordagem da pesquisa qualitativa que ocupa hoje um status de reconhecida importância no campo das ciências sociais, prestando-se muito bem para a interpretação das intricadas interações entre os seres humanos. Contudo, nem sempre foi assim: a conquista de tal reconhecimento é relativamente recente. A emergência desse enfoque de pesquisa percorreu uma rica e longa tradição desde o final do século XIX, com avanços e limites até ascender, em nossos dias, como um método de investigação testado e legitimado pela comunidade cientifica — e nela por aqueles pesquisadores que se situam no campo da educação.

De princípio, é importante evidenciarmos qual o entendimento que este trabalho adota sobre pesquisa qualitativa, pois ele passa por vários momentos que integram o complexo campo histórico[47] em que a temática foi ganhando significados. Nesse sentido, Denzin e Lincoln (2006, p. 21) definem "pesquisa qualitativa" como

> Um campo interdisciplinar e, às vezes, contradisciplinar, que atravessa as humanidades, as ciências sociais e as ciências físicas. A pesquisa qualitativa é muitas coisas ao mesmo tempo. Tem um foco multiparadigmático. Seus praticantes são susceptíveis ao valor da abordagem de múltiplos métodos tendo um compromisso com a perspectiva naturalista e a compreensão interpretativa da experiência humana. Ao mesmo tempo, trata-se de um campo inerentemente político e influenciado por múltiplas posturas éticas e políticas. A pesquisa qualitativa adota duas tensões ao mesmo tempo. Por um lado, é atraída a uma sensibilidade geral, interpretativa, pós-experimental, pós-moderna, feminista e crítica. Por outro lado, é atraída a concepções da experiência humana e de sua análise mais restritas à definição positivista, pós-positivista, humanista e naturalista. Além disso, essas tensões podem ser combinadas no mesmo projeto, com a aplicação tanto das perspectivas pós-modernas e naturalistas quanto das perspectivas crítica e humanista.

Assim, partindo do entendimento de que qualquer percurso metodológico que se intenta seguir no ato de pesquisar parte do pressuposto de que o conhecimento não pode ser compreendido de forma isolada, mas na sua relação com outros conhecimentos, a partir da práxis humano-social, orientada por uma intencionalidade capaz de lhe atribuir sentido, optou-se na presente pesquisa por uma abordagem qualitativa, pois considero que ela se coaduna com o objeto investigado. Vale frisar que essa abordagem possibilita a apreensão das relações dinâmicas que se operam entre teoria e prática, de forma contextualizada.

Dessa forma, concordo com Minayo (2002, p. 16)[48] ao dizer que a metodologia constitui "[...] o caminho e a prática exercida na abordagem

---

[47] Na América do Norte, a pesquisa qualitativa opera em um campo histórico complexo que atravessa sete momentos. Esses sete momentos sobrepõem-se e funcionam simultaneamente no presente. Nós os definimos como o tradicional (1900-1950); o modernista ou da era dourada (1950-1970); gêneros (estilos) obscuros (1970-1986); a crise da representação (1986-1990); o pós-moderno, um período de etnografias novas e experimentais (1990-1995); a investigação pós-experimental (1995-2000) e o futuro, que é a atualidade (2000). Para mais informações ver Denzin e Yvonna (2006).

[48] Segundo Minayo (2008), a pesquisa qualitativa se preocupa com o nível de realidade que não pode ser quantificado. Ou seja, trabalha com o universo de significados que não podem ser quantificados, motivos, aspirações, crenças, valores, atitudes, fenômenos que não podem ser reduzidos à operacionalização de variáveis.

da realidade. Nesse sentido, a metodologia ocupa um lugar central no interior das teorias e está sempre referida a elas". Essa abordagem teórico-metodológica envolve a obtenção de dados descritivos que são obtidos no contato direto do pesquisador com a situação estudada, enfatizando mais o processo do que o produto, e se preocupa em retratar a perspectiva dos participantes, pois permite o estabelecimento de "[...] uma relação direta e prolongada do pesquisador com o ambiente pesquisado" (LUDKE; ANDRÉ, 1986, p. 11).

Ressalte-se que essa abordagem de pesquisa qualitativa se alinha à categoria do reconhecimento de Axel Honneth (2003) e Charles Taylor (2000), bem como a Teoria Crítica dos Direitos Humanos de Herrera Flores (2009), referenciais adotados neste trabalho, por abordar, de forma crítica, os discursos das lutas sociais por reconhecimento, sejam eles os dilemas das identidades individuais e coletivas nas sociedades hodiernas ou na busca por respostas para esclarecer a relação existente entre subjetividade e intersubjetividade. Assim, a Teoria do Reconhecimento constitui referencial adotado neste estudo, que teve como percurso metodológico a análise de discurso, com base em Fairclough, cujo objetivo consiste em investigar como um discurso político veiculado por meio de políticas públicas concorre para as mudanças sociais, pois em Fairclough (2001, p. 91),

> O discurso contribui para a constituição de todas as dimensões da estrutura social que, direta ou indiretamente, o moldam e o restringem: suas próprias normas e convenções como também relações, identidades e instituições que lhe são subjacentes. O discurso é uma prática, não apenas de representação do mundo, mas de significação do mundo, constituindo e construindo o mundo em significados.

Nessa direção, a interpretação do real a partir desta perspectiva assume por princípio recusar a ideia de que a linguagem constitui meramente uma forma neutra de compreender ou descrever o mundo, mas parte da pressuposição de que o discurso é fundamental na construção da vida social. Orlandi (2003, p. 15) ratifica essa ideia ao afirmar que a

> Análise de discurso, como o próprio nome indica, não trata da língua, não trata da gramática, embora todas essas coisas lhe interessem. Ela trata do discurso. E a palavra discurso, etimologicamente, tem em si a ideia de curso, de percurso,

---

Afirma ela que "[...] a abordagem qualitativa se aprofunda no mundo dos significados das ações e relações humanas, um lado não perceptível e não captável em equações, médias e estatísticas" (MINAYO, 1994, p. 22).

> de correr por, de movimento. O discurso é assim palavra em movimento, prática de linguagem: com o estudo do discurso observa-se o homem falando.

Assim, a linguagem é concebida como mediação entre homens/mulheres e suas histórias naturais e sociais, ou seja, pela análise de discurso busca-se compreender a realidade em suas conexões, sua história com avanços e limites, sua dinâmica, sua lógica e contradições, sua transformação e a transformação da própria realidade social e, portanto, da produção da existência humana. A análise de discurso, tomado enquanto mecanismo de produção do conhecimento, permite articular de modo especial o

> Conhecimento do campo das Ciências Sociais e do domínio da Linguística. Funda-se em uma reflexão sobre a história da epistemologia e da filosofia do conhecimento empírico, essa articulação objetiva a transformação da prática das ciências sociais e também a dos estudos da linguagem. (ORLANDI, 2003, p. 16).

Pelo exposto, induzimos que a análise de discurso se firma pela não transparência da linguagem — ela não é unívoca na sua relação com a linguagem/pensamento/mundo, não é direta, não se faz vis a vis, abertamente de um para o outro. Por expressar, de forma simbólica, a língua do mundo produzindo sentidos às coisas e às relações, a linguagem precisa ser desvelada na medida em que dialogamos e interpelamos os membros de uma comunidade como sujeitos. Por isso, Rosalind Gill (2002, p. 245) afirma que

> O crescimento extraordinariamente rápido do interesse pela análise de discurso, nos últimos anos, ocorreu nas artes, humanidades e nas ciências sociais. A virada linguística foi precipitada por críticas ao positivismo, pelo prodigioso impacto das ideias estruturalistas e pós-estruturalistas, e pelos ataques pós-modernistas à epistemologia [...] criticando a ciência social tradicional e se contrapondo ao positivismo.

Isso significa afirmar que a análise de discurso tem uma base epistemológica ampla, diferindo, nesse aspecto, de outras metodologias, tendo como características-chaves:

I. A postura crítica com respeito ao conhecimento dado, aceito sem discussão e um ceticismo com respeito à visão de que nossas observações do mundo nos revelam, sem problemas, sua natureza autêntica.

II. O reconhecimento de que as maneiras como nós normalmente compreendemos o mundo são históricas e culturalmente específicas e relativas.

III. A convicção de que o conhecimento é socialmente construído, isto é, que nossas maneiras atuais de compreender o mundo são determinadas não pela natureza do mundo em si mesmo, mas pelos processos sociais.

IV. O compromisso de explorar as maneiras com os conhecimentos – a construção social de pessoas, fenômenos ou problemas – estão ligados a ações/práticas. (BURR *apud* GILL, 2002, p. 245).

É relevante destacar que a importância atribuída à linguagem não está exclusivamente no seu universo vocabular enquanto estrutura linguística ou mesmo na riqueza das categorias sintáticas, ou ainda nas regras gramaticais, mas na preocupação com o significado da linguagem tomada enquanto uma mediação, pela qual se realizam as interações, integrando as visões de mundo filosóficas, sociológicas e psicológicas. Nesse ponto, concordo com Orlandi (2003, p. 26) ao afirmar que

> A análise de discurso visa compreender como os objetos simbólicos produzem sentidos, analisando assim os próprios gestos de interpretação que ela considera como atos do domínio simbólico, pois eles intervêm no real do sentido. A análise de discurso não estaciona na interpretação, trabalha seus limites, seus mecanismos, como parte dos processos de significação. Também não procura um sentido verdadeiro através de uma "chave" de interpretação. Não há esta chave, há método, há construção de um dispositivo teórico. Não há uma verdade oculta atrás do texto. Há gestos de interpretação que o constituem e que o analista, com seu dispositivo, deve ser capaz de compreender.

É a partir dessa perspectiva que se desenvolve a presente investigação, que teve por intuito estudar a **EDUCAÇÃO EM DIREITOS HUMANOS: a luta pelo reconhecimento da diversidade na escola pública**. Seu objetivo é apreender como as políticas públicas governamentais de Educação em Direitos Humanos foram vivenciadas em escolas da rede estadual de Pernambuco, entre 2007–2010, por meio de sua prática político-pedagógica, tendo em vista a sua contribuição para o processo de respeito à alteridade e a construção da cidadania. Para tanto, recorreu-se ao Modelo Tridimensional de Análise Crítica de Discurso (ADC) com base em Fairclough[49]. A opção pela ADC se deveu ao fato de ela propiciar uma reflexão das interações sociais tomando por base a interpretação de textos, não apenas do ponto de vista sociológico, tampouco de um enfoque exclusivamente linguístico, mas se colocando no âmbito das duas abordagens, buscando a interação entre o elemento linguístico e o elemento social cujo foco central é a mudança social e cultural a partir da mudança discursiva.

De modo geral, Fairclough (1997, 2001) situa teoricamente o seu modelo de Análise Crítica de Discurso em três dimensões: prática linguística, prática discursiva e prática social, entendendo o significado de discurso como sendo, respectivamente: (i) um texto linguístico, oral ou escrito; (ii) prática discursiva, produção e interpretação de texto; e (iii) prática sociocultural.

Vale ressaltar que o surgimento do campo da investigação da análise de discurso está vinculado, conforme destaca Maingueneau (1987, p. 5), ao "[...] encontro, no interior de determinada tradição, de uma conjuntura intelectual e de uma prática escolar". Esses três momentos, imbricados na conjuntura francesa da década de 1960, definem o cenário epistemológico em que aparece a análise de discurso. Nessa direção, Sarfati (2010, p. 103-104) acrescenta:

> - A existência de uma tradição da escrita — característica de uma civilização envolvida com o livro e com métodos de interpretação — é algo crescente desde o Renascimento pela exegese de textos filosóficos e escolásticos. Por um processo de secularização gradual, essa prática hermenêutica culminou no empreendimento filológico, a partir do século XIX, com a gramática histórica.
>
> - Substituído pelo currículo escolar (secundário e superior), principalmente das humanidades, o exercício crítico e histórico — característico da exegese filológica — se transformou, ao longo das reformas do sistema educa-

---

[49] Para melhores aprofundamentos consultar as seguintes obras: *Language and Power* (1989), *Discourse and Social Change* (1992), o texto "Discourse", incluído na coletânea *Late Modernity: rethinking critical discourse analysis* (1999), e o enquadre para a análise textual em pesquisas sociais, apresentado em *Analysing Discourse: textual analysis for social research* (2003), baseado na Linguística Sistêmica Funcional (LSF) de Halliday, segundo análise de Viviane e Ramalho, (2006), entre outras.

cional na França, num conjunto de métodos de leitura e de compreensão (mas também de avaliação com vistas à preparação para os exames) que definem, por sua vez, as diferentes técnicas do "comentário textual".;

- O aparecimento simultâneo, no final da década de 1960, de um conjunto de reflexões sobre a escrita (a gramatologia de Derrida, a arqueologia de Foucault, a semanálise de Kristeva, a teoria do prazer do texto de Barthes, a teoria de conjunto exposta pelo coletivo de Tel Quel agrupado em torno de Philippe Solles etc.), todas elas situadas na confluência da filosofia, da linguística e de concepções críticas inspiradas no marxismo e na psicanálise (sobretudo lacaniana, cuja teoria do significante alimentou então a maior parte dos debates sobre o tema), exprime, como um mosaico, algumas das principais questões do estruturalismo Francês

Do ponto de vista teórico, a análise de discurso teve como inspiração, inicialmente, o marxismo althusseriano, encontrando nas categorias da ideologia, do poder, das lutas sociais e políticas as chaves interpretativas que embasaram os teóricos franceses, herdeiros do paradigma do linguista americano Harris[50]. Contudo, o cenário relativo aos fatos sociais ocorridos em maio de 1968 propiciou uma série de inquietações epistemológicas aos fundadores do novo campo teórico. Como decorrência desses acontecimentos histórico-conjunturais, paralelamente, se desenvolve, segundo analisa Sarfati (2010, p. 108),

> A problemática e os novos métodos propostos por Michel Foucault em *A Arqueologia do Saber* (1972) permitiram matizar retrospectivamente esse primeiro estado da questão, já essa contribuição maior à teoria do enunciado abriria pouco a pouco novos caminhos para a análise do discurso.

Nesse contexto, o empreendimento de Foucault, "arqueologia do saber", traz para a reflexão a construção de uma "[...] história dos sistemas de pensamento" (FOUCAULT, 1972, p. 39), buscando assim, "[...] uma descrição dos eventos discursivos" (FOUCAULT, 1972, p. 108). Para Sarfati (2010, p. 115), "[...] o que está em jogo é uma interrogação centrada nas relações entre práticas discursivas e práticas sociais e, de modo mais geral, nos efeitos de verdade produzidos pelo discurso".

---

[50] **Zellig Sabbetai Harris** (23/10/1909 – 22/05/1992) foi o fundador do primeiro departamento de linguística americana, em 1946.

Conforme explicitado anteriormente, é possível extrair que o objeto do projeto foucaultiano não parece ser "[...] nem o pensamento nem a língua, mas a instância do acontecimento enunciativo" (FOUCAULT, 1972, p. 115). Parece que a noção conceitual das unidades de discurso — **grupos de enunciação** — constitui o cerne das investigações do pensador francês por serem analisadas numa dada formação social: "[...] as relações dos enunciados entre si, as relações entre grupos de enunciados, as relações entre enunciados ou grupos de enunciados e acontecimentos de outra ordem (técnica, econômica, social, política)" (FOUCAULT, 1972, p. 115).

Pelo visto, os contextos filosóficos que contribuíram para o surgimento da análise de discurso, em intervalos de espaço e tempos regulares, constituem-se de matizes epistemológicas radicalmente diferentes. De um lado, o empreendimento Althusseriano, com destaque especial para as categorias da ideologia e do poder; de outro o projeto foucaultiano, filiado ao pós-estruturalismo, extraindo suas categorias chaves da arqueologia do saber. Pelo que constatamos, no caminhar da história, todos os teóricos e praticantes da análise de discurso, legitimaram amplamente os dois modelos, por situarem o objeto-discurso no cerne da reflexão.

Um pouco mais à frente, embora na esteira desse contexto, Fairclough (2001) introduz seus estudos acerca da ADC, a partir da década de 1980, vindo desde então desenvolvendo aprimoramentos em seu modelo tridimensional buscando entender os discursos em sua interação com a linguística de Halliday e a prática social. Assim, para o referido pensador, discurso significa:

> Qualquer evento discursivo (isto é, qualquer exemplo de discurso) é considerado como simultaneamente um texto, um exemplo de prática discursiva e um exemplo de prática social. A dimensão do texto cuida da análise linguística de textos. A dimensão da prática discursiva, como interação, na concepção texto e interação de discurso, especifica a natureza dos processos de produção e interpretação textual — por exemplo, que tipos de discurso (incluindo discursos no sentido mais sócio-teórico) são derivados e como se combinam. A dimensão de prática social cuida de questões de interesse na análise social, tais como as circunstâncias institucionais e organizacionais do evento discursivo e como elas moldam a natureza da prática discursiva e os efeitos constitutivo/construtivos referidos anteriormente. (FAIRCLOUGH, 2001, p. 22)

Nesse sentido, é possível notarmos que os três momentos abordados — o texto, a prática discursiva e a prática social — evidenciam uma articulação interativa e complementar embora, aparentemente, possam estar dispersas na análise, segundo explicitam Resende e Ramalho (2006, p. 28). A figura a seguir, sugerida por Fairclough (1991), mostra a interação entre as três dimensões do modelo ADC. Esse modelo, posteriormente, foi aprimorado nas obras *Discurse and Social Change* (1992) e *Discourse and Late Modernity* (1999).

Figura 1 – Concepção tridimensional do discurso em Fairclough

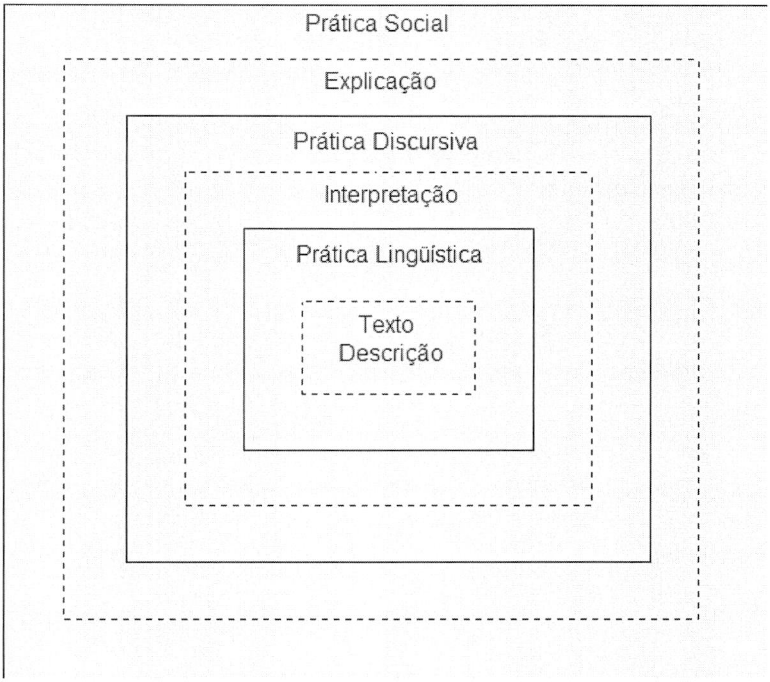

```
┌─────────────────────────────────────────┐
│            Prática Social               │
│  ┌───────────────────────────────────┐  │
│  │          Explicação               │  │
│  │  ┌─────────────────────────────┐  │  │
│  │  │      Prática Discursiva     │  │  │
│  │  │  ┌───────────────────────┐  │  │  │
│  │  │  │     Interpretação     │  │  │  │
│  │  │  │  ┌─────────────────┐  │  │  │  │
│  │  │  │  │ Prática Lingüística │  │  │  │
│  │  │  │  │ ┌─────────────┐ │  │  │  │  │
│  │  │  │  │ │    Texto    │ │  │  │  │  │
│  │  │  │  │ │  Descrição  │ │  │  │  │  │
│  │  │  │  │ └─────────────┘ │  │  │  │  │
│  │  │  │  └─────────────────┘  │  │  │  │
│  │  │  └───────────────────────┘  │  │  │
│  │  └─────────────────────────────┘  │  │
│  └───────────────────────────────────┘  │
└─────────────────────────────────────────┘
```

Fonte: Fairclough (2001 p. 101)

Como podemos observar, a Figura 1 evidencia as três dimensões da ADC — descrição, interpretação e explicação do texto —, visando entender as relações de poder e as determinações ideológicas no discurso. É possível ainda constatarmos que o modelo da ADC considera o texto como o ponto de partida, embora não se atenha a ele, à medida que se movimenta para as outras dimensões, com destaque para a sociocultural.

Considerando-se essa análise, entendemos que o texto enfoca a dimensão linguística tecendo uma compreensão sintática e semântica, com destaque especial para a apreciação do ponto de vista do vocabulário, da gramática, da coerência e coesão e da estrutura textual. Segundo Fairclough (1989, p. 102), devido à dificuldade da interpretação linguística, apenas "[...] onde aspectos formais dos textos são destacados, os tópicos são aí incluídos; onde os processos produtivos e interpretativos são mais destacados, os tópicos são incluídos na análise da prática discursiva, mesmo que envolvam aspectos formais dos textos". Nesse sentido, evidencia-se que o texto se constitui como um guia para a análise do discurso. É a partir dele que a apreciação se processa mesmo que o investigador não detenha grande experiência em linguística, pois, por si só, tal análise é muito complexa e bastante técnica à medida que incorpora muitos tipos e técnicas de análises.

Por outro lado, destacando a importância do texto, Barthes (1994, p. 1677) acrescenta que o texto é "[...] a superfície fenomênica da obra literária: é o tecido das palavras utilizadas na obra e organizadas de maneira a impor um sentido estável e tanto quanto possível único". Ao que parece, o texto se constitui como a peça mais perceptível em nível do sentido da visão, precisando do olhar interpretativo do pesquisador para a análise do discurso. É, pois, a partir dele, alicerçado na prática social, que o analista vislumbra apreender a prática discursiva, isto é, o sentido e o significado do texto, num determinado contexto. Não se trata de uma mensagem oculta, e sim de uma prática discursiva que carrega em si signos que precisam ser desvelados a partir do olhar do analista. O texto é o que está escrito é a obra que

> Suscita a garantia da coisa escrita, cujas funções de salvaguarda ele concentra: de um lado, a estabilidade, a permanência da inscrição, destinada a corrigir a fragilidade e a imprecisão da memória; de outro, a legalidade da letra, traço irrecusável, indelével, do sentido que o autor da obra nela intencionalmente depositou. O texto é uma arma contra o tempo, o esquecimento, e contra velhacarias das palavras, que, muito facilmente, volta a trás, altera-se, renega-se. A noção de texto está, portanto, historicamente ligada a todo um conjunto de instituições: direito, igreja, literatura, ensino; o texto é um objeto moral: é o que está escrito, enquanto participa do contrato social; ele a sujeita, exige ser

observado e respeitado; mas em troca confere à linguagem um atributo inestimável (que em sua essência ele não tem): a segurança. (BARTHES, 1994, p. 1677).

Pelo exposto, podemos observar que o texto deve ser conservado em toda a sua exatidão, em sua literalidade de sentido, pois, para isso, fundou-se a filologia, a ciência da técnica da crítica textual, tendo por objeto a análise da tessitura e da estrutura do texto. É importante ainda destacar que essa forma de olhar o texto está muito vinculada a uma verdade absoluta, metafísica, idealista, desconectada do contexto social. Por isso, a partir do final do século XIX[51] inicia-se um movimento de desconstrução dessa metafísica com relevante rebatimento na forma de se abordar o texto.

Como decorrência dessa inquietação filosófica, começa a transitar nos discursos literários um processo de ressignificação da análise textual, acompanhando o intenso movimento pós-metafísica, o qual conduz Barthes, a partir das investigações de Kristeva, a delinear um novo conceito de texto, definido por ele como "[...] aparelho translinguístico que redistribui a ordem da língua colocando em relação uma palavra comunicativa, que visa à informação direta, com diferentes enunciados anteriores ou sincrônicos" (BARTHES, 1994, p. 1677).

Assim, considerando essa nova visão de texto, Barthes atribui a Kristeva a elaboração dos conceitos teóricos mais significativos, sendo eles: "[...] práticas significantes, produtividade, significância, fenotexto e genotexto e intertextualidade" (FIORIN, 2006, p. 164). Afirmar que o texto se constitui como uma prática significante implica aceitar que "[...] a significação se produz, não no nível de uma abstração (a língua), tal como postulara Saussure, mas como uma operação, um trabalho, em que se investem, ao mesmo tempo e num só movimento, o debate do sujeito e do Outro e o contexto social" (SAUSSURE *apud* FIORIN, 2006, p. 164). Fiorin (2006, p. 164), tomando por base Barthes, acrescenta:

---

[51] Hobsbawn, em sua obra *A Era dos Extremos*, define o final do século XVIII, com a Revolução Francesa de 1789, todo o século XIX, com o aparecimento das lutas trabalhistas e do movimento socialista e início do século XX, até a Revolução Socialista Russa de 1917, como sendo a Era das Revoluções. Nesse século (1789–1917), considerado por ele como o maior da história, processaram-se tanto revoluções burguesas quanto a primeira revolução socialista. Nesses contextos torna-se quase impossível se fazer análise de discursos, seja político, literário, linguístico, religioso, moral etc. sem considerar a influência do contexto nas obras dos inúmeros filósofos que refletiram nesse longo período.

> O texto é uma produtividade, porque é o teatro do trabalho com a língua, que ele desconstrói e reconstrói. É significância porque é um espaço polissêmico, onde se intercruzam vários sentidos possíveis. A significância é um processo em que o sujeito se debate com o sentido e se desconstrói. O fenotexto é o fenômeno verbal como ele se apresenta na estrutura do enunciado concreto. É contingente. Já o genotexto é o campo da significância domínio verbal e pulsional, onde se estrutura o fenotexto, lugar da constituição do sujeito da enunciação. Todo texto é um intertexto; outros textos estão presentes nele, em níveis variáveis, sob formas mais ou menos reconhecíveis. A intertextualidade é a maneira real de construção do texto.

A prática discursiva é a dimensão do uso da linguagem que enfoca a interpretação dos processos sociocognitivos, a produção, a distribuição e o consumo do texto, bem como a sua interação com os processos sociais relacionados aos contextos econômicos, políticos e socioculturais. Como foi enfatizado anteriormente, o exame do evento discursivo como texto, prioriza o entendimento dos tipos linguísticos. Contudo, explorar o texto sob a ótica da natureza de seus traços formais significa, ao mesmo tempo, interpretá-lo à luz das representações simbólicas dos quais a língua é possuidora. A ocorrência dessa interpretação se realiza ao se considerar os processos discursivos (produtivos e interpretativos) com a matéria prima do discurso, o texto. Significa ainda a interação entre todos os atores sociais que participaram do evento discursivo, justamente por ser a dimensão da prática sociocultural o pano de fundo da ADC. Barros (2008, p. 205) acrescenta:

> Na ADC, além de o discurso ser visto como prática linguística é, também, encarado como prática discursiva e prática social. Enquanto prática, o discurso contribui para a formação discursiva de objetos, sujeitos e conceitos. Na construção das relações sociais entre indivíduos, os efeitos construtivos do discurso são sentidos nas formas de representação das identidades sociais, na determinação de posições sociais para os sujeitos e tipos de "eu". Outro efeito construtivo do discurso recai sobre a construção de sistemas de conhecimento e crença.

Na mesma direção, Resende e Ramalho (2006, p. 30) complementam:

> Mais recentemente, Chouliaraki e Fairclough (1999), apresentaram um enquadre que, mantêm as três dimensões do discurso, contudo de maneira mais pulverizada na análise e com um fortalecimento da análise da prática social, que passou a ser mais privilegiada nesse modelo posterior. Observa-se que houve, entre os modelos, um movimento do discurso para a prática social, ou seja, a centralidade do discurso como foco dominante da análise passou a ser questionada, e o discurso passou a ser visto como *um* momento das práticas sociais.

Nessa perspectiva, as categorias bakhtinianas da intertextualidade e da interdiscursividade são amplamente reconhecidas na interpretação da prática discursiva tornando-a mais precisa e objetiva. A importância da intertextualidade decorre da historicidade que o conceito confere ao texto por estar em interlocução contínua com outros textos. Por isso, define-se como a "[...] presença explícita de outros textos em um texto" (FAIRCLOUGH, 2001, p. 29), constituindo-se, aos olhos de Fairclough, como a categoria central desta dimensão, a qual é ratificada pelo fato de podermos observar que, ao longo de suas investigações, Fairclough revisita, em vários momentos, esse conceito ao manifestar que ele enriquece imensamente a sua ADC. Mostra, portanto, que por meio dele se identifica a

> Propriedade que tem os textos de ser cheios de fragmentos de outros textos, que podem ser delimitados explicitamente ou mesclados e que o texto pode assimilar, contradizer, ecoar ironicamente, e assim por diante. Em termos da produção, uma perspectiva intertextual acentua a historicidade dos textos: a maneira como eles sempre constituem acréscimos às cadeias de comunicação verbal existentes (Bakhtin, 1986: 94), consistindo em textos prévios aos quais respondem. (FAIRCLOUGH, 2001, p. 114).

Por outro lado, o conceito de interdiscursividade remete ao conceito de dialogismo em Bakhtin (1992, p. 345), expresso por ele como sendo "[...] uma relação (de sentido) que se estabelece entre enunciados na comunicação verbal". No entanto, diferentemente da palavra "diálogo", cujo sentido remete à busca de entendimento, de consenso, de solução de conflitos, Faraco (2003, p. 66) compreende que dialogismo "[...] é tanto convergência, quanto divergência; é tanto acordo, quanto desacordo; é tanto adesão, quanto recusa; é tanto complemento, quanto embate".

A terceira dimensão da ADC, a prática social, está articulada ao contexto de produção do discurso, pois faz uma leitura dos fenômenos sociais tendo implicações diretas na formatação dos enunciados, a exemplo das categorias da ideologia[52], na perspectiva althusseriana e, sobretudo hegemonia a partir da dos conceitos de Gramsci[53] e Laclau e Mouffe[54]. A Figura 2 mostra a relação dialética que se funda entre as três dimensões do modelo tridimensional e no caráter emancipatório que propicia.

Figura 2 – Categorias analíticas propostas no modelo tridimensional

Texto	Prática Discursiva	Prática Social
- Vocabulário	- Produção	- Ideologia
- Gramática	- Distribuição	. Sentido
- Coesão	- Consumo	. Pressuposição
- Estrutura textual	- Contexto	. Metáfora
	- Força	- Hegemonia
	- Coerência	. Orientações econômicas, políticas, culturais, ideológicas.
	- Intertextualidade	

(Figura 2 - Extraída de Resende e Ramalho, 2006)

Fonte: Resende e Ramalho (2006)

---

[52] No entendimento de Sarfati, a Teoria da Ideologia surge no âmbito da filosofia marxista, embora na abordagem de Althusser se engendre a partir da tradição epistemológica francesa de Bachelard e Canguilhem, dando-lhe um status de cientificidade em ruptura com a ideologia. Althusser toma como ponto de partida a distinção liminar entre uma "[...] teoria da ideologia em geral" e "[...] uma teoria das ideologias particulares, que exprimem sempre, quaisquer que sejam suas formas (religiosas, moral, jurídica, política), posições de classe" (ALTHUSSER, 1976, p. 98). Para Sarfati (2010, p. 112), "[...] a originalidade de Althusser, grande leitor do teórico italiano Antonio Gramsci, consiste em retomar, arejando-a, a herança marxista. No esquema de uma formação social, na qual Marx opõe a superestrutura (instância da ideologia) e a infraestrutura (instância econômica das relações sociais de produção), Althusser propõe a hipótese da autonomia relativa da superestrutura e da ação desta sobre a infraestrutura".

[53] Segundo Carlos Nelson Coutinho, Gramsci em suas reflexões intenta responder por que a revolução proletária não logrou êxito no mundo ocidental. Para responder a tal indagação partiu para a reconstrução dos conceitos de sociedade civil na tradição marxista e a reelaboração do conceito de hegemonia extraído de Lenin. Gramsci destaca a importância de formar uma classe dirigente que se mantenha pelo consentimento das massas e não apenas pela força coercitiva, como argumentava Lenin. Ressalta ainda a importância da direção cultural e da ideológica. Por outro lado, Laclau e Mouffe (1997) abordam importantes problemas para se pensar a sociedade contemporânea, tais como o deslocamento do privilégio da classe social como categoria ontológica em favor de outras divisões sociais proeminentes, como o sexo, raça, etnia, diversidade sexual etc. Por isso, Pereira (2009, p. 4) argumenta que "[...] a democracia radical se firma na pluralidade, na abertura, na visão de sujeito como agente descentrado, condições imprescindíveis para atuar na direção de uma radical transformação".

[54] "É possível perceber os pontos em que Laclau e Mouffe se aproximam de Gramsci e também os pontos de ruptura. As duas abordagens privilegiam o momento da articulação política e concebem as relações sociais em torno da disputa pela hegemonia. Ademais, reconhecem que a hegemonia não é exercida sobre toda a sociedade. As duas perspectivas defendem a criação de uma nova hegemonia baseada na aliança dos grupos subalternos, ou na criação de uma cadeia de equivalências, no caso de Laclau e Mouffe. Contudo, no caso de Gramsci, a prática articulatória remete a uma classe social fundamental. A ideologia assume um papel central em ambas as perspectivas, concebida como constitutiva do social. Além disso, os elementos ideológicos articulados pela classe hegemônica não têm uma pertinência de classe necessária" (ALVES, 2010, p. 94).

Resende e Ramalho (2006, p. 146) reforçam: "O diálogo crescente entre a Linguística e a Ciência Social Crítica, nas bases teóricas da ADC, foi determinante no processo de abertura da disciplina, que culminou no movimento da centralidade do discurso para a percepção deste como um momento de práticas sociais".

Esse argumento deixa transparecer que o movimento empreendido pela ADC, a partir de uma leitura crítica da sociedade, cria espaços para a desarticulação de relações de dominação ao estabelecer um embate entre práticas sociais, fato que implica numa real possibilidade de superação da hegemonia dominante tendo em vista a constituição de novos sentidos para a tessitura social, pois somente assim, os discursos adquirem significados[55].

Decorre do supracitado várias implicações, segundo analisa Fairclough (2001, p. 91),

> Primeiro implica ser o discurso um modo de ação, uma forma e que as pessoas podem agir sobre o mundo e especialmente sobre os outros, como também um modo de representação. [...]. Segundo, implica numa relação dialética entre o discurso e a estrutura social; a última é tanto uma condição como um efeito da primeira. Por outro lado, o discurso é moldado e restringido pela estrutura social no sentido mais amplo e em todos os níveis: pela classe e por outras relações sociais em um nível societário, pelas relações específicas em instituições particulares, como o direito ou a educação, por sistemas de classificação, por várias normas e convenções, tanto de natureza discursiva como não-discursiva.

Nesse sentido, é importante observarmos que o jogo do poder democrático tem por princípio a possibilidade de que grupos políticos que se acham em posição de subalternidade possam, processualmente[56], constituir uma nova hegemonia, motivo da constante instabilidade na luta pela direção política da sociedade. Por isso, a hegemonia é um processo permanente de vir-a-ser, está sempre se fazendo e se reafirmando a cada momento no espaço do poder social[57].

---

[55] Em *A ordem do discurso* Foucault relata, a partir de suas investigações, como os discursos que transitam no seio de uma sociedade exercem função de controle, limitação e validação das regras de poder que estabelecem a ordem desta mesma sociedade.

[56] Ver os conceitos de guerra de posição, transformismo, revolução passiva, revolução pelo alto e guerra de movimento em Gramsci.

[57] Fairclough em seus trabalhos utiliza tanto a hegemonia no sentido gramsciano quanto no sentido de Laclau e Mouffe. É ainda relevante considerar que Laclau e Mouffe fazem uma releitura desta categoria leniniana, ressignificando-a para uma abordagem pós-marxista e pós-estruturalista.

Nesta obra, busco responder à seguinte indagação: como as políticas, programas e ações de Educação em Direitos Humanos (EDH) da Secretaria de Educação do Estado de Pernambuco vêm se concretizando no trabalho docente das escolas, tendo em vista a criação de uma cultura de Direitos Humanos? Conforme se explicitou anteriormente, o foco da investigação intentou apreender o rebatimento direto da política na prática educativa das escolas (formação docente, atividades curriculares, projeto político-pedagógico, dentre outros).

O campo de pesquisa foram as escolas públicas estaduais situadas na zona metropolitana do Recife, zona da mata (Nazaré da Mata), agreste meridional (Caruaru) e Sertão (Petrolina). Essa seleção se deveu ao fato de haver escolas nesses municípios que se destacaram pela realização de trabalhos significativos na área de Educação em Direitos Humanos, conforme levantamento da SE. Foram selecionadas duas escolas de cada uma das Gerências Regionais de Educação (GRE) a partir dos seguintes critérios: número de alunos atendidos; localização; apresentação de experiências exitosas em EDH. Foram priorizadas escolas do ensino fundamental e médio regulares, excluindo-se as escolas de referência, pois elas somente começaram a funcionar, de forma mais sistemática, a partir de 2010[58].

O recorte temporal tomado foi o período 2007–2010, que inclui as gestões governamentais de Luís Inácio Lula da Silva e de Eduardo Campos, Presidente da República e Governador do Estado, respectivamente. Esse recorte corresponde ao momento histórico em que se ampliam estudos e debates em torno dos Direitos Humanos e da Educação em Direitos Humanos. Em 2003 é publicado o Plano Nacional de Educação em Direitos Humanos (PNEDH) em uma versão preliminar, e em 2006 em uma versão mais elaborada. Em 2009, realiza-se a Conferência Nacional de Educação (CONAE), que definiu como um de seus eixos a Educação em Direitos Humanos. No mesmo ano, acontece também o lançamento do III Programa Nacional de Direitos Humanos (PNDH), além da homologação pelo Ministro da Educação da Resolução n.º 1 do Conselho Nacional de

---

[58] O Programa de Educação Integral foi instituído por meio da Lei Complementar n.º 125, de 10 de julho de 2008, com a finalidade de reestruturar o ensino médio. tinha como objetivo, melhorar a qualidade da educação pública estadual no ensino médio, dotando as escolas de autonomia administrativa e financeira. Esse programa integrava o Programa de Modernização da Gestão Pública (PMPG). Na prática, significou o reordenamento da rede estadual com a criação de escolas de referência em ensino médio e escolas integrais, exclusivas de ensino médio. Para mais informações, ver DUTRA, Paulo Fernando de Vasconcelos. **Educação Integral no Estado de Pernambuco**: uma realidade no Ensino Médio. Disponível em: http://www.anpae.org.br/IBERO_AMERICANO_IV/GT2/GT2_Comunicação/PauloDutra_GT2_integral.pdf. Acesso em: 27 fev. 2021.

Educação, em 30 de maio de 2012, relativa às Diretrizes Nacionais para a Educação em Direitos Humanos. Embora tais Diretrizes sejam uma ação governamental posterior ao período estudado, é no período de investigação, entre 2007 e 2010, que tem início o processo de discussão para a sua elaboração.

Em nível estadual, nesse período, a Secretaria de Educação do Estado confere ênfase à temática da EDH, definindo a EDH como uma política de governo, como eixo orientador incluindo em sua estrutura organizativa a Gerência de Políticas de Educação em Direitos Humanos, Cidadania e Diversidade, responsável pela definição e implementação de políticas/ações de EDH, dentre elas a eleita como foco desta pesquisa.

A opção pela metodologia tridimensional de análise de discurso em Fairclough deveu-se ao fato de que, com esse método, torna-se possível a apreensão do movimento que o enunciado da **Diversidade** apresenta nos vários documentos que foram se gestando, tanto em nível nacional, como fruto das lutas sociais, quanto em nível internacional, como decorrência dos acordos entre nações que foram se tecendo desde 1948. É importante, ainda, destacar que esse modelo possibilita a leitura dos referidos discursos em três dimensões, simultaneamente: do ponto de vista linguístico, da prática discursiva e da prática social — portanto, o texto, o contexto e o movimento.

4.2 Procedimentos metodológicos

Para o desenvolvimento da pesquisa, foi realizado levantamento bibliográfico sobre as categorias teóricas básicas: Estado e Democracia, Teoria do Reconhecimento, Direitos Humanos, Educação em Direitos Humanos e Diversidade.

   a. Análise documental (documentos oficiais da Secretaria de Direitos Humanos da Presidência da República e do MEC – SECADI relativos às políticas/ações de EDH); documentos produzidos pela Secretaria de Educação do Estado, Gerência de Políticas de Educação em Direitos Humanos, Cidadania e Diversidade (Plano de Ação, entre outros).

   b. Realização de entrevistas **semiestruturadas**[59] com:

---

[59] Caracteriza-se pelo não formalismo embora deva ser muito bem estruturada no conteúdo que está sendo pesquisado. Aproxima-se mais de uma conversa dialogal sem a rigidez das entrevistas formais. Tem como

- gestores e técnicos da Secretaria de Educação do Estado, sobretudo da Gerência de Políticas de Educação em Direitos Humanos, Cidadania e Diversidade;
- gestores, técnicos e professores das escolas selecionadas;

c. Realização de entrevista com **grupo focal**[60] **nas escolas** incluindo as seguintes categorias sociais: gênero, raça/etnia, religião, orientação sexual, pessoas com deficiência física/mental. Como representantes de cada uma das categorias sociais supracitadas selecionamos para compor o grupo focal:

- gênero: alunos(as) negros(as);
- raça/etnia: em algumas situações foram os mesmos representantes da categoria gênero;
- religiões: católicos e protestantes, afrodescendentes[61], outras (ao longo da pesquisa se encontrou uma adepta de uma religião chamada de Wicca[62]);

---

grande vantagem a flexibilidade, podendo ser ajustada de acordo com o contexto e as circunstâncias. Em geral, a entrevista semiestruturada inicia-se por aspectos mais gerais, embora o entrevistador deva ter as questões previamente preparadas. A maioria das perguntas é gerada ao longo da entrevista, permitindo ao entrevistador aprofundar questões específicas de interesse do estudo em tela. Para melhores aprofundamentos, consultar: GASKELL, George. Entrevistas individuais e grupais. *In:* BAUER, Martin; GASKELL, George (org.). **Pesquisa Qualitativa com Texto, Imagem e Som**. Um manual prático. 3. Ed. Petrópolis: Editora Vozes, 2004.

[60] Gaskell (2004, p. 79) define grupo focal como "[...] um debate aberto e acessível a todos; os assuntos em questão são de interesse comum; as diferenças de status entre os participantes não são levadas em consideração; e o debate se fundamenta em uma discussão racional. Nesta característica final, a ideia de 'racional' não é que a discussão deva ser lógica ou desapaixonada. O debate é uma troca de ponto de vista, ideias e experiências, embora expressas emocionalmente e ser lógica, mas sem privilegiar indivíduos particulares ou posições. O grupo focal tradicional compreende seis a oito pessoas desconhecidas anteriormente, que se encontram em um ambiente confortável por um tempo entre uma e duas horas. Os participantes e o moderador sentam num círculo, de tal modo que possa haver um contato frente a frente entre cada um".

[61] Babaçuê (Maranhão, Pará); Batuque (Rio Grande do Sul); Cabula (Espírito Santo, Minas Gerais, Rio de Janeiro, Santa Catarina); Candomblé (em todos estados do Brasil); culto aos Egungun (Bahia, Rio de Janeiro, São Paulo); culto de Ifá (Bahia, Rio de Janeiro, São Paulo); Encantaria (Maranhão, Piauí, Pará, Amazonas); Omoloko (Rio de Janeiro, Minas Gerais, São Paulo); Pajelança (Piauí, Maranhão, Pará, Amazonas); Quimbanda (em todos estados do Brasil); Tambor-de-Mina (Maranhão, Pará); Terecô - Maranhão; Umbanda (em todos estados do Brasil); Xambá (Alagoas, Pernambuco); Xangô do Nordeste (Pernambuco).

[62] Gary Cantrell (2002), considerado um alto Sacerdote da religião Wicca, é o autor do livro *Wicca: crenças e práticas*. Nele descreve a religião Wicca com base em suas experiências pessoais e com seguidores de todas as idades e graus. Para ele, a Wicca é uma religião da natureza, vibrante e iluminada, praticada por centenas de pessoas no mundo todo. Para Cantrell (2002, p. 24), "[...] a Wicca com a qual me identifico é a prática da Antiga Religião que reconhece os velhos deuses e deusas que têm estado conosco por centenas de milhares de anos — somente seus nomes mudaram. É a que compreende o equilíbrio da Natureza que nos traz a vida, a morte e o renascimento e me chama do mais profundo de meu ser. Essa é a minha versão da Wicca". Para melhores aprofundamentos, ver: CANTRELL, Gary. **Wicca**: crenças e práticas. Tradução de Ana Claudia Ceciliato. São Paulo: Madras Editora, 2002.

- orientação sexual: gays, lésbicas, transexuais, travestis, bissexuais;
- alunos(as) com qualquer deficiência física/mental;
- representantes dos grêmios e conselhos escolares das escolas selecionadas.

Tais mecanismos possibilitaram apreender elementos relativos à implementação da política de Educação em Direitos Humanos, seus avanços e limites, a relação entre teoria e prática, procedimentos adotados, entre outros aspectos. As entrevistas semiestruturadas e com grupo focal puderam explicitar de forma mais sensível e detalhada as visões e experiências dos agentes diretamente envolvidos com a EDH.

A seleção dos entrevistados concedeu prioridade àqueles representantes que estavam como atores sociais nas escolas escolhidas entre o período 2007–2010. Nesse sentido, foram incluídas pessoas pertencentes aos segmentos eleitos para a realização de entrevistas e do grupo focal que ainda estavam presentes na escola durante o recorte temporal da pesquisa. Foram incluídas também outras pessoas que não se achavam na escola nesse período, uma vez que intentamos, também, apreender se as políticas de Educação em Direitos Humanos contribuíram para a construção de uma cultura cidadã, na qual a formação da cidadania e o respeito à diversidade se expressaram em ações do cotidiano escolar, tanto nas relações sociais, quanto na sua prática político-pedagógica.

O primeiro passo para a interpretação dos discursos (enunciados, textos, documentos oficiais, entrevistas, imagem, som etc.) consistiu na composição do corpus que, para Orlandi (2003, p. 62), "[...] não segue critérios empíricos (positivistas), mas teóricos". Tomou-se como unidades de análises as categorias discursivas da **intertextualidade** e da **interdiscursividade**[63] presentes no corpus da pesquisa.

- Adotou-se a categoria da **intertextualidade**, conforme definido por Kristeva (1967, p. 440), ao considerar que todo texto se constrói "[...] como um mosaico de citações, todo texto é absorção e transformação de um outro texto. [...]. O discurso (o texto) é um cruzamento de discursos (de textos) em que se lê, pelo menos, um outro discurso (texto)" (ORLANDI, 2003, p. 84) e por Fiorin (2006, p. 165), qualquer referência ao Outro, tomado como posição

---
[63] Corresponde em Bakhtin ao conceito de dialogismo, segundo Fairclough (2001); para Maingueneau (1984, p. 11), "[...] a unidade de análise pertinente não é o discurso, mas um espaço de trocas entre vários discursos".

discursiva: paródias, alusões, estilizações, citações, ressonâncias, repetições, reproduções de modelos, de situações narrativas, de personagens, variantes linguísticas, lugares comuns etc. Nesse sentido, buscou-se analisar em que medida os discursos presentes nos documentos oficiais do MEC/SECADI/SE/PE foram ressignificados e transformados em políticas e linhas de ação em níveis de intertextos para formação de professores com reflexos importantes nos currículos e nos projetos políticos-pedagógicos das escolas, assim contribuindo para a instalação de uma cultura de respeito aos Direitos Humanos

– Como **interdiscursividade** seguiu-se a reinterpretação apresentada por Maingueneau, conforme analisado por Sarfati (2010, p. 122), que faz uma reconstrução da "[...] ideia de interdiscurso em proveito de uma tríade conceitual que permite melhor apreender um mecanismo que culmina na textualização. Ele fez uma distinção entre o universo discursivo, os campos discursivos e os espaços discursivos".

A análise das práticas discursivas ocorreu, em síntese, em três momentos distintos, porém de forma integrada, conforme explicitado a seguir.

(1) Cada uma das três dimensões da prática discursiva esteve representada nas categorias da **interdiscursividade, intertextualidade manifesta** que focalizam a produção do texto; as cadeias intertextuais, a distribuição do texto, da coerência e do consumo.

(2) Focalizei a intertextualidade e a interdiscursividade nas amostras dos discursos;

(3) Analisei os textos (microanálise da prática discursiva) iniciando a apreciação do discurso a partir da contextualização no qual ele foi gerado, ou seja, a prática social.

Na intenção de tornar mais objetiva e precisa a análise, adotei como referência os elementos contidos no quadro a seguir, construído a partir de uma adaptação de Fairclough (2001) e sintetizado por Barros (2008).

Quadro 2 – As categorias da Análise de Discurso em Fairclough

TEXTUAL	PRÁTICA DISCURIVA	PRÁTICA SOCIAL
A ênfase está no papel do discurso na significação e na referenda onde o primeiro compreende o papel do discurso em constituir, reproduzir, desafiar e reestruturar os sistemas de conhecimento e crença. Os tópicos analíticos específicos que examinaremos serão: conectivos e argumentação, transitividade e tema, significado de palavra, criação de palavras e metáfora. A descrição dos traços textuais será feita atentando-se para o vocabulário, a gramática e as estruturas textuais. Quanto ao vocabulário e à gramática, as formas linguísticas e as estruturas gramaticais serão analisadas segundo a natureza dos valores *experiencial, relacional e expressivo* que apresentam, bem como segundo os valores *metafóricos, conectivos e textuais*, com base no que consta em Fairclough (1991, 1997, 2001, 2003).	Pretende envolver uma combinação de microanálise com macro analise. De acordo com Fairclough (2001:115), a primeira deve contemplar o modo como os participantes produzem e interpretam textos com base nos recursos dos membros. Esse tipo de análise deve, conforme o referido linguista, ser complementado pelo segundo tipo, para que se reconheça a natureza dos recursos dos membros (como também das *ordens de discurso*) a que se recorre para produzir e interpretar os textos. Tomamos por base as duas obras referidas acima e sintetizamos cada um dos momentos que entraram em cena na dimensão de análise do discursivo como prática discursiva.	Empreender uma descrição do discurso enquanto prática social implica considerar a relação dialética que se processa entre um evento discursivo particular e a(s) situação(s), instituição(s) e estrutura(s) social(s) que o emolduram. Entender a linguagem em uso como prática social significa pôr em evidência que os discursos são estruturados ou constituídos no seio da sociedade que eles também constituem. Nessa perspectiva dialética, os discursos criam situações, constroem conhecimentos, moldam identidades e estabelecem relações entre pessoas e grupos de pessoas. O discurso é, portanto, instrumento de exercício do poder. Estando as práticas sociais relacionadas aos aspectos ideológicos e hegemônicos, focaliza-se a instância discursiva analisada à luz dos investimentos ideológicos feitos por meio dos *sentidos* das palavras, das *pressuposições*, das *metáforas* e do *estilo*. Na categoria hegemonia, focalizam-se as *orientações da prática social*, que podem ser orientações econômicas, políticas, culturais e ideológicas.

Fonte: elaborado a partir de Fairclough (2001)

  A metodologia exposta se acha expressa na forma de análise dos dados empíricos buscando-se, a seguir, apreender/analisar como o Plano Nacional de Educação em Direitos Humanos, as Diretrizes Nacionais para a Educação em Direitos Humanos e o discurso governamental de Pernambuco tratam a questão da diversidade. Também será possível captar como as vozes dos atores que compõem a educação no Estado de Pernambuco, temática que adquire centralidade na presente pesquisa e que teve como campo empírico a realidade da educação estadual de Pernambuco, cuja análise será contemplada nos capítulos subsequentes.

5 CAPÍTULO QUINTO

5.0 A diversidade no Plano Nacional de Educação em Direitos Humanos e nas Diretrizes Nacionais para a Educação em Direitos Humanos

Neste capítulo desenvolve-se uma análise da temática da diversidade presente no Plano Nacional de Direitos Humanos – PNEDH (2007) e nas Diretrizes Nacionais para Educação em Direitos Humanos (2012). Para a abordagem/apreensão desse tema, começo pela categoria analítica da intertextualidade, passando para a categoria da representação dos atores e, por fim, para uma análise metafórica[64].

5.1 Um olhar sobre a diversidade no plano nacional de educação em Direitos Humanos

As mudanças na prática discursiva acerca dos Direitos Humanos e de seu corolário, a Educação em Direitos Humanos – EDH, refletem os processos de transformações das práticas sociais e políticas que vão se engendrando no cenário brasileiro, com o desabrochar do processo de democratização, nas décadas de 1980 e de 1990. Essas são caracterizadas pela melhor organização da sociedade civil, bem como pela ascensão de lideranças identificadas com as lutas sociais aos governos federal, estaduais e municipais que passam a incluir, em suas agendas governamentais, as reivindicações dos segmentos organizados da sociedade civil.

Em nossa realidade, com avanços e limites, naquele período, se ampliou e se difundiu o discurso de respeito aos Direitos Humanos favorecendo, a partir das lutas sociais, a implementação de programas e políticas com relação a tais direitos.

---

[64] Segundo Lakoff e Johnsin (2002, p. 49-50), metáfora "[...] é compreender uma coisa em termos de outra", o que não iguala os conceitos, trata-se de uma estruturação parcial com base na linguagem. Conceitos são metaforicamente estruturados no pensamento e, consequentemente, na linguagem. Logo, a metáfora não nasce na linguagem, ela se reflete na linguagem porque existe em nosso sistema conceitual. Lakoff e Johnson (2002) pontuam que a metáfora não tem natureza meramente linguística ou lexical, ao contrário, o pensamento humano é largamente metafórico e a metáfora só é possível como expressão linguística porque existe no sistema conceitual humano.

Além disso, observamos, seja na conjuntura nacional, seja na internacional[65], que os debates políticos que circularam contribuíram para a produção de discursos em Direitos Humanos e de Educação em Direitos Humanos que se ampliaram numa rede discursiva e que, por sua vez, concretizaram-se em algumas políticas de governo.

Assim, tais discursos vão se engendrando, se ampliando e se firmando por múltiplas vozes que, juntas, tecem um corpus que, naquele momento histórico, reflete as relações dialógicas, a intertextualidade e a interdiscursividade pautadas em muitas representações do espaço social. Acrescente-se que, à medida que os governos brasileiros se tornam signatários de vários diplomas internacionais[66] relativos a não violação dos Direitos Humanos, agregam novas vozes aos discursos que aparecem em nível nacional.

Dessa forma, a concretização de práticas discursivas finda por produzir, fazer circular e difundir discursos relativos às temáticas dos Direitos Humanos e da Educação em Direitos Humanos que buscam a sua materialização em práticas sociais, tomando por base a cultura da defesa e da promoção de direitos. Nesse contexto, organizações da sociedade civil e governos democráticos difundem práticas discursivas que se aproximam, estabelecendo-se pactos em defesa e da promoção dos Direitos Humanos.

Nessa mesma direção, são concebidos os Programas Nacionais de Direitos Humanos I, II e III, e o Plano Nacional de Educação em Direitos Humanos (PNEDH), que constituem documentos orientadores como resultados dessas práticas discursivas engendradas na década de 1990 e que, na década de 2000, incorporaram polifonias nacionais e internacionais. Este último corpus, o PNEDH, é caracterizado como função ideacional[67]

---

[65] São exemplos relevantes as convenções de Genebra; a Convenção sobre o Estatuto dos Refugiados; o Pacto dos Direitos Civis e Políticos; o Pacto dos Direitos Econômicos, Sociais e Culturais; a Convenção contra a Tortura e outros Tratamentos ou Penas Cruéis Desumanas e Degradantes; a Convenção Internacional sobre a Eliminação de Todas as Formas de Discriminação Racial; a Convenção sobre a Eliminação de Todas as Formas de Discriminação contra a Mulher; a Convenção dos Direitos da Criança; a Declaração e Programa de Ação de Viena; a Convenção Interamericana para a Eliminação de Todas as Formas de Discriminação contra as Pessoas Portadoras de Deficiência; Conferência das Nações Unidas sobre Meio Ambiente e Desenvolvimento – Eco92; Conferência Mundial sobre Desenvolvimento Sustentável – Rio+10, entre outras (BRASIL, 2006, p. 45).

[66] "O Brasil passou a ratificar os mais importantes tratados internacionais (globais e regionais) de proteção dos Direitos Humanos, além de reconhecer a jurisdição da Corte Interamericana de Direitos Humanos e do Estatuto do Tribunal Penal Internacional". (BRASIL, 2006, p. 16).

[67] Para Fairclough (2001, p. 92), "[...] as três funções da linguagem e as dimensões de sentido que coexistem e interagem em todo discurso — o que denominarei as funções da linguagem 'identitária', 'relacional' e 'ideacional'. A função identitária relaciona-se aos modos pelos quais as identidades sociais são estabelecidas no discurso. A função relacional como as relações sociais entre os participantes do discurso são representadas

da linguagem que, de acordo com Resende e Ramalho (2006, p. 57), configura-se como "[...] *representação* da experiência, um modo de refletir a 'realidade' na língua: os enunciados remetem a eventos, ações, estados e outros processos da atividade humana através de relação simbólica".

Analisando esses programas e planos, a partir do modelo tridimensional de Fairclough (2001), constatamos que os discursos vão assimilando novas falas através de dialogismos[68], definido por Bakhtin (1997) como o processo de interação entre textos que ocorre na polifonia, enriquecendo e renovando as dimensões das práticas discursivas e sociais.

No entanto, como difundir os valores relativos aos Direitos Humanos, a exemplo da alteridade, da diversidade, dos direitos civis, políticos, sociais e ambientais no seio da sociedade brasileira com essas características?

Sabemos que o mundo hodierno elegeu a escola como um dos espaços para a difusão das ideias e valores que orientam e regem a sociedade. Assim, a obtenção da hegemonia passa pela escola, por ser um lócus privilegiado de produção e de socialização de conhecimentos sistematizados ao longo da história. Por isso, ela apresenta uma dupla face: ela tanto pode contribuir para a mudança da sociedade, quanto para sua conservação.

Contudo, independentemente da proposta que a escola assume, ela "[...] é o local de estruturação de concepções de mundo e de consciência social, de circulação e de consolidação de valores, de promoção da diversidade cultural, da formação para a cidadania, de constituição de sujeitos sociais e de desenvolvimento de práticas pedagógicas" (BRASIL, 2006, p. 23). E, dessa forma, ideologias vão sendo veiculadas, acarretando concepções de mundo que, a partir da perspectiva de Gramsci, significa um jogo na luta pelo poder e pela obtenção da hegemonia no espaço social. Ele ainda reforça que para as classes subalternas se tornarem dominantes é fundamental e imprescindível que antes se tornem hegemônicas (COUTINHO, 2003).

Assim, esta obra tem por base o Plano Nacional de Educação em Direitos Humanos e o que o seu teor nos informa a respeito do discurso da diversidade, temática analisada no próximo subitem.

---

e negociadas, a função ideacional aos modos pelos quais os textos significam o mundo e seus processos, entidades e relações".

[68] Tanto na escrita como na leitura, o texto não é visto isoladamente, mas sim correlacionado com outros discursos similares e/ou próximos. Ver Bakhtin (1997).

5.2 A intertextualidade no PNEDH: uma análise a partir da ADC

Com base no texto que se constitui foco do presente trabalho, o Plano Nacional de Educação em Direitos Humanos (BRASIL, 2007), busca-se apreender a intertextualidade das polifonias alheias com as vozes dos/as autores/as do texto em tela. A análise desenvolvida se deu a partir da temática da diversidade, com a clareza de que a escolha das vozes que foram adotadas como parâmetros de análise da construção do discurso implica uma opção político-ideológica. Como vimos no primeiro capítulo, o cenário dos anos 1990 foi marcado pela hegemonia do modelo neoliberal e pela consolidação da globalização econômica na realidade brasileira[69]. Contudo, temos a compreensão de que nenhuma concepção de mundo alcança a completa hegemonia, dado o princípio da contradição — a luta dos contrários —, um dos princípios da dialética que permeia os fenômenos sociais, isto é, se constrói a partir de relações dialéticas, com avanços e limites tendo sempre como horizonte a possibilidade de superação do *status quo* dominante.

Com a riqueza dessa percepção do todo social, essa interpretação é desenvolvida a partir dos seguintes *corpora* documentais:

I. Declaração Universal dos Direitos Humanos (ONU, 1948);

II. Pacto Internacional dos Direitos Civis e Políticos (ONU, 1966);

III. Conferência Mundial de Viena (ONU, 1993);

IV. A Década das Nações Unidas para a Educação em Matéria de Direitos Humanos 1995/2004 – Diretrizes para os planos de ação nacionais para a educação em matéria de Direitos Humanos;

V. Constituição Brasileira de 1988;

VI. Programa Mundial de Educação em Direitos Humanos (UNESCO, 2005);

VII. Plano Nacional de Educação em Direitos Humanos (BRASIL, 2007).

Antes de adentrarmos no objeto de nossa reflexão, a ideia força da diversidade, quero tecer um breve olhar sobre o processo de elaboração do PNEDH.

---

[69] Para mais informações, ver Almeida (2009).

Nessa direção, evidenciamos que o percurso histórico da formulação do PNEDH tem sua origem datada, sobretudo a partir de 2002, com a instituição do II Programa Nacional de Direitos Humanos (II PNDH), que propõe várias diretrizes relativas à educação e à Educação em Direitos Humanos. Dentre elas, destacamos pelo menos duas que inspiraram, peremptoriamente, a elaboração do Plano Nacional de Educação em Direitos Humanos. São elas: *A Garantia do Direito à Educação* e *Educação, Conscientização e Mobilização*. Silva (2011, p. 116) ratifica essa trajetória:

> O Governo Federal, dando prosseguimento ao Programa Nacional de Direitos Humanos – PNDH (2002), constituiu, através da Portaria nº 66, de 12 de maio de 2003, da Secretaria Especial de Direitos Humanos da Presidência da República, o Comitê Nacional de Educação em Direitos Humanos, formado por especialistas ligados a essa temática. Entre as diversas atribuições definidas para este Comitê foi priorizada a elaboração do Plano Nacional de Educação em Direitos Humanos (PNEDH), lançado em sua primeira versão, em 10 de dezembro de 2003, e uma última versão em 2006, fruto de uma ampla discussão em todos os estados e no Distrito Federal.

Em suas primeiras linhas, o discurso presente no Plano Nacional de Educação em Direitos Humanos (BRASIL, 2007) destaca o histórico compromisso do Estado com a concretização dos Direitos Humanos, bem como do protagonismo da sociedade civil organizada na sua realização, por meio de ampla participação, ao longo de quase três anos, até a sua formatação final em 2006.

O referido plano concretiza em política de Estado temáticas inscritas nos Programas Nacionais de Direitos Humanos de 1996 e de 2002. Especificamente, o PNDH (BRASIL, 2002) aborda de forma ampla a questão da diversidade, indicando a necessidade da elaboração de leis que combatam todas as formas de discriminação, de preconceitos e de intolerância. Destaca nominalmente os grupos que, historicamente, vêm sendo afetados por numerosas formas de violação de seus direitos como pessoa humana. A seguir, apresento algumas citações do PNDH (BRASIL, 2002) que se incorporaram ao Plano Nacional de Educação em Direitos Humanos (BRASIL, 2007).

Crença e culto

- Garantir o direito à liberdade de crença e culto a todos os cidadãos brasileiros.
- Prevenir e combater a intolerância religiosa, inclusive no que diz respeito a religiões minoritárias e a cultos afro-brasileiros.
- Implementar os dispositivos da declaração sobre a eliminação de todas as formas de intolerância e discriminação fundadas em religião ou crença, adotada pela Assembleia Geral das Nações Unidas em 25 de novembro de 1981.
- Proibir a veiculação de propaganda e mensagens racistas e/ou xenofóbicas que difamem as religiões e incitem ao ódio contra valores espirituais e/ou culturais.
- Incentivar o diálogo entre movimentos religiosos sob o prisma da construção de uma sociedade pluralista, com base no reconhecimento e no respeito às diferenças de crença e culto.

Orientação sexual

- Propor emenda à Constituição Federal para incluir a garantia do direito à livre orientação sexual e a proibição da discriminação por orientação sexual.
- Apoiar a regulamentação da parceria civil registrada entre pessoas do mesmo sexo e a regulamentação da lei de redesignação de sexo e mudança de registro civil para transexuais.
- Propor o aperfeiçoamento da legislação penal no que se refere à discriminação e à violência motivadas por orientação sexual.
- Excluir o termo "pederastia" do Código Penal Militar.
- Incluir nos censos demográficos e pesquisas oficiais dados relativos à orientação sexual.

O texto do PNDH (BRASIL, 2002) ainda faz ampla referência à exploração, discriminação e intolerância a crianças e adolescentes, às mulheres, aos afrodescendentes, aos povos indígenas, aos estrangeiros, refugiados, migrantes, aos ciganos, às pessoas com de deficiência e aos idosos.

Como podemos observar, o processo de democratização que se vivencia possibilitou que o PNDH (BRASIL, 2002) desse destaque especial a numerosas formas de discriminação, de preconceitos de intolerância e de abusos que, historicamente, são direcionados para determinados grupos sociais. Como decorrência dessas discussões desencadeadas no seio da sociedade civil, o PNDEH (BRASIL, 2007) incorpora esses discursos como política pública. Dessa forma, essas temáticas podem ser remetidas às escolas e universidades para serem experienciadas em projetos político-pedagógicos e nas práticas docentes.

Com a clareza de que este capítulo não dará conta da riqueza polifônica dos *corpora* citados anteriormente, este empreendimento foi bastante modesto, buscando destacar algumas das vozes representadas nos documentos e sua reverberação no Plano Nacional de Educação em Direitos Humanos (BRASIL, 2007).

Nesse sentido, partindo-se dos *corpora* documentais enumerados anteriormente, nos quais muitas vozes estão representadas (observar Quadro 3), evidencia-se que, de modo geral, um Plano de Estado, no caso o Plano Nacional de Educação em Direitos Humanos (BRASIL, 2007) está representado por muitas vozes, especialmente se os procedimentos para a sua elaboração ocorreram por meio da auscultação de inúmeros atores sociais e políticos, como é de praxe em planos de governantes que ascendem ao poder pelo voto popular.

Quadro 3 – As vozes representadas no PNEDH

REALIZAÇÕES LINGUÍSTICAS	VOZES REPRESENTADAS
DISCURSO DIRETO	• Governo brasileiro pela Secretaria Especial dos DH/ Presidência da República, MEC e Ministério da Justiça, Comitê Nacional de Educação em Direitos Humanos, Diretrizes Nacionais para a Educação em Direitos Humanos. • Unesco e ONU, por meio dos seguintes documentos: – Declaração Universal dos Direitos Humanos; Pacto Internacional dos Direitos Civis e Políticos; Década das Nações Unidas para a Educação em matéria de Direitos Humanos e Programa Mundial de Educação em Direitos Humanos.
SOCIEDADE CIVIL ORGANIZADA	• Rede Nacional de Direitos Humanos • Conselho Nacional de DH e de EDH • Comitê Nacional de EDH • Unesco • ANDI • ANDHEP

Fonte: elaborado pelo autor com base no PNEDH (2015)

Observamos também, no referido quadro, que vários documentos oriundos de pactos, convenções e declarações de encontros internacionais se acham presentes, indicando que o Plano Nacional de Educação em Direitos Humanos (BRASIL, 2007) é, ao mesmo tempo, fruto de compromissos/acordos multilaterais com agências que têm como missão zelar pela paz no planeta, e garantir o respeito aos Direitos Humanos.

Notamos, ainda, que a distribuição das vozes no Quadro 3 se pauta por algumas possibilidades linguísticas, isto é, o discurso direto que o governo assume como obra de Estado e que, neste caso, inclui as vozes das agências multilaterais e as vozes da sociedade civil, haja vista que o PNEDH foi elaborado tomando por base ampla consulta popular.

Partindo da questão relativa ao entendimento do conceito de Educação em Direitos Humanos, observamos que a voz que se acha presente no Plano de Estado ratifica as vozes que se encontram nos documentos oficiais da ONU, especialmente no texto *A Década da Educação, 1995/2004* e o *Programa Mundial de Educação em Direitos Humanos* (2005) da Unesco, conforme se evidencia a seguir:

> A Educação em Direitos Humanos é compreendida como um processo sistemático e multidimensional que orienta a formação do sujeito de direitos, articulando as seguintes dimensões:
>
> a) Apreensão de conhecimentos historicamente construídos sobre Direitos Humanos e a sua relação com os contextos internacional, nacional e local;
>
> b) Afirmação de valores, atitudes e práticas sociais que expressem a cultura dos Direitos Humanos em todos os espaços da sociedade;
>
> c) Formação de uma consciência cidadã capaz de se fazer presente nos níveis cognitivo, social, ético e político;
>
> d) Desenvolvimento de processos metodológicos participativos e de construção coletiva, utilizando linguagens e materiais didáticos contextualizados;
>
> e) Fortalecimento de práticas individuais e sociais que gerem ações e instrumentos em favor da promoção, da proteção e da defesa dos Direitos Humanos, bem como da reparação das violações. (BRASIL, 2007, p. 25)
>
> De acordo com estas disposições, e para os efeitos da Década, a Educação em matéria de Direitos Humanos, pode ser definida como os esforços de formação, divulgação e infor-

mação destinados a construir uma cultura universal de Direitos Humanos através da difusão de conhecimentos e competências e da definição de atitudes, com vista:

a) Ao reforço do respeito pelos Direitos Humanos e liberdades fundamentais;

b) Ao pleno desenvolvimento da personalidade humana e da sua inerente dignidade;

c) À promoção da compreensão, tolerância, igualdade de gênero e amizade entre todas as nações, povos indígenas e grupos raciais, nacionais, étnicos, religiosos e linguísticos. (ONU, 1997, p. 5).

A Educação em Direitos Humanos pode ser definida como um conjunto de atividades de Educação, de capacitação e de difusão de informação, orientado para a criação de uma cultura universal de Direitos Humanos. Uma Educação integral em Direitos Humanos não somente proporciona conhecimentos sobre os Direitos Humanos e os mecanismos para protegê-los, mas, além disso, transmite as aptidões necessárias para promover, defender e aplicar os Direitos Humanos na vida cotidiana das pessoas. A Educação em Direitos Humanos promove as atitudes e o comportamento necessários para que os Direitos Humanos para todos os membros da sociedade sejam respeitados. (UNESCO, 2005, p. 1).

Como observamos, as três vozes apresentadas se identificam, são polifônicas por se firmarem numa relação de complementaridade e não sobrepostas a domínios, não existindo, portanto, ocorrência de divergências ou traços de conflitos quanto aos aspectos ideológicos entre os falantes. Do ponto de vista político, não poderia ser diferente, pois o Brasil enquanto nação é signatário de todos aqueles pactos firmados entre os Estados integrantes das convenções internacionais dos Direitos Humanos. O que constrange a maioria do povo brasileiro e as organizações ligadas à defesa e à promoção dos Direitos Humanos é que o Brasil, embora esteja entre as democracias mais influentes em assuntos regionais e globais, no plano doméstico, continua enfrentando graves desafios relacionados aos Direitos Humanos, incluindo execuções extrajudiciais cometidas por policiais, tortura, superlotação das prisões e impunidade para os abusos cometidos durante o regime militar (1964–1985)[70], e muitas práticas de torturas ainda persistem até o momento atual.

---

[70] Para mais informações, ver o "Relatório Mundial 2014: Brasil", jan. 2014. Disponível em: https://www.hrw.org/sites/default/files/related_material/brazil_po.pdf. Acesso em: 27 fev. 2021.

Nessa direção, constatamos que os grupos de pessoas mais vulneráveis e que vêm sendo afetados por todas as formas de discriminação e de violências, recorrentemente, são aqueles que se acham inscritos entre as diversidades, como os povos indígenas, as etnias, as pessoas com deficiência, o racismo, a orientação sexual, as mulheres, as crianças, os/as idosos/as e, por fim, a intolerância religiosa, sem necessariamente esse rol de citações estarem em ordem de grandeza de violação de direitos.

Assim, a interdiscursividade[71] que se observa no conceito de Educação em Direitos Humanos nos enunciados do Plano Nacional de Educação em Direitos Humanos (BRASIL, 2007) é fruto da ordem do discurso[72], considerando que as vozes dos pactos e convenções da ONU, pela sua própria natureza, comportam um princípio de autoridade, visto que muitos Estados-Nação têm partes preponderantes naquelas formações discursivas. Resulta, também, da legitimidade do governo brasileiro, fundada nos princípios da participação (intelectuais, universidades, organizações da sociedade civil etc.) e da democratização na elaboração das políticas públicas. Fairclough (2001, p. 12) ratifica tais ponderações ao afirmar que "[...] a mudança discursiva ocorre mediante a reconfiguração ou a mutação dos elementos da ordem de discurso que atuam dinamicamente na relação entre as práticas discursivas".

Nos três conceitos de Educação é possível perceber que o sentido é referendado:

- "A Educação em Direitos Humanos é compreendida como um processo sistemático e multidimensional que orienta a formação do sujeito de direitos, articulando as seguintes dimensões: [...]" (BRASIL, 2002, p. 25).
- "A Educação em matéria de Direitos Humanos pode ser definida como os esforços de formação, divulgação e informação destinados a construir uma cultura universal de Direitos Humanos através da difusão de conhecimentos e competências e da definição de atitudes [...]".

---

[71] Para Orlandi, o interdiscurso é todo conjunto de formulações feitas e já esquecidas que determinam o que dizemos. Para que minhas palavras tenham sentido é preciso que elas já façam sentido. "E isso é efeito do interdiscurso: é preciso que o que foi dito por um sujeito específico, em um momento particular, separe na memória para que, passando para o 'anonimato', possa fazer sentidos 'minhas' palavras" (ORLANDI, 2001, p. 33).

[72] Segundo Foucault (1999), a produção de discursos em toda sociedade é controlada, com o objetivo de retirar os poderes e os perigos e conter acontecimentos aleatórios nessa produção.

- "A Educação em Direitos Humanos pode ser definida como um conjunto de atividades de Educação, de capacitação e de difusão de informação, orientado para a criação de uma cultura universal de Direitos Humanos" (UNESCO, 2005, p. 1).

Note-se no enunciado que se encontra no PNEDH, "[...] a Educação em Direitos Humanos é compreendida como" equivalente semanticamente aos dois outros enunciados dispostos no PNEDH e no documento *A década da educação*, quando enuncia "[...] a Educação em matéria de Direitos Humanos pode ser definida como". Enfocando os três enunciados em tela, observa-se que o primeiro foi recontextualizado, contudo, os termos utilizados etimologicamente são idênticos, isto é, do mesmo significado linguístico. Isso se justifica porque as vozes das autoridades defendem os mesmos princípios e valores, embora estejam em esferas políticas diferentes.

A primeira representa a voz do Estado brasileiro, enquanto as outras vozes representam a ONU. As declarações da ONU, embora sem força de lei, por respeitar a autonomia e autodeterminação[73] das nações, têm impactos decisivos nas deliberações políticas nacionais, sobretudo se os Estados-Membros se tornam signatários das referidas declarações e/ou pactos.

Como se observou anteriormente, o Plano Nacional de Educação em Direitos Humanos (BRASIL, 2007), sem ser subsumido pelas vozes dos pactos e programas elaborados por organismos internacionais, mantém uma identidade firme com relação àquelas vozes; além disso, na medida em que a participação democrática institui novos olhares críticos e ampliados da sociedade civil organizada são anunciadas novas propostas, pois as condições de produção do evento discursivo sempre comportam reconfigurações, novas leituras, novas vozes, razão pela qual a obra torna-se mais organicamente polifônica. O discurso da diversidade no PNEDH, semelhantemente, passa por esse mesmo processo de ressignificação, haja vista que tanto no Brasil quanto no planeta os movimentos das diversidades intensificam as suas lutas, sobretudo a partir da década de 1960. Os novos movimentos sociais afloram nesse período, reivindicando

---

[73] Bobbio (1998, p. 1179) analisa que "[...] a soberania é um poder supremo, exclusivo, não derivado, absoluto e inalienável. No mesmo liame, a soberania clássica é tida como a consagração do direito de autodeterminação, alheio à ingerência estrangeira dentro da jurisdição nacional (BODIN, 1997, p. 122). Esse é o conceito clássico de soberania, pedra angular da estrutura política de um Estado (KELSEN, 2003, p. 83), que, durante quatro séculos, legitimou atitudes dos governantes que variaram desde o imperialismo exacerbado dos países europeus e dos Estados Unidos, até o movimento de descolonização dos países periféricos (FRIEDRICH; TORRES, 2013, p. 99)".

direitos historicamente negados aos/as negros/as, às mulheres, à homossexualidade, às religiões, à opinião política. Embora o (re)nascimento desses importantes movimentos sociais tenha ocorrido em contextos de ditaduras, não arrefeceram suas lutas em busca de novos direitos.

5.3 A diversidade no PNEDH

Passando a tratar a temática da diversidade, foco da presente análise, constata-se que a sintonia polifônica[74] é ainda mais significativa quando comparada com o conceito de Educação em Direitos Humanos. Isso porque, do ponto de vista semântico, os vocábulos "sem distinção de" ou "sem discriminação de" aparecem desde o discurso da Declaração de 1948, percorrendo todos os pactos, convenções e conferências que se firmaram ao longo dos últimos 70 anos. Nesse sentido, tais expressões são denotativas por se referirem diretamente à questão da igualdade na diferença. Justamente por isso, no corpus do Plano Nacional de Educação em Direitos Humanos (BRASIL, 2007), a temática da diversidade está significativamente bem representada.

Nesse sentido, temos a clareza de que, hoje, como decorrência das lutas sociais pela diversidade, nenhum espaço/trabalho acadêmico é suficiente para se abordar a polissemia da temática em toda a sua complexidade. Os discursos engendrados a partir do advento da própria Declaração Universal de 1948 trazem na sua origem grande polêmica, a universalidade dos Direitos Humanos, numa perspectiva mundial cuja maior riqueza se encontra justamente na diversidade. As diferenças culturais, religiosas, biológicas, étnicas, raciais, de orientação sexual, de gênero, na ciência, na política etc. constituem apenas alguns campos discursivos agregados à temática. Assim, a rede de práticas sociais discursivas, as metáforas e interdiscursividade, as intertextualidades debatem e aprofundam a temática da diversidade, implicando que muitas vozes se incorporaram ressignificando o próprio conceito que passa a gerar uma multiplicidade de interpretações.

Dessa forma, refletir sobre a temática da diversidade englobando as questões do racismo, das etnias e, sobretudo, da sexualidade e de gênero, implica desconstruir saberes que historicamente foram incorporados,

---

[74] Para Ducrot (1987, p. 161-218), há polifonia quando se pode distinguir em uma enunciação dois tipos de personagens, os enunciadores e os locutores. Os locutores corresponderiam à voz principal que fala, a do autor, e os enunciadores corresponderiam às vozes alheias representadas.

por longos tempos, à moral cristã e à cultura ocidental. As resistências às abordagens das temáticas da homoafetividade e da igualdade de gênero geram, em muitas situações, grande frisson com as religiões tradicionais, sobretudo no catolicismo e no protestantismo. Por outro lado, esconder uma realidade que cada vez mais se descortina significa negar a contradição e os conflitos inerentes à própria realidade social. A luta pela afirmação da identidade e por direitos vem superando inúmeros obstáculos no mundo ocidental. Assim, a garantia da diferença e, portanto, da diversidade se constitui, hoje, como um dos conflitos mais relevantes na luta por Direitos Humanos por se confrontar, justamente, com valores consolidados ao longo dos tempos. Analisando essa temática, Ribeiro (2011, p. 331) diz que

> Isto requer perturbar as palavras que nos remetem a vários conceitos; aprofundar nos conceitos situados nas teorias pós-estruturalistas, nos estudos feministas e nos estudos culturais. Assim, nos processos de formação continuada de educadoras e educadores somos instigados/as a navegar por: concepções de sexualidade, de gênero, de currículo, infância, adolescência, redes de proteção na intersetorialidade das políticas públicas, na abordagem e enfrentamento da homofobia, sexismo, violências sexuais e nas metodologias para a ação docente.

Por outro lado, desde 2003, na 26ª Reunião da ANPEd, realizada em Poços de Caldas (Minas Gerais), foi criado o GT 23, com expressivo apoio da assembleia, destinado ao desenvolvimento de estudos e pesquisas para as temáticas de gênero e sexualidade em sua articulação com a educação, a exemplo do que se observa desde o final dos anos 1970 em muitas universidade e institutos de pesquisas[75].

---

[75] Meyer, C. Ribeiro e P. Ribeiro (2004, p. 1), no primeiro trabalho encomendado a ser apresentado no GE, afirmaram que não é mais necessário enfatizar a importância que as dimensões de gênero e sexualidade adquiriram na teorização social, cultural e política contemporânea. De fato, desde o final dos anos 1970 uma ampla, complexa e profícua produção acadêmica vem ressaltando a impossibilidade de se ignorarem relações de gênero e sexualidade quando se busca analisar e compreender questões sociais e educacionais. Estudiosas/os e pesquisadoras/es de várias nacionalidades e filiações teóricas e disciplinares participaram e continuam participando da construção desses campos, numa perspectiva que focaliza tanto relações de gênero e sexualidade quanto suas importantes articulações com dimensões como raça/etnia, classe, geração, nacionalidade, religião, dentre outras. Sua exposição demonstra que esse movimento havia se afirmado, no plano acadêmico internacional, especialmente, a partir dos departamentos de *Women's Studies* e posteriormente se ampliaria com os *Gender Studies* e os *Gay and Lesbian Studies*. Ressaltavam a multiplicação desse movimento em muitas instituições universitárias e centros de estudos e o quanto ele havia impulsionado pesquisas nos mais diversos campos, tais como a educação, a história, o direito, a literatura, a arte, a saúde, a teologia, a política etc.

No PNEDH, o discurso não poderia ser diferente, pela natureza participativa de sua construção, pelo seu caráter democrático e cidadão ao incluir todas essas vozes que vão dando significado político às lutas travadas no seio da sociedade.

Nesse contexto, é importante ressaltar que os grupos sociais articulados e/ou identificados com os movimentos sociais da diversidade se multiplicaram muito no Brasil no período recente da democratização. Mobilizações, passeatas e organizações se constituíram em larga frequência nas duas últimas décadas. Suas vitórias são relevantes em conquistas tanto em políticas públicas de ações afirmativas, transcendendo as políticas de cunho meramente assistencialistas, quanto na criação de uma legislação em defesa e proteção de seus direitos. Como exemplo temos a Lei Federal n.º 11.340, popularmente conhecida como Lei Maria da Penha, a Lei n.º 10.639 e, posteriormente, a Lei n.º 11.645/08, que instituiu a obrigatoriedade do ensino de história e cultura afro-brasileiras e indígenas em todas as escolas do país. Essa lei também passou a exigir que se inclua em seus conteúdos programáticos a "[...] história da luta dos negros e dos povos indígenas no Brasil, a cultura negra e indígena brasileira e o negro e o índio na formação da sociedade nacional" (BRASIL, 2008). Tornou, portanto, obrigatório o ensino da história e da cultura dos africanos e dos afrodescendentes nos ensinos fundamental e médio, bem como o conjunto de leis de proteção às pessoas com deficiência, entre outras[76]. Enfocando os *corpora* da ONU, desde a Declaração de 1948, apreende-se que os enunciados em prol da defesa, da proteção e da promoção da

---

[76] Lei n.º 10.048/00 dá prioridade de atendimento às pessoas com deficiência, os idosos com idade igual ou superior a 60 (sessenta) anos, as gestantes, as lactantes e as pessoas acompanhadas por crianças de colo; Lei n.º 10.098/00 estabelece normas gerais e critérios básicos para a promoção da acessibilidade das pessoas com deficiência ou com mobilidade reduzida; Decreto n. 5.296/04 regulamenta a Lei n.º 10.048, de 8 de novembro de 2000, que dá prioridade de atendimento às pessoas com deficiência e idosos com idade igual ou superior a 60 anos, e Lei n.º 10.098, de 19 de dezembro de 2000, que estabelece normas gerais e critérios básicos para a promoção da acessibilidade das pessoas com deficiência ou com mobilidade reduzida; Lei n. 7.853/89 dispõe sobre o apoio às pessoas com deficiência, sua integração social, sobre a Coordenadoria Nacional para Integração da Pessoa com Deficiência (CORDE), institui a tutela jurisdicional de interesses coletivos ou difusos dessas pessoas, disciplina a atuação do Ministério Público, define crimes, e dá outras providências; Decreto n.º 3.298/99 regulamenta a Lei n.º 7.853, de 24 de outubro de 1989, dispõe sobre a Política Nacional para a Integração da Pessoa com Deficiência; Lei n.º 8.899/94 concede passe livre às pessoas com deficiência no sistema de transporte coletivo interestadual; Decreto n.º 3.691/2000 Regulamenta a Lei n.º 8.899, de 29 de junho de 1994, que dispõe sobre o transporte de pessoas com deficiência no sistema de transporte coletivo interestadual; Lei n.º 8.112/90 (art. 5º) assegura às pessoas com deficiência o direito de se inscrever em concurso público para provimento de cargo cujas atribuições sejam compatíveis com a deficiência de que são portadoras; para tais pessoas serão reservadas até 20% (vinte por cento) das vagas oferecidas no concurso, dentre outras. Disponível em: http://www.soleis.com.br/deficiencia.htm. Acesso em: 28 fev. 2021.

diversidade estão traspassados em todos eles. É importante lembrar que as condições de produção da referida Declaração de 1948 ocorreram num clima de consternação mundial, ocasionada pelo holocausto de mais de seis milhões de judeus. Acrescente-se ainda a imensa discriminação dos negros/as, da homossexualidade e das mulheres.

Sendo assim, compreendemos por que a questão da diversidade está relativamente bem representada nos documentos oficiais da ONU e que, ao longo dos anos, foram anexando novas vozes na medida em que os discursos se recontextualizaram, nos Pactos Internacionais dos Direitos Civis e Políticos de 1966; na Conferência Mundial de Viena de 1993; na Década da Educação, 1995/2004; no Encontro de Durban, 2001; no PMEDH (2005) e no PNEDH (2007), instituindo uma ampla rede discursiva, segundo interpretação de Laclau e Mouffe (2002).

Se evocarmos a Declaração de 1948, apreende-se no seu art. 2º que

> Todos os seres humanos podem invocar os direitos e as liberdades proclamadas na presente Declaração, sem **distinção** alguma, nomeadamente de raça, de cor, de sexo, de língua, de religião, de opinião política ou outra, de origem nacional ou social, de fortuna, de nascimento ou de qualquer outra situação. Além disso, não será feita nenhuma **distinção** fundada no estatuto político, jurídico ou internacional do país ou do território da naturalidade da pessoa, seja esse país ou território independente, sob tutela, autônomo ou sujeito a alguma limitação de soberania. (ONU, 1948, p. 3-4, grifos nossos).

Observamos, ainda, que o verbete "distinção", embora apareça apenas três vezes (duas vezes no artigo 2º e uma vez no artigo 7º com o significado de garantia da diversidade) tem sentido imperativo, decisivo, peremptório. Juntamente com o vocábulo "discriminação", tem o intuito de garantir o estatuto da igualdade na diferença, emitindo o significado de força de lei, tratando-se, portanto, de uma clara violação de Direitos Humanos, do seu descumprimento.

Por outro lado, o vocábulo "discriminação" aparece duas vezes no artigo 7º e uma vez no artigo 23, relacionado à questão de ordem trabalhista. "Todos têm direito, sem discriminação alguma, a salário igual por trabalho igual" (artigo 23, inciso II) (ONU, 1948): isso mostra avanços no discurso, embora entendamos que sua concretização seja bastante lenta, firmando-se, segundo estudos, em alguns poucos setores da economia por meio de muitas lutas sociais e estando ainda distante das possibilidades de efetivação nas práticas sociais da sociedade de mercado.

Prosseguindo-se na análise da temática da diversidade em outro corpus da ONU, o Pacto de 1966 dos Direitos Civis e Políticos, observa--se que ele também contempla a temática em seu artigo 2º, inciso I ao afirmar que:

> Os Estados-partes no presente Pacto comprometem-se a garantir a todos os indivíduos que se encontrem em seu território e que estejam sujeitos à sua jurisdição os direitos reconhecidos no presente Pacto, **sem discriminação alguma** por motivo de raça, cor, sexo, língua, religião, opinião política ou de qualquer outra natureza, origem nacional ou social, situação. (ONU, 1966, p. 1-2, grifos nossos).

Analisando o discurso inscrito nesse pacto, percebemos que no momento de sua instituição pela ONU, o Brasil, embora se constituísse como Estado-parte das Nações Unidas, vivia a inusitada contradição com o discurso do referido pacto, pois o país estava em um contexto político e social de supressão de muitas liberdades individuais e políticas. As vozes do Estado brasileiro eram dissonantes em relação ao discurso da ONU de respeito aos Direitos Humanos sem nenhuma distinção. Ressalte-se, ainda, que os anos subsequentes ratificam a natureza do Estado de exceção, sobretudo depois de 1968, à medida que as torturas, desaparecimentos e assassinatos se acentuaram ao longo desse período e nos anos posteriores, e nesses, com destaque ao desrespeito à diversidade em todas as direções. Acrescente-se ainda, a implantação de outras ditaduras tanto no cone sul quanto no restante da América Latina. Por isso, apenas em 1992, o Estado brasileiro ratifica este pacto pelo Decreto n.º 592, no governo Fernando Collor de Melo.

Tomando-se ainda por base documentos elaborados no plano internacional um passo à frente para os *corpora* da Conferência de Viena (1993), no PMEDH (2005) e, em nível nacional, no PNEDH (2007), verifica-se que esses materiais reiteram e acrescentam muitas outras vozes aos diplomas anteriormente citados, sem perder de vista a essência do discurso inscrito no artigo 2º da Declaração Universal dos Direitos Humanos de 1948.

É importante destacar que a Conferência Mundial de Viena, realizada em 1993, faz referência especial à problemática da diversidade com relação aos povos indígenas, à defesa e proteção das crianças e à luta pelo gozo pleno da igualdade das mulheres:

> [...] congratulando-se com a proclamação de 1993 como Ano Internacional dos **Povos Indígenas do Mundo**, enquanto forma de reafirmação do empenho da comunidade internacional em garantir a estes povos o gozo de todos os Direitos Humanos e liberdades fundamentais, bem como em respeitar o valor e a diversidade das suas culturas e identidades.
>
> [...] os mecanismos e programas de âmbito nacional e internacional deverão ser reforçados com vista **à defesa e à proteção das crianças**, em particular, das meninas, das crianças abandonadas, dos meninos da rua, das crianças sujeitas a exploração econômica e sexual, nomeadamente através da pornografia e da prostituição infantis ou da venda de órgãos, das crianças vítimas de doenças, incluindo a síndrome da imunodeficiência adquirida, das crianças refugiadas e deslocadas, das crianças sujeitas a detenção e das crianças envolvidas em conflitos armados, bem como das crianças vítimas da fome e da seca e de outras situações de emergência.
>
> [...] os órgãos de controlo da aplicação de tratados deveriam divulgar a informação necessária para possibilitar às mulheres utilizarem, mais eficazmente os procedimentos de aplicação já existentes na sua **luta pelo gozo pleno e igualitário dos Direitos Humanos e pela não-discriminação**. Deveriam ser igualmente adotados novos procedimentos, destinados a reforçar a aplicação do compromisso assumido em favor da igualdade da mulher e dos seus Direitos Humanos. A Comissão sobre o Estatuto da Mulher e o comitê para a Eliminação da Discriminação contra as Mulheres deveriam examinar rapidamente a hipótese da introdução do direito de petição, através da preparação de um protocolo facultativo à Convenção sobre a Eliminação de Todas as Formas de Discriminação contra as Mulheres. (ONU, 1993, p. 17, grifos nossos).

Analisando essas citações, observamos que segmentos sociais historicamente discriminados passam a ter os seus direitos proclamados em documentos internacionais. A intolerância, a agressividade e a violência indiscriminada contra os diferentes segmentos assistem fortalecidos o seu clamor e, dessa forma, as dificuldades para o reconhecimento da alteridade vão se incorporando em documentos que têm o poder de inspirar a implementação de políticas nacionais influenciando, inclusive, mudanças nos marcos legais.

Dessa forma, tanto o texto quanto o contexto evidenciam os processos das práticas sociais, mostrando no discurso o seu potencial de mudança como salientado por Foucault (1999). A reverberação das vozes agregadas ao PNEDH contribuiu como parâmetro para a elaboração do relatório do Parecer 08/2012, das Diretrizes Nacionais para a Educação em Direitos Humanos, conforme explicitado adiante, como se constata no documento final do CNE.

Não obstante os contextos sociais e políticos serem de sentidos diferentes, e, portanto, de condições de produção de considerável distinção aos do pós-guerra e aos dos anos 1990, bem como da primeira década do limiar do 3º milênio, percebe-se um aperfeiçoamento das práticas discursivas da diversidade na sua luta por direitos. Esse aperfeiçoamento é resultado das práticas sociais que acrescentam um conjunto de outras reivindicações, compondo uma rede discursiva não destacada na Declaração de 1948.

A título de exemplificação, notemos as temáticas da orientação sexual capitaneadas pelo movimento LGBTQIA+ (lésbicas, gays, bissexuais, transexuais ou transgêneros, *queer*, intersexo, assexual e outras possibilidades de orientação sexual e identidade de gênero) e pelos movimentos étnico-raciais, que hoje afloram com grande força devido aos processos migratórios em razão da formação dos blocos econômicos.

Analisando a temática da diversidade e seus congêneres vocábulos "distinção/discriminação" nos diplomas citados anteriormente, verifica-se que as mensagens que passam em todos os documentos reforçam e legitimam as lutas dos movimentos sociais ligados à diversidade. A força do discurso presente nos eventos sociais da Conferência de Viena, nos Programas da Unesco e no Programa Nacional em Direitos Humanos em sua relação dialética com as práticas sociais institui uma rede discursiva, fortalecendo as lutas contra a discriminação e concorrendo para a construção da identidade social para as vítimas de preconceitos.

Nesse sentido, percebemos mudanças importantes nas práticas discursivas com repercussões visíveis nas práticas sociais. Um desses efeitos relevantes é que sendo o Brasil signatário da maioria dos tratados e convenções internacionais vem produzindo um conjunto de leis para defender contra todas as formas de discriminação[77], ao mesmo tempo

---

[77] A título de exemplificação constate-se na legislação contra a discriminação racial (Lei Federal n.º 7.716/1989 e Lei Federal n.º 9.459/1997), a lei que criminaliza a tortura (Lei Federal n.º 9.455/1997), o Estatuto da Criança e do Adolescente (Lei Federal n.º 8.069/1990), o Estatuto do Idoso (Lei Federal n.º 10.741/2003), a Lei de Acessibilidade (Lei Federal n.º 10.048/2000 e Lei Federal n.º 10.098/2000, regulamentadas pelo Decreto n.º

em que assegura políticas de ações afirmativas no sentido de promover segmentos sociais historicamente excluídos ou discriminados.

No PNEDH, os termos "valorização da diversidade", "alteridade", "pluralidade", "reconhecimento dos direitos", "distinção", "discriminação", "preconceito" e "crimes de discriminação" aparecem em números incontáveis de vezes. As referências estão ligadas tanto a concepção/princípios quanto às ações programadas para serem vivenciadas no processo de execução do Plano, perpassando de forma transversal todos os níveis e modalidades de ensino. A expressão "diversidade", tomada enquanto concepção/princípio no PNEDH, pode ser conferida na citação a seguir:

> A educação em Direitos Humanos deve estruturar-se na diversidade cultural e ambiental, garantindo a cidadania, o acesso ao ensino, permanência e conclusão, a equidade, a equidade (étnico-racial, religiosa, cultural, territorial, físico-individual, geracional, de gênero, de orientação sexual, de concepção política, de nacionalidade, dentre outras) e a qualidade da educação. (BRASIL, 2007, p. 28).

Além disso, o PNEDH incorpora literalmente as vozes dos termos firmados no Programa Mundial de Educação em Direitos Humanos, mostrando a intertextualidade existente entre os *corpora* da ONU e os documentos produzidos em nível nacional.

Do ponto de vista da implementação de políticas educacionais, o passo mais significativo do governo brasileiro na execução de políticas nacionais de Educação em Direitos Humanos reside na instituição do Parecer n.º 08/2012 e da Resolução n.º 01, de 30 de maio de 2012 do Conselho Nacional de Educação, estabelecendo as Diretrizes Nacionais para a Educação em Direitos Humanos. No seu artigo 1º, a Resolução "[...] estabelece as Diretrizes Nacionais para a Educação em Direitos Humanos (EDH) a serem observadas pelos sistemas de ensino e suas instituições". O referido Parecer, com força de lei, implica que doravante Estados da Federação, Municípios, Distrito Federal e a própria União, em suas respectivas áreas de abrangência no campo educacional, devem obrigatoriamente introduzir conteúdos curriculares ligados aos Direitos Humanos.

5.296/2004), a lei que criou a Comissão de Mortos e Desaparecidos Políticos (Lei Federal n.º 9140/1995) e, mais recentemente, a Lei Federal n.º 11340, também conhecida como Lei Maria da Penha, e a Lei n.º 10.639/03, que tornou obrigatório o ensino da história e da cultura africana e afrodescendente nos ensinos fundamental e médio, e que foi modificada pela Lei n.º 11.645/08, que inseriu também ao novo ensino brasileiro a história e a cultura indígenas.

Como objetivo central a ser alcançado, o artigo 5º das Diretrizes Nacionais para a Educação em Direitos Humanos (DNEDH) estabelece "[...] a formação para a vida e para a convivência, no exercício cotidiano dos Direitos Humanos como forma de vida e de organização social, política, econômica e cultural nos níveis regionais, nacionais e planetário".

Nos artigos citados, constatamos, por um lado, o caráter impositivo da resolução na implementação de políticas nacionais a serem executadas pelos sistemas de ensino. Por outro lado, o objetivo central denota orientação para uma formação integral para os/as educandos/as, pretendendo a criação de uma cultura em Direitos Humanos. Uma cultura que vise o aprofundamento de nossa democracia como organização social para que não se repitam os temíveis anos de autoritarismo de nossa história recente, tampouco os preconceitos, as discriminações e os crimes de ódio ainda muito frequentes em nossa realidade.

Assim, as condições de produção do discurso presente nas DNEDH ratificam organicidade com a polissemia construída em torno do conceito de diversidade. O sentido atribuído ao vocábulo se amplificou significativamente desde seu aparecimento na Declaração Universal de 1948. As vozes adicionadas ao discurso da diversidade, da diferença mostram, peremptoriamente, a importância das práticas sociais na transformação de uma realidade social, por mais conservadora que se apresente. Sabe-se que a normatização do discurso no campo educacional não é suficiente para a instauração de uma nova ordem, embora um passo significativo de avanços das lutas sociais, pois, como nos ensina Paulo Freire (2000, p. 31), "[...] se a educação sozinha não pode transformar a sociedade, tampouco sem ela a sociedade muda".

A partir da análise tecida, podemos ratificar as palavras de Foucault (1999, p. 8-9), ao afirmar que

> Em toda sociedade a produção do discurso é ao mesmo tempo controlada, selecionada, organizada e redistribuída por certo número de procedimentos que têm por função conjurar seus poderes e perigos, dominar seu acontecimento aleatório, esquivar sua pesada e temível materialidade.

Nesse sentido, podemos constatar a capacidade de mudança que tem o discurso, apto a subverter a ordem instalada, processo que é apreendido por Foucault (1999) ao captar muito bem a sua força revolucionária. Assim, com a clareza de que o discurso da globalização e do neoliberalismo se alinha com a ideologia neoconservadora que se aprofunda entre nós a partir dos anos 1990, tem-se também a compreensão de que a superação da hegemonia dominante, embora difícil, é possível.

É com essa expectativa que a realização da presente pesquisa, por meio da trilha metodológica utilizada — ADC —, buscou captar elementos que se traduzam em contribuições relevantes para a concretização de mudanças no cenário educacional com rebatimento nas práticas sociais, de modo particular no Estado de Pernambuco.

No próximo capítulo, explicitaremos a concepção de governo da Frente Popular de Pernambuco, buscando apreender os compromissos do projeto de governo para o período de 2007–2010 com relação à educação na rede estadual de ensino.

6 CAPÍTULO SEXTO

6.0 O programa de governo de Pernambuco para o período 2007–2010

No presente capítulo, temos por objetivo fazer uma análise discursiva acerca do programa governamental de Pernambuco para o período 2007–2010, que corresponde ao corte temporal da pesquisa realizada. Para tanto, tomamos como objeto de análise o Programa de Governo apresentado à sociedade pernambucana a ser vivenciado no quadriênio, o discurso de posse do governador eleito para o período, por expressar os compromissos por ele assumidos junto à sociedade pernambucana. O Eixo democratização do Estado/Estado Cidadão: educação para a cidadania contemplado no programa de governo foi enfatizado na análise por revelar as intenções governamentais no campo da educação e por estar relacionado com o objeto desse estudo.

6.1 Uma análise de discurso do programa de governo

Tomando por base o discurso de nova política, o programa de governo traça um diagnóstico panorâmico da situação econômica e social de Pernambuco, enfatizando, especialmente, os baixos indicadores de qualidade de vida, não obstante reconhecer os esforços dos últimos governos. Propõe como ação governamental "[...] atuar no sentido da superação dos déficits nos indicadores sociais (educacionais, de saúde e saneamento)" (PERNAMBUCO, 2007, p. 6).

No campo econômico, destaca as baixas taxas de crescimento que o Estado vem evidenciando, ao longo das últimas décadas, bem inferiores ao observado no conjunto dos outros estados da região Nordeste, bem como no restante do país. Ressalta ainda que esse fenômeno econômico em nível estadual se apresenta, pelo menos, desde os anos de 1960, não conseguindo mostrar-se mais vigoroso frente aos outros estados nordestinos.

O texto faz uma reflexão comparativa entre o crescimento econômico de Pernambuco com outros estados nordestinos, destacando que apesar das expressivas taxas médias de crescimento econômico entre 1960 e 2005 — algo em torno de 3,8% ao ano —, as outras economias da região obtiveram taxas de aceleração superiores a 4,5%, mostrando a nítida defasagem da economia estadual com relação ao restante do Nordeste. Esse indicador econômico apresentado nos outros estados nordestinos se constitui como uma das possíveis explicações da baixa qualidade de vida dos cidadãos pernambucanos, embora tais índices, por si só, não justifiquem as péssimas condições sociais do povo nordestino como um todo, pois evidenciamos que o quadro de pobreza e de qualidade de vida está muito próximo nesta região do Brasil. Nessa perspectiva, Santos, Carvalho e Barreto (2011, p. 253)[78] ratificam essa análise:

> A região Nordeste ocupa uma área de 1.539.000 km², o que corresponde a 18% do território brasileiro e abriga uma população de 53 milhões de pessoas, o que equivale a 28% do total nacional. Produz cerca de 16% do Produto Interno Bruto (PIB) brasileiro e o seu PIB per capita corresponde a 56% do PIB por habitante do Brasil. É uma região que se mostra bastante heterogênea geograficamente, pois apresenta grande variedade de situações físico-climática, dentre estas, destaca-se a zona semiárida, que ocupa cerca de 75% do território nordestino e, é rotineiramente castigada por secas violentas, que aumenta em dobro a sua vulnerabilidade social. Neste contexto, a pobreza e a desigualdade é uma mazela constante nos municípios dessa importante região onde, está localizada quase a metade da população pobre do país.

Tomando por base esse panorama, o programa de governo apresenta como ideia-força a proposta de "integrar para desenvolver", contendo quatro eixos de coordenação das atividades governamentais: (1) democratização do Estado (Estado-Cidadão); (2) Transposição do conhecimento; (3) Desenvolvimento econômico para todos; e (4) Infraestrutura para o desenvolvimento e autossustentabilidade hídrica.

No que tange ao eixo democratização do Estado (Estado-Cidadão), assume como compromisso "[...] assegurar o respeito a regras democráticas, transparentes e descentralizadas de atendimento das políticas de Estado ao cidadão pernambucano" (PERNAMBUCO, 2007, p. 11). Pelo objetivo exposto, parece podemos constatar que a proposta de governo se centra na melhoria (leia-se "modernização") do gerenciamento da máquina estatal como forma de garantir políticas governamentais de

---

[78] Para mais informações ver: SANTOS, Eli Izidro dos; CARVALHO, Ícaro Célio Santos de; BARRETO, Ricardo Candéa Sá. **Análise Espacial da pobreza no Nordeste brasileiro**: uma aplicação do IMP. Disponível em: http://www.eeb.sei.ba.gov.br/pdf/2015/er/analise_espacial_da_pobreza_no_nordeste.pdf. Acesso em: 28 fev. 2021.

qualidade para todos. Nessa direção afirma que a nova gestão visa "[...] a universalização de políticas públicas de modo a evitar a apropriação por clientelas de recursos públicos escassos" (PERNAMBUCO, 2007, p. 14), contribuindo assim para o "[...] acesso dos cidadãos aos bens e serviços ofertados pelo estado [...] com o fito principal de gerar desenvolvimento com inclusão social" (PERNAMBUCO, 2007, p. 14).

Reforça, assim, que a nova política a ser implementada no novo governo deve, acima de tudo, combater as práticas da velha política firmada nos princípios do patrimonialismo, do clientelismo e do nepotismo. Ou seja, o processo de modernização do gerenciamento do estado deve ser movido por uma gestão fundada no respeito, na transparência e na descentralização.

Talvez uma conclusão lógica extraída do programa de governo, numa análise ainda muito preliminar, é podermos afirmar que, ao lado de outras dificuldades, um dos maiores problemas que contribuem para a baixa qualidade de vida do povo pernambucano esteja nos processos de administração da máquina estatal, o que nos parece um diagnóstico dissimulado da realidade. Ao nosso olhar, percebemos que o processo de concentração de rendas ocasionado pelas formas de dominação política e econômica se constitui como principal vetor da baixa qualidade de vida do cidadão pernambucano. O patrimonialismo, o clientelismo e o nepotismo, tão comuns em nossa realidade, não se fundam apenas como formas de mau gerenciamento do estado, mas como procedimentos de dominação política que imperou e ainda prospera nas esferas dos estados brasileiros e na união.

Com relação ao segundo eixo, "transposição do conhecimento", o programa de governo para um novo Pernambuco enfatiza a necessidade da "[...] transposição do conhecimento [...], visando à interiorização e melhoria da distribuição regional do conhecimento" (PERNAMBUCO, 2007, p. 16). Tem como foco o estímulo e a descentralização das universidades públicas, estaduais e federais com o fito de alimentar o setor privado de conhecimento científico e tecnológico gerado nessas instituições. Do ponto de vista operacional propõe como estratégia a formação de "[...] arranjos produtivos locais, *clusters*[79], etc., que precisam ser devidamente mapeados e catalogados nas várias regiões de desenvolvimento" (PERNAMBUCO, 2007, p. 16).

---

[79] *Clusters* se caracterizam pela concentração geográfica de atividades econômicas similares ou não e que se comunicam entre si.

Quanto ao eixo desenvolvimento econômico para todos, reforça a ideia de "[...] garantir e perseguir que o tecido produtivo estadual venha a se modernizar para que elevadas taxas de crescimento econômico sejam atingidas" (PERNAMBUCO, 2007, p. 16), concorrendo para superar o déficit econômico do estado com relação ao restante da região e do Brasil. Assume duas dimensões de compromissos: por um lado, desenvolver ações que visem o fortalecimento e expansão de "[...] novos segmentos econômicos com alto potencial de crescimento" e, de outro lado, incrementar ações no sentido de "[...] fortalecer e estimular a renovação dos setores produtivos maduros que precisam expandir seu potencial de agregação de valor" (PERNAMBUCO, 2007, p. 16).

Por fim, o eixo quarto, o da infraestrutura para o desenvolvimento e autossustentabilidade, também caminha na direção de proporcionar "[...] melhorias nos padrões de vida bem como o desenvolvimento econômico", visando dotar o estado de "[...] um necessário conjunto de infraestrutura de transportes, comunicação, saneamento, energia e recursos hídricos". Defende como condição fundamental para a "[...] melhoria da qualidade de vida das populações do semiárido, o abastecimento de água, colocado como um importante desafio a ser superado pelo governo estadual" (PERNAMBUCO, 2007, p. 17).

6.2 O discurso de posse do governador eleito

O discurso de posse, proferido em 1º de janeiro de 2007, constitui-se como uma bela peça de retórica bem construída politicamente por evidenciar o desejo de arquitetar uma história diferente para a maioria do povo pernambucano. Ele mostra pleno domínio dos meandros da política e evidencia que o novo governador, embora ainda muito jovem, por um lado, apropriou-se do clamor das muitas vozes da rua e que transitam nas instituições da sociedade civil. Por outro, emprega com competência os jogos de linguagem, isto é, o *ethos* discursivo das elites políticas que ao assumirem cargos de relevância na estrutura do estado versam a favor do povo, comprometendo-se com a edificação de uma nação justa e equilibrada.

Nessa perspectiva, o governador eleito não se diferencia das elites políticas brasileiras que, em cenários enunciativos semelhantes, asseguram combater os problemas mais aviltantes que afetam a maioria da população, garantindo desenvolver políticas de Estado que contribuam para a melhoria da qualidade de vida do povo, sobretudo daqueles excluídos do acesso aos bens públicos. Assim, não silencia a dor dos excluídos — muito pelo contrário, coloca-se como um típico representante deles e que vai combater, sem tréguas, as injustiças sociais a que é submetida essa importante parcela da população.

No transcurso de sua enunciação apresenta uma série de fragmentos intertextuais com os discursos de seu avô Arraes, de quem faz várias citações literais. Como se sabe o governador eleito teve como grande preceptor seu avô, Miguel Arraes de Alencar, prefeito de Recife nos anos de 1960 e Governador do Estado em três mandatos. Foi um político de fortes laços com as esquerdas, embora de traços bastante populistas, tanto pelo discurso a favor do povo, categoria muito utilizada em seus discursos, quanto pela dificuldade que possuía em negociar com os movimentos organizados da sociedade civil. Deposto da governança pelo golpe civil-militar de 1964, ficou 15 anos no exílio, retornando no princípio da década de 1980 para retomar sua trajetória vitoriosa na política pernambucana e se eleger como Deputado Federal por duas vezes e, por igual número de vezes, a Governador do Estado.

O governador anuncia como uma de suas principais bandeiras contribuir para o fortalecimento da democracia e de governar com transparência para a maioria. Nessa perspectiva, remete sua oratória às falas da maioria da classe política que, a partir de 1980, aproxima-se das vozes reivindicadas pela própria sociedade civil, não apresentando significativas diferenças entre os discursos dos golpistas reconvertidos e os dos democratas convictos e de primeira hora.

Assim, ao assumir compromissos com a construção de um projeto político-estratégico para a melhoria das condições de vida da maioria da população, coloca-se como um típico representante que está, em determinado momento histórico, em posição privilegiada na estrutura do poder político e que muito poderá fazer para transformar a vida da maioria dos excluídos. Seu discurso está repleto de compromissos com os interesses do povo e, portanto, dos Direitos Humanos, principalmente no que diz respeito à vida, à educação, à saúde e à segurança, áreas sociais, prioritariamente, eleitas ao longo da sua fala. Ressalta, ainda, o compromisso em executar políticas que avancem na melhoria do saneamento básico, tomado como uma importante condição estratégica que pode contribuir, preventivamente, para melhorar a qualidade da saúde do povo pernambucano.

Os elementos textuais de seu discurso, a exemplo de "povo", "classes populares", "interesses da maioria", "dos excluídos", "cuidar do povo", "ouvir a população", "governar com o povo participando, nos orientando" etc., aparecem de forma recorrente, os quais, conjuntamente, fundamentam politicamente seu projeto de sociedade, aparentemente de compromisso prioritário com os segmentos majoritários da população.

Assim, ao reforçar comprometimento com a causa dos Direitos Humanos, sejam eles individuais, políticos ou sociais, retrata sua própria trajetória de luta que, no percurso de sua vida, conviveu com pessoas que foram proscritas pela ditadura militar, inclusive amigos e pessoas de sua própria família. Nesse ínterim, a convivência em seu cotidiano com pessoas exiladas e com familiares que sofreram a dor de perdas de vidas e/ou que passaram por momentos de torturas nos porões da ditadura contribuiu para formar sua consciência humanista e de engajamento com as causas populares dos Direitos Humanos.

A peça textual é bem construída do ponto de vista político por captar o sentimento do povo brasileiro e pernambucano. Nessa direção afirma literalmente que sua campanha foi

> Embalada no ideário e no sonho dos homens e mulheres que desejam desde muito construir a nação brasileira com equilíbrio, com respeito às pessoas, com a capacidade de dar felicidade aos excluídos que estão aí se acumulando pelo tanto que essa elite brasileira negou ao nosso povo as oportunidades que o nosso povo conquista quando se une e vai à luta. (PERNAMBUCO. Discurso de posse de Eduardo Campos na ALEPE, 2007. Texto Mimeografado).

Como podemos notar, o novo governador parece se colocar nitidamente contra a forma de governar das elites brasileiras que, ao longo da história, administraram a coisa pública de forma patrimonialista, razão pela qual se pode justificar o *apartheid* social ainda persistente nos dias de hoje. De outra parte observamos que, na última década, os índices de pobreza reduziram-se devido ao maior desenvolvimento econômico da região, sobretudo no Estado de Pernambuco, pela intervenção da União que favoreceu a implantação de várias indústrias e implementou políticas públicas de transferência de rendas. Contudo, estudos realizados pelo Instituto de Pesquisas Econômicas Aplicada (IPEA) constatou que o Estado de Pernambuco ainda "[...] precisa avançar na assistência à parcela da população em situação de miséria, isto é, com renda familiar *per capita* de até R$ 70,00", o que representa 11,7%, contra 5,2% em média, no Brasil[80].

De fato, se examinarmos criticamente a interpretação dos pensadores que analisaram a evolução social, política e cultural brasileira, a exemplo de Sergio Buarque de Holanda, em *Raízes do Brasil* (1963) ou de Oliveira Viana em *As Instituições Políticas Brasileiras* (1974), é possível ratificarmos o discurso do governador de que as elites sempre governaram para as minorias.

Pela análise desses intelectuais, podemos concluir que a maioria do povo brasileiro sempre esteve à margem dos processos sociais e políticos. A fragilidade da sociedade civil brasileira e de suas instituições se constitui como um eco de todo esse processo histórico de assujeitamento, de conformismo, enfim, de dominação impetrada pelas elites políticas e econômicas.

Contudo, se nos detivermos mais atentamente aos processos sociais e políticos de outrora e hodiernamente do povo pernambucano e brasileiro, vamos constatar que a resistência dos vários grupos sociais que integram a categoria dos excluídos, a exemplo dos negros, das mulheres, das populações indígenas, dos LGBTQIA+ etc., e que não se submeteram aos processos de dominação política e econômica, parece estar convergindo, nos dias de hoje, para reverter essa situação de opressão e de proscrição social. Não obstante todo esse processo, convivermos, em nossos dias, com todas as formas de exclusão, estando-se ainda longe de superação de tais mazelas no tecido social, sobretudo daqueles que não têm voz e que constituem a grande maioria da população.

O empoderamento da sociedade civil brasileira, ou em outros termos, o nosso processo de ampliação do Estado e de ocidentalização, dá-se tardiamente. Dá-se, de forma mais intensa após a Segunda Guerra Mundial, entre as décadas de 1940 e 1960, e sobretudo a partir de meados de 1970, mediante o longo processo de distensão política e de desagregação da ditadura militar brasileira.

Esse processo de ocidentalização, se por um lado, acelerou o colapso dos governos dos generais-presidentes, por outro, fez desabrochar a primavera brasileira com a intensificação do seu processo de democratização, a partir dos anos 1980.

---

[80] Extremamente pobres são 1,37 milhão em Pernambuco. In: Instituto de Pesquisas Sociais Aplicadas. Disponível em: http://www.brasil.gov.br/governo/2011/06/extremamente-pobres-sao-1-37-milhao-em-pernambuco. Acesso em: 28 fev. 2021.

É nesse período que as instituições sociais e políticas vão se revigorando com mais liberdade para difundir suas reivindicações, auferindo à luta por Direitos Humanos grande visibilidade junto à sociedade civil. São muitas as instituições sociais que (re)surgem no todo social, fortalecendo esse processo afluindo, inclusive, para o retorno das eleições diretas para governadores de estado, em 1982, para as prefeituras das capitais, em 1985, e, para a eleição do congresso constituinte, que teve a grande incumbência de elaborar a nova constituição brasileira, sendo esta promulgada em 5 de outubro de 1988.

Toda essa análise histórico-conjuntural toma como ideia força que o movimento das instituições é alimentado pelas vozes que vêm das ruas. O governador capta bem esse sentimento, pois participou ativamente de todo esse processo, juntamente com aquela fração da classe política que esteve à frente, mobilizando, de forma decisiva, o nosso processo de democratização.

No entanto, a sua participação ativa nos movimentos que conduziram à abertura política e ao processo de democratização não implica necessariamente, numa tomada de posição, de forma mais radical, a favor da maioria da população, como constatamos em seu discurso de posse. Isso porque em nossa história a ideologia da conciliação, os arranjos institucionais e as fórmulas populistas vêm se caracterizando como importantes mecanismos de condução dos processos sociais e políticos. Miguel Arraes, e agora seu neto, o governador eleito de Pernambuco, de forma competente souberam usar esses artifícios políticos para agregar forças em torno de seu projeto. Forças políticas muitas vezes contraditórias se uniram, nem tanto em função de projetos sociais a favor da maioria, mas como estratégias tipicamente eleitorais e de sobrevivência política.

Intentando captar de forma mais detalhada a dimensão técnica do projeto de governo, encontramos estreita vinculação com o tecnicismo neoliberal, que por sua vez se aproxima do modelo tecnocrata de governança, amplamente utilizado pela burocracia estatal em tempos de ditadura. Como se sabe, entre nós a tecnocracia se caracterizou pelo emprego, em larga escala, de especialistas prepostos à frente da máquina, na qual a adoção da técnica fez-se sem a efetiva aproximação da sociedade civil, não obstante revestindo o discurso com os princípios da participação e da democracia.

É possível demarcarmos pontualmente, durante a ditadura, a vivência dessa pseudoparticipação como estratégia de legitimação das políticas de Estado, entre elas, também as do campo da educação como veremos a seguir. Essa fórmula de administração da coisa pública por meio das elites tecnocráticas prepostas, parece ter concorrido, em grande medida, para a concentração de rendas e de riquezas que ainda hoje grassam na realidade brasileira. Durante a ditadura, o acesso das elites econômicas e políticas à estrutura do estado fizeram-se com mais facilidade do que as das classes populares. Por isso, os processos políticos, por meio das lutas sociais, são tão importantes, pois somente assim será possível distribuir rendas e reduzir a pobreza e as desigualdades sociais.

Foi por isso que restrições à participação, à mobilização e à organização da sociedade civil se constituíram, inicialmente, como atos institucionais da ditadura, isto é, o cerceamento de quaisquer ações mobilizatórias ou de participação política e social. O silenciamento da sociedade marcou o início de tempos nebulosos e que se prolongaram por 21 longos anos. A violação de direitos não se limitou aos individuais, mas se expandiu, de forma semelhante, para os direitos políticos e sociais. Nesse sentido, a repressão do Estado de exceção atingiu, de forma particular, o campo da educação, sobretudo com a instituição do Decreto n.º 477/69 e a alteração da Lei de Diretrizes e Bases (Lei n.º 4024/61) com as duas reformas, a Lei n.º 5540/68 e a Lei n.º 5692/71, no ensino superior e na educação básica, respectivamente.

Nos dias de hoje, estamos vivendo tempos distantes daqueles dos anos de autoritarismo. No entanto, a perspectiva da violação de direitos persiste, embora de forma mais sutil, sem o escancaramento da ditadura. E tais violações acontecem em todos os níveis, mesmo sob o manto do dito Estado Democrático de Direito.

Não podemos deixar de reconhecer os avanços conquistados no passado recente e nos tempos hodiernos. Existem progressos, quer seja no plano formal, assim como na prática política de muitos governantes. Inúmeras leis foram instituídas desde a promulgação da Constituição Cidadã de 1988, como decorrência das lutas imprimidas pelos movimentos sociais. Constatamos a participação institucional de algumas organizações sociais na elaboração e na execução de políticas de Estado. Mas, por trás do discurso político da participação e da democracia, ainda se escondem muitos resquícios da nossa tradição autoritária. A reforma gerencial da década de 1990, sob os auspícios de Bresser Pereira (1998), pouco contribuiu para a superação da velha política assentada no favorecimento e no apadrinhamento político. A maioria da população permanece à margem dos bens produzidos.

Enfim, tomando por base esse pano de fundo histórico-conjuntural, como podemos analisar o projeto do governador eleito para a educação e a sua proximidade entre discurso e a prática? A política educacional em Direitos Humanos é compatível com o modelo de modernização implementado pelo governo? Em que essa política está contribuindo para construir uma cultura de Direitos Humanos nas escolas assentada na tolerância, na solidariedade e no respeito à alteridade?

6.3 Eixo democratização do Estado (Estado cidadão): educação para cidadania

A **"Educação para a Cidadania"** aparece no discurso do Programa de Governo como a primeira estratégia para a democratização da educação no estado. Nele, destacamos um sucinto diagnóstico da situação da educação do Estado com relação ao Brasil, assim como os principais desafios postos para o quadriênio do governo. Extraímos do discurso os aspectos que consideramos mais relevantes com relação ao retrato encontrado, em 2007, da educação em nível estadual.

- O desafio de ampliar a escolaridade e a qualidade da educação em Pernambuco [...], pois a média de anos de estudo da população é muito baixa. Entre as pessoas de 25 anos ou mais de idade evoluiu de 4,0 em 1991 para 5,0 em 2000.
- Na última década, diligências foram desenvolvidas em nível federal com o apoio de estados e municípios no sentido de atingir a universalização do ensino fundamental [...]. O FUNDEF pode ser tomado como a marca principal deste debate.
- Na última gestão do PSB aqui em Pernambuco, o gasto em educação esteve, na média do período, em 27,5% da receita estadual. No entanto nas gestões posteriores, PMDB-PFL, este percentual sofreu redução para 26,4%.

Esse quadro demonstra a efetiva necessidade de que sejam realizados gastos mais expressivos no sistema educacional público se pretendemos erradicar o analfabetismo, colocar todas as crianças na escola e mantê-las até o ensino médio com nível de qualidade superior à vigente hoje em dia (PERNAMBUCO, 2007, p. 22).

Tomando por base essa situação, o governador propõe como grandes desafios à nova administração estadual:

- Apoiar os municípios para que sejam capazes de expandir a rede de ensino infantil (creches e educação infantil) no estado;
- Criar condições para que os municípios garantam a universalização do ensino fundamental com qualidade;
- Aumentar a oferta de vagas no ensino médio e profissionalizante no Estado;
- Garantir que a expansão do ensino médio ocorra em concomitância com um nível sempre mais elevado de qualidade;
- Expandir a oferta de ensino universitário em direção ao interior do Estado. (PERNAMBUCO, 2007, p. 22).

Analisando os desafios propostos para o quadriênio, identificamos como aspectos importantes a intenção de erradicar o analfabetismo, de expandir creches e a educação infantil, de universalizar o ensino fundamental e a expansão do ensino médio com profissionalização. Propõe ainda que todos esses níveis de ensino sejam pautados pela melhoria da qualidade da educação, enfermidade persistentemente encontrada na educação pública estadual e nacional.

Se observarmos os discursos dos candidatos a governantes nas esferas nacionais, estaduais e municipais, em todos os períodos, vamos apreender que nenhum deles deixou de mencionar a educação como uma das mais importantes prioridades, e que a qualidade da educação se coloca como o pano de fundo a ser alcançado.

Entendemos que a educação se constitui como um direito humano fundamental que não pode ser relegado por nenhum governante. A constituição brasileira de 1988 e a LDB n.º 9394/1996 dispõem sobre a obrigatoriedade desse direito. Por outro lado, o Brasil tornou-se signatário de um conjunto de documentos internacionais nas décadas de 1980 e 1990, dispondo que as nações signatárias invistam mais em educação, estabelecendo metas de expansão e de melhorias na qualidade da educação, sobretudo na básica.

Assim, as práticas discursivas dos governantes parecem apenas ratificar uma ordem proclamada por muitas vozes clamando pela universalização da educação básica com qualidade. É importante ainda destacar que o contexto de produção desses discursos em prol da educação como Direito Humano inalienável se intensifica em períodos de maior vivência democrática.

Por outro lado, também constatamos que o discurso não condiz com a prática política de governantes em muitas situações. Nesse sentido, Orlandi (2001, p. 153) afirma que "[...] há um princípio discursivo que diz que não há discurso sem sujeito e não há sujeito sem ideologia", isto é, o discurso a favor do direito à educação e à saúde, historicamente, vem sendo utilizado como mote discursivo daqueles que aspiram galgar a estrutura do poder político sem, necessariamente, efetivar o discurso quando chegam ao Poder Executivo.

Em que pese tal análise, constatamos que o discurso da Educação em Direitos Humanos em Pernambuco, no quadriênio 2007-2010, parece ter se constituído como uma das principais políticas de governo no setor educacional. No período em tela, de acordo com Tavares (2013, p. 2), "Pernambuco era o único Estado que apresentava uma política educacional em Direitos Humanos".

Considerando a EDH enquanto uma importante política implementada, partimos do princípio de que ela "[...] comporta processos socializadores de uma Cultura em Direitos Humanos, que se dissemina nas relações sociais, no sentido de capacitar os sujeitos (indivíduos e coletivos) para a defesa e promoção desta cultura" (GODOY, 2007, p. 246). Nessa perspectiva, entendemos que a socialização, promoção, defesa e proteção de direitos somente podem ser asseguradas completamente por políticas de Estado, pois é justamente ele o maior responsável pela violação de direitos e, portanto, exclusivamente ele (o Estado) pode proteger, garantir e reparar os excessos de desrespeito promovidos pelo próprio Estado.

É nesse sentido que o discurso dos Direitos Humanos envolve "[...] o sujeito, a linguagem e a história em seus processos de produção" (ORLANDI, 2001 p. 295) de tal forma que para a sua plena realização necessita ser apropriado pelo conjunto da sociedade, tendo em vista a sua ampliação e materialização. Tomando por base a Declaração Universal dos Direitos Humanos de 1948, encontramos que "Todos os seres humanos nascem livres e iguais em dignidade e direitos [...] sem distinção de qualquer espécie, seja de raça, cor, sexo, idioma, religião, opinião política ou de outra natureza, origem nacional ou social, riqueza, nascimento, ou qualquer outra condição" (ONU, 1948, p. 2).

A ratificação desses direitos, no Brasil, vai galgando espaços com o processo de democratização, na medida em que a maioria dos documentos internacionais relativos aos Direitos Humanos vai sendo incorporada às políticas, projetos e ações. A DUDH e a Constituição brasileira de 1988 se constituem como documentos balizadores da EDH que, juntamente com outros documentos do Direito Internacional, deram respaldo e legitimidade para a elaboração da Lei de Diretrizes e Bases da Educação Nacional (LDB), Lei n.º 9394/1996, para os Parâmetros Curriculares (1995), para os Programas Nacionais de Direitos Humanos (1996, 2002, 2009), para o Plano Nacional de Educação em Direitos Humanos (2003/2006) e para as Diretrizes Nacionais para Educação em Direitos Humanos (2012). O conjunto desses documentos institucionais convergiu para a demarcação de políticas de Estado de Educação em Direitos Humanos, inclusive, no governo do Estado de Pernambuco.

No Brasil, a concretização da EDH está demarcada no Plano Nacional de Educação em Direitos Humanos (PNEDH 2007) e nas Diretrizes Nacionais para Educação em Direitos Humanos de (2012), importantes marcos institucionais na implantação e implementação pelos estados e municípios da federação de políticas, projetos e ações na área de EDH.

Tomando por fundamento essa base legal, a política em EDH se constituiu no governo de Pernambuco, no período em estudo (2007–2010), como uma das principais políticas de governo. De outra parte, entendemos que a experiência de perspectiva democrática que assistimos no Brasil não garante a plena efetivação de políticas em Direitos Humanos e de Educação em Direitos Humanos pela dificuldade de sua execução no âmbito da sociedade capitalista globalizada. Levando em consideração essa realidade, Bobbio (1992, p. 17) alega que, talvez, seja mais importante a garantia e a proteção do que os fundamentos dos direitos: "O importante não é fundamentar os direitos do homem, mas protegê-los. Não preciso aduzir aqui que, para protegê-los, não basta proclamá-los. [...] O problema real que temos de enfrentar, contudo, é o das medidas imaginadas e imagináveis para a efetiva proteção desses direitos".

É nesse sentido que não basta apenas a iniciativa do Estado nas esferas estaduais, municipais ou federal, em propor políticas, projetos e ações na área de EDH, sendo imprescindível o envolvimento e o brado da sociedade clamando, acompanhando e participando das gestões públicas. A participação política e o controle social, por meio de deliberação, execução e acompanhamento das políticas de EDH, tornam-se imperativas no sentido de que o discurso pode se tornar letra morta. A presença de muitas vozes da sociedade civil, não obstante por vezes polissêmicas, ao pressionar o poder público pode convergir no sentido da garantia da sua efetivação com avanços e limites devidos, justamente às conjunturas político-econômicas e socioculturais.

Assim, considerando os avanços institucionais no Brasil, em tempos de democratização, o Estado de Pernambuco define um conjunto de projetos e ações na área de EDH, estando à frente a Gerência de Políticas Educacionais em Direitos Humanos, Diversidade e Cidadania, para dar corpo à política de Educação em Direitos Humanos.

É tomando por base essa perspectiva que o ano de 2007 demarcou o começo de uma nova fase na área EDH em Pernambuco, na medida em que o novo governo iniciou sua gestão tendo como princípio norteador do conjunto da política educacional no estado a Educação para a Cidadania, fato que significou compreender a educação como um direito, voltada, portanto, para os Direitos Humanos. Esse princípio balizador passou a orientar as diretrizes, ações, programas e projetos da Secretaria de Educação de Pernambuco (SE/PE) que tem por finalidade assegurar o acesso, permanência e sucesso do educando na Educação Básica, mediante ações complementares, integradas e articuladas com os Sistemas Federal e Municipais de Ensino.

Documentos da Secretaria de Educação do Estado, sobretudo o relatório sobre as ações desenvolvidas na Gerência de Políticas Educacionais em Direitos Humanos, Diversidade e Cidadania, no período de 2007 a 2010, anunciavam que dentre os muitos problemas encontrados destacam-se aqueles relacionados às violações dos Direitos Humanos que continuavam presentes neste contexto. É o caso da violência urbana e da violência gerada pelo preconceito e pela discriminação.

Dentre essas violências urbanas, destaquem-se as realizadas contra as mulheres, muitas vezes ocasionadas por crimes passionais; contra as crianças e adolescentes, perpetradas na maioria das vezes em seus próprios lares; os crimes cometidos pelo tráfico de drogas e todas as formas de crimes de intolerância. Acrescentem-se ainda os crimes cometidos pelo poder público no "exercício de suas competências", sobretudo pelos aparelhos repressivos do Estado, de violação de direitos individuais, políticos e sociais. As escolas, sobretudo as públicas, têm sido acometidas por todas as formas de violências supracitadas, reflexo da sociedade.

Essas informações com respeito a violações, segundo a SE/PE mostram a restrição ao direito subjetivo à educação e à qualidade do ensino, assim como o exercício da cidadania. Ressalte-se ainda a necessidade de instituir uma política de EDH como forma de adequar o currículo escolar básico da rede às orientações do Plano Nacional de Educação em Direitos Humanos (2006).

Assim, o discurso da EDH, presentes em vários documentos nacionais e internacionais e, particularmente no Plano Nacional de Educação em Direitos Humanos (2007), chega a Pernambuco materializando-se como uma política de governo alinhada estreitamente ao Plano Nacional. Importante ainda considerar que, em Pernambuco, nas décadas de 1980 e 1990, políticas educacionais tratavam a respeito da formação para cidadania e dos Direitos Humanos na gestão do governo Arraes (1987–1991) e com continuidade no governo de Carlos Wilson até 1992, em que se começava a tematizar a escola como formação da cidadania coletiva, com ações direcionadas para o currículo, formação dos profissionais da educação e material didático. Há uma descontinuidade nessa orientação da política educacional no Estado, no período de 1992 a 1995 (gestão do governo Joaquim Francisco). É na terceira gestão do governo Arraes, 1995-1998, que se retoma a política de educação com ênfase nos direitos dos alunos no Projeto Escola Legal, logo após a promulgação da LDB. Pesquisa de Tavares (2013, p. 4) ratifica que "[...] foram realizadas ações para articular o ensino com a formação para a cidadania e o respeito aos direitos dos(as) alunos(as)". Contudo, foi, especificamente, a partir de 2007 que se instituiu a EDH de forma mais sistematizada "[...] na rede pública estadual em Pernambuco, com a adoção de um conjunto de medidas que constituíram o arcabouço normativo-institucional dessa área" (TAVARES, 2013, p. 4).

Assim, em Pernambuco, o discurso da Educação em Direitos Humanos galgou *status* na SE/PE de uma política pública mais consistente, a partir de 2007, quando a gestão que se inicia assume a política de EDH como uma de suas prioridades, conforme sinalizou o documento da SE/PE, *Educação em Direitos Humanos como Política de Estado: Educando na*

Diferença e na Diversidade (2007-2008). Nele encontramos os objetivos e os fundamentos da EDH que foram desenvolvidos ao longo da gestão 2007-2010. O **item 2**, **"O que se quer conquistar"**, apresenta os objetivos gerais e específicos que orientam os passos da nova política para a área educacional com foco em EDH:

Geral:

- "Assegurar por meio de uma política de Estado, a educação pública de qualidade para todas as pessoas e nos diversos níveis e modalidades de ensino, pautada nos princípios de inclusão e cidadania ativa" (PERNAMBUCO. Discurso de posse de Eduardo Campos na ALEPE, 2007. Texto Mimeografado, p. 8).

Específicos:

- Promover o exercício da cidadania ativa como uma das finalidades da Educação Básica, a fim de construir uma cultura de Direitos Humanos no Estado;
- Ampliar a Educação Infantil a partir da atuação mais direta dos municípios;
- Universalizar o Ensino Fundamental de 09 anos;
- Ampliar o acesso ao Ensino Médio, com ênfase na educação profissional tendo o trabalho como princípio educativo;
- Combater o analfabetismo e ampliar a escolaridade;
- Garantir a educação para as pessoas com deficiência integrando-as ao ensino regular;
- Valorizar os profissionais da educação;
- Desenvolver uma gestão democrática e participativa envolvendo diferentes atores da sociedade;
- Modernizar a rede física equipando as escolas com materiais pedagógicos e tecnológicos que contribuam para a melhor qualidade da educação. (PERNAMBUCO. Discurso de posse de Eduardo Campos na ALEPE, 2007. Texto Mimeografado, p. 8).

De forma mais substantiva, o item 3, **"Cidadania, Democracia e Educação em Direitos Humanos"**, do mesmo documento, informa os fundamentos que orientam a política, ao situar como concepção de educação aquela "[...] que reconhece como uma face do processo dialético que se estabelece entre socialização e individuação da pessoa" (PERNAMBUCO. Discurso de posse de Eduardo Campos na ALEPE, 2007. Texto Mimeografado, p. 9).

De forma semelhante, trata os fundamentos **cidadania** e **democracia** como conceitos-chave para o entendimento da EDH. Nesse sentido, associa o conceito de cidadania à vida política ativa que se organiza "[...] de forma individual na sua prática e coletiva na sua afirmação" (PERNAMBUCO. Discurso de posse de Eduardo Campos na ALEPE, 2007. Texto Mimeografado, p. 9). Por outro lado, toma democracia a partir de princípios que entende ser inerentes à sua própria construção ao vinculá-la à liberdade e à igualdade, compreendendo-a "[...] como o regime que dispõe das melhores condições para o exercício da cidadania ativa para o respeito e a materialidade dos Direitos Humanos" (PERNAMBUCO. Discurso de posse de Eduardo Campos na ALEPE, 2007. Texto Mimeografado, p. 9).

Assim, ao informar teoricamente os conceitos analisados anteriormente, compreende que a EDH "[...] enquadra-se como a principal alternativa para concretizar uma formação cidadã em consonância com os princípios democráticos, respaldada nos documentos oficiais em âmbito nacional e internacional" (PERNAMBUCO. Discurso de posse de Eduardo Campos na ALEPE, 2007. Texto Mimeografado, p. 9).

Ao analisarmos o discurso relativo aos objetivos e aos fundamentos, entendemos que a política de EDH da SE/PE busca abarcar a educação como um direito humano, conforme prescreve o (PNEDH 2007), respaldado por um conjunto de outros diplomas legais, tanto em nível nacional, quanto internacional. É relevante ainda destacarmos que o quadro crítico pelo qual passava a educação pública no Estado apontava para a necessidade de se investir mais, tendo em vista reverter a baixa qualidade do ensino considerando que o IDEB no Estado, em 2007, constituía-se como um dos piores do Brasil, ocupando a posição 21º.

De outra parte, ao analisarmos de acordo com os fundamentos filosófico-conceituais dos princípios que caracterizam a democracia e a cidadania presentes no discurso/documento governamental, percebemos que esses institutos progressistas parecem caminhar para afirmação do Estado Democrático de Direito. Se esse entendimento for legítimo, não deixa de ser importante, pois em Pernambuco ainda predomina a prática da velha política, conforme inúmeros pronunciamentos do próprio

Governador do Estado Eduardo Campos, além das violações de direitos perpetradas pelo Estado. Dessa forma, a adoção de uma concepção de cidadania que possibilite avançar na conquista de direitos significa que:

- Não é (a) da cidadania formal distanciada de um contexto sociopolítico, cultural e ético que garante juridicamente os direitos, mas uma cidadania ativa organizada de forma individual na sua prática e coletiva na sua afirmação.
- A democracia, pautada nos princípios de liberdade e da igualdade, é compreendida como o regime que dispõe das melhores condições para o exercício da cidadania ativa e para o respeito e a materialidade dos Direitos Humanos. (PERNAMBUCO. Discurso de posse de Eduardo Campos na ALEPE, 2007. Texto Mimeografado, p. 9).

Assim, embora o discurso não sinalize de forma mais profunda e direta para as questões estruturais do Brasil e de Pernambuco, sobretudo aquelas de origem e sentidos econômicos que atribulam parcela majoritária da população (a exemplo da exploração, da degradação e da exclusão social), entendemos que estão presentes na medida em que abrem possibilidades para ações individuais e/ou coletivas na afirmação da cidadania, o que, na prática, significa avançar nas conquistas.

Tomando por base a apreciação anterior, é importante reconhecermos que muitas lutas encetadas pelo povo pernambucano comprovam que numerosos movimentos de natividade e de libertação nasceram aqui, a exemplo da Insurreição Pernambucana (1654); da Guerra dos Mascates (1710-1711); da Revolução Pernambucana (1817); da Confederação do Equador (1824); da Revolução Praieira (1848-1850), dentre outros relevantes movimentos do período colonial e do império que contribuíram para a independência do Brasil e para a afirmação do Estado-Nação, isto é, da nossa nacionalidade.

Mais recentemente, entre as décadas de 1950 e 1980, é possível mencionarmos as ligas camponesas que tiveram à frente expressivas lideranças locais e ampla participação dos movimentos sociais ligados ao campo; o Movimento de Cultura Popular (MCP), caracterizado pela sua contribuição na conscientização das pessoas pela alfabetização e educação de base; e de toda a sociedade no amplo processo pela redemocratização do Estado no ocaso da ditadura civil e militar. Todos esses movimentos sociais convergiram para politizar a sociedade em suas reivindicações por mais direitos, Direitos Humanos no estado pernambucano.

O item quatro, do mesmo documento, inclui o percurso metodológico que deve ser seguido para o bom êxito da política de EDH. Nessa perspectiva, o desdobramento da política em projetos e ações deve ser focado

> Na formação continuada e na implantação de um novo currículo escolar, em que os conteúdos de Direitos Humanos perpassam as áreas de conhecimento. A formação continuada se baseia em um conjunto de saberes presentes, por exemplo, na seleção e organização dos conhecimentos a serem vivenciados nas escolas, na elaboração e escolha dos materiais didáticos, na participação dos professores em eventos científicos, na redefinição do processo avaliativo, bem como, nos concursos e seleções realizadas, desde 2007. (PERNAMBUCO. Discurso de posse de Eduardo Campos na ALEPE, 2007. Texto Mimeografado, p. 10).

Pelos fragmentos expostos, percebemos que o discurso/documento centra os passos metodológicos em três ações que se complementam para o êxito da política: a formação continuada; a implantação de um novo currículo; e conteúdos de Direitos Humanos que perpassem de forma transversal os diversos componentes curriculares. Do ponto de vista teórico-conceitual, a transversalidade aponta para a reintegração de conteúdos que ficaram isolados e/ou fragmentados uns dos outros no tratamento disciplinar. No campo epistemológico, as áreas de conhecimentos, ao incorporar os conteúdos da EDH ao cotidiano escolar metodologicamente podem convergir para uma maior assimilação do conhecimento no processo de ensino e de aprendizagem, embora isso não seja de plena garantia, pois ainda existe grande resistência entre docentes para trabalhar conhecimentos de forma transdisciplinar.

Considerando esse entendimento de experienciar a prática educativa na forma transdisciplinar, a SE/PE realiza entre 2007 e 2008 dois seminários, um em cada ano, sobre Políticas de Ensino, envolvendo as 17 Gerências Regionais (GREs), tendo em vista fomentar a discussão em torno dos princípios filosóficos que fundamentam as temáticas da cidadania e dos Direitos Humanos. Com a contribuição desses seminários, estabeleceu-se uma nova matriz curricular unificada para os níveis e modalidades de ensino. Para Tavares (2013, p. 7), "Inseriram-se os conteúdos de Direitos Humanos na parte diversificada do currículo, tendo sido definidos quatro componentes curriculares optativos que se articulavam: Direitos Humanos e Cidadania; Educação Ambiental; Educação e Trabalho; História da Cultura Pernambucana".

Coube à Secretaria Executiva de Desenvolvimento da Educação (Sede) a formulação, a execução, o monitoramento e a avaliação da Política Educacional do Estado. Logo no início da gestão, a estrutura administrativa da SE/PE passa por uma reforma instituindo-se sete gerências, sendo uma delas a de Políticas de Educação em Direitos Humanos, Diversidade e Cidadania (GEDH), a quem foi atribuída a competência para gerir as ações e projetos na área da EDH.

A implementação dessa política divide-se em duas etapas que, aparentemente, complementam-se e que se caracterizam pela tentativa de aperfeiçoar o seu percurso: a primeira etapa instala-se com o início do governo, em 2007, prolongando-se até os idos de 2010; enquanto a segunda se processou nos anos de 2011-2012. Tomando por base essa perspectiva, Celma Tavares (2013, p. 5) analisa que a condução da política em EDH deu-se da seguinte forma:

> Em linhas gerais, na primeira etapa, que atingiu toda a rede de ensino, a proposta de inclusão da EDH é feita por meio da oferta da disciplina optativa em Direitos Humanos e também da forma transversal como tema gerador dos projetos políticos pedagógicos das escolas, de forma a integrar as ações dos vários setores da SE/PE. Na segunda etapa (2011-2012), a opção é pela transversalidade nas escolas de ensino fundamental e de ensino médio da rede regular, e pela oferta da disciplina obrigatória de Direitos Humanos nas escolas integrais e de educação profissional.

Enquanto a política vigorou como componente curricular, a disciplina adotou como ementa o seguinte postulado:

> Compreensão das bases conceituais e históricas dos Direitos Humanos, da reconstrução histórica no processo de afirmação dos Direitos Humanos na sociedade brasileira, despertando nos alunos o interesse no debate e na participação em questões afetas à cidadania e à vivência plena dos direitos e contribuindo para o desenvolvimento de responsabilização. (PERNAMBUCO, 2008a, p. 8).

Tendo como objetivo:

> Oportunizar um espaço de reflexão, análise e compreensão dos princípios, valores e direitos que caracterizam a dignidade humana, a democracia e o pluralismo político que

fundamentam uma sociedade livre, justa e solidária, estimulando práticas sociais e escolares fundamentadas no respeito aos Direitos Humanos. PERNAMBUCO, 2008a, p. 8).

Com relação aos temas e aos conteúdos programáticos, conforme mostrados no Quadro 4, pelas pessoas dos coordenadores pedagógicos e corpo docente as escolas elegeriam o que deveria ser ministrados em cada uma das unidades.

Quadro 4 – Temas e conteúdos do componente curricular

UNIDADE	TEMA	CONTEÚDO
I	Direitos Humanos	• Fundamentos históricos dos Direitos Humanos: conceito de Direitos Humanos, Cidadania e Democracia; • Direitos civis e políticos
II	A evolução dos Direitos Humanos no Brasil	• A legislação e os Direitos Humanos no Brasil. • Movimentos sociais e Direitos Humanos no Brasil. • As mídias e as diferentes formas de respeito e desrespeito aos Direitos Humanos no Brasil. • Conhecendo a legislação: direitos dos portadores de deficiência e dos idosos; Direitos da Criança e do Adolescente.
III	Preconceito, racismo e desigualdades no Brasil.	• O que é racismo e preconceito no Brasil • A luta dos povos indígenas e a violação dos seus direitos • Quilombo – espaço de resistência de negros e negras • A exclusão socioeconômica da população afrodescendente no Brasil • Conhecendo a legislação: a lei contra o racismo.
IV	Equidade e gênero	• Os conceitos de gênero e de relações de gênero • Enfrentamento da violência contra a mulher • As relações de gênero e o mundo do trabalho • Conhecendo a legislação: a Lei Maria da Penha.

Fonte: extraído de Tavares (2008)

No entanto, para a implementação da EDH, um problema se apresentava: faltava na rede a formação docente, haja vista que a especificidade dos conteúdos a serem ministrados por meio de disciplina ou da transversalidade, ou contemplando as duas, necessitaria que na GEDH se desenvolvesse uma política mais ampla de formação para o bom êxito da EDH.

Assim, do exposto, observamos como a proposta de política de EDH se materializou em disciplina, projeto e ações com uma carga horária definida, ementa, objetivo, sugestões metodológicas e uma pequena bibliografia tendo em vista auxiliar os docentes responsáveis em sua prática político-pedagógica na condução do referido componente curricular.

7 CAPÍTULO SÉTIMO

7.0 A diversidade: o discurso de seus atores

Neste capítulo final, intentamos evidenciar a compreensão/percepção apresentada pelos diferentes atores que se situaram como sujeitos da presente pesquisa, por serem os legítimos protagonistas da EDH no recorte espacial eleito. Nesse sentido, o eco das vozes dos técnicos nos permitiu apreender como se deu a condução da política de EDH nas diferentes regionais estudadas. Já a questão da diversidade nas escolas foi possível ser analisada a partir das vozes de professores, técnicos e gestores. As vozes dos alunos também se fizeram ouvir no que se refere ao entendimento que eles apresentam sobre a implementação da política de EDH nas escolas, com ênfase na questão da diversidade.

7.1 A condução da política de EDH nas vozes dos técnicos das Gerências Regionais de Educação (GREs)

A trajetória do discurso da política de EDH, desde a sua concepção na Secretaria de Educação do Estado de Pernambuco (SE/PE) até a sua concretização nas escolas da rede estadual de ensino, envolveu a realização de um conjunto de atividades-meio pelo qual a referida política poderia se efetivar com sucesso ou não. Como vimos no capítulo anterior, um conjunto de mudanças tanto do ponto de vista legal quanto burocrático-administrativo se fez necessário para dar início à execução dessa política.

Nesse sentido, tais atividades-meio[81] desenvolvidas e que contribuem para a compreensão da política de EDH desde a formulação da sua concepção e objetivos indo até a implementação das ações necessárias à sua concretização incluíram a realização de encontros de formação com a participação de técnicos de todas as GREs, assim como a confecção e disponibilização de materiais didáticos (vídeos, livros, textos, periódicos, portfólios, software etc.) para serem socializados com os professores nas escolas.

---

[81] Paro (1998, p. 19) define a noção de atividade-meio como sendo a "[...] utilização racional de recursos para a utilização de fins determinados". É uma categoria formada por palavra composta e que muito se usa no mundo da administração. É uma ação essencialmente humana, pois, apenas o homem é "[...] capaz de estabelecer livremente objetivos a serem cumpridos".

Fez-se necessário, também, planejar a realização de encontros de formação com técnicos das GREs e das escolas, haja vista que professores tinham mais dificuldade de participar dos processos formativos realizados pela Equipe Central da SE/PE e, na maioria das vezes, dos encontros promovidos pelas próprias GREs devido à falta de substituto para as suas aulas. Assim, os gestores e, sobretudo, os educadores de apoio das escolas tiveram maior participação nesses encontros, assumindo a tarefa de serem os agentes multiplicadores para as escolas em geral e, de modo especial, para os professores responsáveis pela condução da referida política em sala de aula. Portanto, o olhar desses atores se constituiu como aspecto fundamental na presente pesquisa, pois eles, mais do que ninguém, poderiam emitir opiniões críticas a respeito da concepção e da execução da política de EDH por se apresentarem como os protagonistas nos processos de formação.

De fato, tem-se clareza de que a construção de uma cultura em Direitos Humanos é complexa e problemática, a começar pela polissemia do termo, pois tem em vista a superação de valores e costumes de violações e de desrespeito aos direitos das pessoas, enraizados ao longo da história. Tal compreensão mexe com crenças, ideologias, princípios e diversidades culturais, conduzindo os gestores da SE/PE à realização de uma ampla preparação dos técnicos e professores, tendo por horizonte a eficácia da citada política.

Nessa direção, o processo de preparação de técnicos e professores através da formação continuada ocupa lugar de destaque, pois seria por esses atores que a política de EDH concretizar-se-ia no espaço escolar mediante a instituição de práticas pedagógicas eficientes sinalizando para a constituição de uma cultura em Direitos Humanos. Contudo, temos a clareza de que, conforme afirmam Candau *et al.* (2014, p. 65-66):

> No Brasil ainda é tímida a introdução da temática dos Direitos Humanos na formação de professores e educadores em geral, tanto no que diz respeito à formação inicial quanto à formação continuada. Poucos são os sistemas de ensino, os centros de formação de educadores e as organizações da sociedade civil que trabalham sistematicamente nesta perspectiva.

Tornou-se, assim, grande desafio instituir políticas de formação continuada em EDH para toda a rede, minimizando as históricas deficiências na formação inicial dos docentes e técnicos. É importante compreender que essas formações não devem se assentar, exclusivamente, em torno de conteúdos acadêmicos, isto é, na mera transmissão de conhecimentos[82], devendo se estruturar de forma simultânea à prática cotidiana, partir de problemas concretos de violações de direitos nas escolas.

Tal entendimento possibilita a vivência de projetos de intervenção pedagógica no cotidiano escolar. Nesse sentido, ouvir as vozes dos técnicos das GREs e das escolas se tornou imprescindível, pois por elas pudemos captar a efetivação da política de EDH tanto em nível regional como das escolas, buscando apreender, também, o seu rebatimento na formação dos educandos.

Foi com esse intuito que auscultei o discurso de todos os técnicos[83] responsáveis pela implementação da política de EDH nas GREs em estudo, tendo em vista entender a condução da referida política em suas respectivas áreas de abrangência educacional, com seus avanços e limites. Ao mesmo tempo, nessa análise, vali-me dos pressupostos teóricos eleitos — a Teoria do Reconhecimento de A. Honneth e a Teoria Crítica de Herrera Flores — buscando, assim, entender como a negação do reconhecimento recíproco da diferença traz um sofrimento social, em nível das escolas, para aqueles discentes que têm seus direitos violados, isto é, o direito à diferença e a autorrealização como pessoa de direitos.

Inicialmente, levantei, para a interlocução com os técnicos, a indagação se eles concebiam a política de EDH como uma política de Estado, conforme declaram os documentos oficiais da SE/PE vistos no capítulo anterior.

A seguir, destaco alguns dos relatos que considero reveladores quanto à condução da política de EDH no estado:

> - *Eu acredito que é uma política de Estado, eu vejo uma continuidade, quem estava à frente deste trabalho era outra pessoa, mas que a gente via um trabalho efetivo desse colega dentro das escolas. Eu não vi, realmente parar esta temática, mas ela ficou precariamente sendo trabalhada pela falta de uma pessoa que assumisse realmente esta pasta, mas vejo uma*

---

[82] O que não deixa de ser importante, pois ao longo da vida acadêmica na formação inicial quase não se vê abordagens das temáticas de Direitos Humanos. É uma abordagem nova no Brasil. Contudo, se a intenção é a mudança de cultura, a realização de projetos de ação a partir de problemas concretos do cotidiano escolar torna-se uma exigência.

[83] Na maioria das situações, em cada GRE, existe apenas um técnico responsável direto pela condução da política de Educação em Direitos Humanos, entre muitas outras atividades exercidas por ele. Além do mais, existe alta rotatividade, fazendo com que o trabalho pedagógico com as escolas passe por constantes descontinuidades.

> *preocupação nossa de dizer as escolas que trabalhem essa temática e que façam a transversalidade. E vejo a preocupação da secretaria com essa temática.*
>
> - *Ainda é pioneira a introdução da disciplina direitos humanos. Não tem como retroagir, não teve retrocesso no sentido da política, mas da intensificação; eu penso que aquele momento em que ela esteve (a Prof.ª Aída Monteiro) à frente foi muito mais de vontade de construir mesmo.*
> - *A gente vê muito boa vontade, mas há condições de atender a essa demanda? [...]. Eu penso que deve ter um caminho porque as escolas estão pedindo socorro justamente nestas questões. A escola muitas vezes tem apenas o gestor para dar conta de três turnos. [...] A escola hoje tem muitas demandas da sociedade que ela não consegue dar conta.*

Tomando por base os fragmentos desses discursos, podemos apreender divergências entre os entrevistados quanto à implementação da política de EDH se instituir como política de Estado ou como política de governo.

Apreendemos nas vozes citadas que a política de EDH em Pernambuco, ao longo de sua condução, apresentou avanços e limites. Se por um lado percebemos resultados significativos, inclusive com o recebimento de Prêmio Nacional de Educação em Direitos Humanos, em 2008, da Secretaria de Direitos Humanos da Presidência da República (SDH), por outro, deparamo-nos com inúmeras dificuldades, a exemplo do que se observa na execução de qualquer política. Rotatividade dos técnicos; política de formação pontual; pouca disponibilização de materiais didáticos e de recursos financeiros para a equipe central, GREs e escolas implementarem a política, mostram as dificuldades na sua implementação, afastando a compreensão dessa política como sendo de Estado.

Por isso, entendo, conforme documentos da SE/PE, que a política de EDH se constituiu como de governo e não como política de Estado, na medida em que orientou o sistema de ensino, com base em instrumentos normativos e de orientação pedagógica para que as escolas incorporassem a temática de Direitos Humanos e de Educação em Direitos Humanos nos projetos político-pedagógicos das escolas. Isso foi evidenciado nas duas amostras de experiências bem-sucedidas em EDH realizadas pela SE/PE no período em estudo, segundo depoimentos de técnicos.

Além do mais, de acordo com Tavares (2013, p. 10),

> Outra ação importante nessa área foi a criação, em 2008, do Prêmio Educação Cidadã: direito de todos, com o objetivo de estimular a produção científica e difundir o conhecimento sobre Direitos Humanos entre docentes e estudantes. A segunda edição do Prêmio foi realizada em 2012.

Na mesma direção, outras mostras de experiências bem sucedidas foram apresentadas nos fóruns organizados pelas GREs, tendo em vista articular ações das escolas, a exemplo das Gerências da Metro Norte, da Metro Sul, de Petrolina e de Arcoverde etc.

Entendemos também que políticas de governo, a exemplo da EDH em estudo, podem surgir no interior da máquina a partir de pessoas e/ou forças sociais e políticas que estão em permanente articulação com a sociedade civil e com as suas demandas. Essa questão se fez presente na implementação da EDH em Pernambuco, conforme sinaliza a maioria dos depoimentos. A intervenção de pessoas na máquina estatal comprometidas com as lutas sociais pode gerar políticas de governo e/ou de Estado, beneficiando grupos historicamente excluídos.

Nesse sentido, é importante destacarmos, do ponto de vista mais conceitual, a distinção entre política de governo e política de Estado. Para Oliveira (2011, p. 239), a primeira, as de governo,

> São aquelas que o Executivo decide num processo elementar de formulação de implementação de determinadas medidas e programas, visando responder às demandas da agenda política interna, ainda que envolvam escolhas complexas. Já as Políticas de Estado são aquelas que envolvem mais de uma agência do Estado, passando em geral pelo Parlamento ou por instâncias diversas de discussão, resultando em mudanças de outras normas ou disposições preexistentes, com incidência em setores mais amplos da sociedade.

Tomando por base essa citação, entendemos que políticas de Estado são aquelas que apresentam forte institucionalização com a sociedade civil organizada. Nasce das necessidades e interesses dela e sua natureza pode ser tanto de ordem econômica e política quanto do bem-estar da própria sociedade. Em geral, transcendem um período governamental e dificilmente mudam, mesmo que o governo seguinte seja de um espectro político diferente. A mobilização de forças sociais e políticas favorecem a sua instituição, o que implica afirmar que elas têm um forte vínculo com as lutas sociais.

Por isso, desde a sua concepção e durante a sua execução passam por processos de lutas e pelos conflitos de interesses que se instalam na sociedade e no âmbito do próprio Estado. Ao se firmarem como política de Estado mantém certa perenidade.

Partindo dessa compreensão, Poulantzas (2000, p. 154) mostra que o Estado se constitui "[...] como uma relação, mais exatamente como uma condensação material de uma relação de forças entre classes e frações de classe". Isso significa que a correlação de forças no interior da máquina estatal pode favorecer a efetivação ou negação de uma política de governo e/ou de Estado.

De outra parte, políticas de governo são aquelas de fraca institucionalização e cuja continuidade não é garantida nem mesmo em governos de mesma tendência política. Em geral atendem a necessidades de uma agenda interna do próprio governo e podem ser preteridas no decorrer de uma mesma gestão ou ter arrefecida a sua intensidade, muitas vezes como decorrência daqueles conflitos internos, anteriormente mencionados, que, em geral, priorizam outra demanda que passa a exigir resultados mais imediatos.

Fundamentados nos conceitos de política de governo e de Estado, entendemos que a política de EDH não se constituiu como política de Estado, por não apresentar forte institucionalização. Nesse sentido, é importante ressaltar que tornar política de governo em política de Estado tem sido uma das grandes dificuldades no Brasil. Isso devido às contrações inerentes ao próprio governo, a exemplo das muitas e conflitivas demandas da sociedade, das coalizões entre partidos de espectro programáticos muito diferentes, da persistência histórica do patrimonialismo na máquina estatal, dentre outras, dificultam a governabilidade e a condução de muitas políticas, por gerar conflitos de interesses, às vezes inadministráveis.

Vale ressaltar que a instituição do Programa de Modernização da Gestão Pública (PMPG) no governo de Pernambuco, inclusive na SE/PE, a partir de 2009 — por conseguinte, em meados da gestão em estudo —, passou a ser priorizada no embate interno com outras políticas, como a principal de governo na área educacional. De nítidos cortes neoliberais, realizava-se mediante a definição de rígidas metas e permanente monitoramento tendo por epicentro melhorar as taxas do Índice de Desenvolvimento da Educação Básica (Ideb)[84] por se apresentar como um dos mais baixos do país, em 2007.

---

[84] O Ideb, enquanto invenção do Instituto Nacional de Estudos e Pesquisas Educacionais (Inep), em 2007, tinha em vista implantar uma iniciativa pioneira de reunir em um só indicador dois conceitos igualmente

Nesse sentido, o pacto pela educação tinha como meta prioritária melhorar o ranking nacional no sistema de avaliação das políticas de educação, mesmo que para isso obstaculizasse a condução das demais políticas, por estabelecer um conflito latente com elas, inclusive com a de EDH.

Nesse cenário, o PMGP foi implantado em todas as secretarias, tendo em vista, segundo uma das entrevistadas, "[...] *começar a avaliar e monitorar resultado*" No campo educacional tinha como metas, além de elevar o Ideb, melhorar a qualidade da gestão, "[...] *como se esta fosse a principal dificuldade a ser enfrentada na educação pública no Estado*". Tomando por base essa compreensão, ressaltamos Sousa (2009, p. 4) ao acrescentar que

> Ficou evidenciado que a autonomia da escola foi incorporada ao sistema público de ensino de Pernambuco na perspectiva, quase que exclusiva, de ser resposta para a solução dos problemas existentes no sistema educacional (baixos níveis de qualidade e eficiência, distorção entre série escolar e idade, dificuldades de absorção do ensino médio para demanda de matrículas provenientes do ensino fundamental etc.). Tal concepção se constitui numa distorção dos posicionamentos dos autores da área educacional sobre as motivações e as razões que devem subsidiar a implantação deste princípio educativo.

É, pois, com base nesse entendimento que técnicos(as) de GREs afirmaram que as políticas e ações de EDH foram

> - *Engolidas pelo monitoramento da PMPG. [...]. Esse monitoramento era em cima de resultados [...] em Língua Portuguesa e Matemática. Para tanto, inclusive, foi instituído um bônus para aquelas escolas que apresentassem melhores resultados, individualmente, nos referidos exames nacionais. Tem bônus, porque você tem que correr para ter dinheiro e todo mundo quer dinheiro porque vem a defasagem salarial. Como educadora eu observo que a política de educação em Direitos Humanos, a política de educação especial, a política e educação ambiental que faz parte dos Direitos Humanos foram engolidas pelo monitoramento da PMPG.*

---

importantes para a qualidade da educação: fluxo escolar e média de desempenho nas avaliações. Toma por base os "dados sobre aprovação escolar, obtidos no Censo Escolar e médias de desempenho nas avaliações do Inep", o Sistema de Avaliação da Educação Básica (Saeb). Para as unidades da federação e para o país, e a prova Brasil — para as escolas e municípios recaindo as avaliações, prioritariamente, nos bons desempenhos dos componentes curriculares de Língua Portuguesa e Matemática. Para melhores aprofundamentos ver: "O que é o IDEB". Disponível em: http://portal.inep.gov.br/web/portal-ideb/o-que-e-o-ideb. Acesso em: 28 fev. 2021.

- *Esse monitoramento era em cima de resultados. A dinâmica do porque este resultado não está bom isso não é discutido. (Apolítica de monitoramento vem no final do primeiro governo de Eduardo – 2009 e 2010).*
- *Tem que dar resultado, tem a prova do Saeb, tem a prova do pacto pela educação. Que é uma nova avaliação externa, tem avaliação Pernambuco, tem de dois em dois anos o Saep, tem bônus, porque você tem que correr para ter dinheiro e todo mundo quer dinheiro porque vem a defasagem salarial*[85]

Pelo visto, a política de educação no Estado, segundo os depoimentos colhidos, parece ter priorizado os ditames do discurso neoliberal por estar comprometida muito mais com a elevação dos índices de produtividade, bastante próximo do controle que ocorre no mundo sistêmico da economia, sobretudo no mercado, em detrimento de uma educação humanizadora e crítica.

Outra técnica de GRE, ao analisar a política de educação do Estado, afirmou que "[...] *a dinâmica do porque este resultado não está bom isso não é discutido",* pois o que importava para o governo do Estado era, sobretudo, o aumento dos índices nacionais avaliados pelo IDEB[86].

Tomando por base a recorrência das vozes dos técnicos de GREs, em quase todas as entrevistas parece ter existido um privilegiamento dos componentes curriculares Língua Portuguesa e Matemática para a elevação das taxas nacionais do Ideb em detrimento das muitas outras ações desenvolvidas na escola. As vozes dos(as) técnicos(as) das GREs, quase sem polifonia, caminham na direção do entendimento de que a política de EDH poderia ter avançado muito mais se o PMGP não dificultasse o desenvolvimento das outras políticas da SE/PE.

Contudo, é importante destacar que esse discurso não foi o único a transitar na política educacional em Pernambuco, no período em tela. Esteve presente, em conflito com o discurso neoliberal, a concepção de uma educação com vistas à preparação do educando para o mundo da

---

[85] O Sistema de Avaliação da Educação em Pernambuco inclui: o Sistema de Avaliação do Desempenho dos Estudantes (Saepe), o Índice de Desenvolvimento da Educação de Pernambuco (Idepe), o Sistema de Monitoramento de conteúdo (SMC) e o Bônus de Desempenho Educacional (BDE), que confere premiação às escolas e aos professores que atingem as metas definidas. O Ideb é uma avaliação nacional sendo controlado pelo MEC/Inep e que mede o ranking educacional de estados, municípios e escolas, tanto da rede pública quanto da rede privada.

[86] É importante ressaltar que as avaliações do Ideb no Estado de Pernambuco, em 2014, indicam um sensível aumento em relação aos índices apresentados em 2011, embora não seja objeto desta pesquisa a segunda gestão do referido governo.

vida, contemplando as suas múltiplas dimensões. Dentre tais ações destacam-se aquelas vinculadas à instituição de uma educação de qualidade que prepare o educando de forma integral para a vida. Esteve também presente a concepção de cidadania e de formação de sujeitos de direitos, de instalação de uma cultura de Direitos Humanos, conforme já evidenciado.

Nesse sentido, em 2008, foi lançado a Base Curricular Comum (BCC) em Língua Portuguesa e Matemática, cujas reflexões se fundam na "[...] solidariedade, que se afirma no vínculo social e na cidadania, como paradigma, e a identidade, vista na diversidade e na autonomia, como diretriz da proposta educacional" (BRASIL, 2008).

Tavares (2013, p. 7) ratifica essa visão ao afirmar que

> Ainda nesse mesmo ano, houve a divulgação da Base Curricular Comum (BCC) para as redes públicas de ensino de Pernambuco, nas áreas de Português e Matemática. O documento ressalta que os saberes e conhecimentos devem contemplar "a formação para a cidadania, entendida como a construção do direito a ter direitos" (PERNAMBUCO. Secretaria de Educação, 2008, p. 11). Além disso, nos pressupostos teóricos e metodológicos da BCC, apresenta-se o paradigma fundamental da proposta em três eixos principais: solidariedade, vínculo social e cidadania.

A BCC destaca a importância do exercício da autonomia escolar; a convergência de esforços de professores, servidores, alunos, dirigentes, comunidade e instâncias colegiadas na construção de uma proposta político-pedagógica que traduza, no cotidiano da instituição, sua responsabilidade, partilhada com o conjunto da sociedade, em garantir o direito do aluno à educação de qualidade.

Além do mais, procurou-se desenvolver um trabalho bem articulado entre os diversos setores da SE/PE, com o objetivo de que a EDH estivesse presente em todas as atividades e permeasse os níveis e modalidades de ensino, ideia que é ratificada pelo depoimento de uma técnica da equipe central da SE/PE.

Por fim, é importante ainda destacar que as políticas desenvolvidas no âmbito da SE/PE bem como a sua condução não se concretizaram de forma harmônica e/ou monolítica — muito pelo contrário, havia grande competição e conflitos de interesses entre elas por apresentarem concepções teórico-epistemológicas e de encaminhamento políticos notoriamente divergentes.

Bastante articulada à questão em análise, colocamos outra, na qual buscávamos entender como se deu a política de formação em EDH de técnicos de GREs e de escolas.

De princípio, com relação à formação continuada em EDH, concordamos com Candau *et al.* (2014, p. 65, grifos nossos) ao afirmarem que:

> Os programas de formação que defendemos focalizam grupos específicos, de número reduzido, e supõem processos sistemáticos com uma duração que permita **mudanças significativas de mentalidade, atitudes, valores e comportamentos.** Consideramos que é importante procurar articular ações de sensibilização e de formação, concebê-las de modo inter-relacionado.

Tomando por base o discurso de Candau e seus coautores, entendemos que o estabelecimento de formações continuadas em EDH que favoreçam a mudança social devem se pautar em metodologias ativas, vivas, participativas e que oportunizem a instalação de uma cultura institucional, isto é, na vida da escola como um todo. Tal perspectiva de formação favorece a instauração de mudanças de hábitos e atitudes em docentes e, sobretudo, em discentes, pois a escola passa a viver, no seu cotidiano, uma cultura de promoção dos Direitos Humanos[87] reforçando, inclusive, os valores da democracia enquanto regime político e reconhecimento da diferença com respeito à alteridade.

Nessa perspectiva, o educar para o "nunca mais" deve significar um dos enfoques da EDH: compreender a educação como uma das possibilidades de não repetição da história da repressão e da violência contra a pessoa humana. Significa construir um processo coletivo de formação para professores e todos os que fazem a escola que vá para além da dimensão intelectual, tendo como fundamento a construção da verdade a partir da memória das vozes das vítimas de violação de direitos. Significa ainda compreender as formações como o reflexo articulado das mudanças nas mentes e corações de cada docente se constituindo como o eco de sua formação cognitiva.

Nessa direção, a concepção de tais formações devem ser alimentada pelo respeito à alteridade, não apenas no sentido da tolerância, mas

---

[87] É nesse contexto, à luz da teoria de Honneth, que analisamos o conflito social no âmbito da escola entre os discentes, sobretudo aqueles ligados à questão da diferença. O *bullying*, as ironias, as chacotas, as agressões físicas e/ou morais, ou seja, a violação de direitos dos negros, dos gays, das lésbicas, do gordinho, da pessoa com deficiência etc., caracteriza-se como uma luta pelo reconhecimento.

imbricada com a solidariedade fraterna fundamentada numa ética que respeita e convive com a diferença numa relação de profunda reciprocidade.

Percebemos, assim, a importância de uma concepção de formação que esteja articulada com a política de EDH e que vise, efetivamente, a mudança de postura na vida da escola. Reforça essa compreensão se na condução da referida política houver pessoas que se identifiquem com as lutas sociais. O depoimento de uma técnica de GRE ratifica essa compreensão ao perceber que,

> Com a Prof.ª Aída à frente da Secretaria, como ela é militante é bastante visível essa preocupação, essa intensificação, tanto é que a gente teve efetivamente mais formações continuada da própria Secretaria de Educação. Tanto que depois do primeiro período (2007-2010) não houve mais formações, há um acompanhamento. Não é tão enfatizado como antigamente, não é verbalizado como antes.

Com base nesse depoimento, percebemos a importância de forças sociais, que se concretizam em grupos de pessoas que estão à frente na condução da política, em determinado momento histórico, que se identifiquem com as lutas por Direitos Humanos e por Educação em Direitos Humanos. Isso porque a construção das práticas discursivas em EDH foi assumida por parcela importante de GREs e escolas.

Nesse sentido, a política da EDH ao ser abraçada em vários graus por GREs e escolas mostra a possibilidade efetiva da prática discursiva se concretizar na prática social pelos exemplos concretos que encontramos em várias amostras qualificadas das escolas campo de pesquisa.

Por outro lado, pelas vozes dos entrevistados, também entendemos que a prática social da política de EDH poderia ter estampado resultados mais relevantes de promoção, defesa e respeito aos Direitos Humanos, firmando-se na dignidade e na autorrealização das pessoas. Contudo, como a ênfase sobressaiu na "política de resultados", deslocou o foco da política de EDH e de outras políticas e ações da SE/PE em detrimento daquela.

Na mesma direção, outra indagação que fiz aos técnicos das GREs foi se os processos formativos da SE/PE supriram as escolas com material didático de apoio, roteiros de ações e/ou metodologias para serem vivenciadas em sala de aula. Como elementos significativos contidos nos discursos apresentados pelos entrevistados, destaco:

- *A parte mais contemplada nas formações era os conteúdos, as ações, as metodologias. Para os professores do regular o que a gente tem são estas ações pontuais, de acordo com as necessidades e quando a gente encontra e vê que pode interessar a determinada disciplina, quando eu encontro, eu socializo para todos os professores, se o professor acha que aquilo bate com as necessidades de sua sala de aula, ele vai utilizar.*

- *Na verdade, a gente é que busca, a gente vai fazendo, jornal, revistas, a gente tem uma biblioteca direcionada para isto. Mas não tem, assim, nenhuma direção de atividades que a escola pode fazer.*

- *Quanto a material didático: pouco, muito pouco.*

- *A gente vai mais por interesse próprio, procurando dentro dos parâmetros curriculares ir montando o planejamento da gente, não com base nas políticas da SE/PE.*

Percebemos mais uma vez pelos depoimentos dos técnicos a recorrência das vozes de que as formações continuadas e a socialização de materiais didáticos foram bastante limitadas. Por outro lado, observamos a existência de conflitos intradiscursivos que podem afetar o próprio entendimento da política de EDH. Enquanto na primeira citação o técnico explicita que "[...] *a parte mais contemplada nas formações era os conteúdos, as ações, as metodologias*", na segunda, destaca que "[...] *na verdade a gente é que busca*". Contudo, os discursos subsequentes mostram a carência de maior intervenção da SE/PE e GREs tanto na formação dos docentes e técnicos das escolas quanto na socialização de materiais didáticos para o exercício do trabalho docente em sala de aula. É justamente nesta direção que outra técnica entrevistada ratifica essa análise ao afirmar que "[...] *eu tive muita dificuldade, porque muitas vezes as políticas são lançadas, mas não são garantidos materiais e formações*".

Pelas vozes dos entrevistados, podemos apreender que embora a implantação da política de EDH apareça nos documentos oficiais com a intenção de política do estado, as condições para a sua plena execução foram frágeis, sobretudo no que diz respeito às formações e à socialização de materiais didáticos para as escolas. Nessa mesma direção, concordamos com Candau *et al.* (2014, p. 1016) quando afirmam que

> A formação continuada de educadores(as) em Direitos Humanos constitui um processo complexo que não pode ser concebido como um meio de acumulação (de cursos, palestras, seminários, etc.), mas sim através de um trabalho

de reflexividade crítica sobre conhecimentos e práticas, de (re)construção permanente de uma identidade profissional do ponto de vista pessoal e coletivo.

É, pois, tomando por base esses depoimentos acerca da formação em EDH que podemos destacar a necessidade de melhor preparo de técnicos e docentes de escolas para o exercício em sala de aula, aliando prática e teoria com vistas à constituição de uma cultura em Direitos Humanos na vida da instituição escolar.

É nessa perspectiva que, no próximo item, examinaremos o discurso sobre a prática docente em EDH nas escolas e o seu rebatimento na formação de uma cultura em Direitos Humanos.

7.2 A diversidade nas escolas: as vozes dos professores, técnicos e gestores

As entrevistas com docentes, técnicos e gestores se iniciaram indagando se a política de EDH estava contribuindo para fomentar a construção de uma cultura de Direitos Humanos nas escolas. A seguir, elencamos alguns dos discursos mais significativos e que representam a maioria do pensamento das escolas ouvidas.

- *Acho que tem contribuído, mas acho que a escola ainda anda a passos lentos.*
- *Não. Por mais que a gente tente fazer isso, a gente fica como que chocada, é como se a gente não estivesse obtendo retorno. A gente trabalhou buscou um simples gesto de tratar um ao outro, bem radical, e aí a gente acaba fazendo uma relação desse comportamento. A gente trabalha isso hoje, amanhã se a gente vai perceber a mesma ação deles novamente se repetindo. A gente fica um pouco decepcionada como se a gente não estivesse fazendo nada.*
- *Eles colocam, debatem na sala de aula, no discurso, há a palavra, mas na prática é diferente.*
- *O respeito deveria ser maior.*
- *A gente percebe que na cabeça deles é algo que fica ainda muito restrito.*
- *Eu presenciei uma mudança, eu estou há quase dezoito anos aqui nesta escola, quando eu cheguei era diferente, quando eu cheguei aqui tinham duas situações diferentes, tinha naquela época a questão do negro que era visto com muito preconceito,*

> o negrinho a negrinha ou o sítio, e aí, a gente começou a ir retirando isso e mostrar a importância de acabar com o preconceito.
> - Acho que está sendo vivenciado aos poucos, esse é um trabalho de formiguinha...
> - Eu acho que em relação ao preconceito de cor, de pele, diminuiu consideravelmente, eu que cheguei aqui e vi muito esta questão, hoje eu vejo que praticamente não existe. A minha visão do que eu vi e vejo hoje, quinze anos se passaram e acredito que mudou muito. Acredito que a questão da informação a questão das leis, a questão do negro aparecer mesmo que com pequenos papeis, mas ele aparece como protagonista na televisão e eu acho que isso contribuiu para essa mudança.

Vamos partir do entendimento de que, ao analisarmos a EDH, devemos considerar três fundamentos para a sua efetivação, de acordo com a visão de Maria Vitoria Benevides (2000)[88],

> Primeiro, é uma educação de natureza permanente, continuada e global; segundo, é uma educação necessariamente voltada para a mudança e terceiro, é uma inculcação de valores para atingir corações e mentes e não apenas instrução, meramente transmissão de conhecimentos.

Conforme já tratado anteriormente, a EDH pressupõe uma educação viva e para a vida, não se limitando a conformações pontuais, efêmeras, momentâneas ou transitórias, mas se configurando pela sua continuidade, perenidade, persistência, permanência, pois sua concretização se faz a partir da assimilação/inculcação de valores que carecem de ser vivenciados no cotidiano das pessoas a partir de situações concretas. Por outro lado, é, também, importante destacar que mudanças significativas de comportamentos dificilmente ocorrem em curto espaço de tempo, pois resultam de mudanças de concepções de vida, de valores, de princípios.

A escola não é um sistema fechado, muito pelo contrário: tudo o que acontece na sociedade tem rebatimento imediato nela. Isso implica que uma cultura marcada por muitas formas de violações de direitos tem reflexos diretos no seu cotidiano, pois nela também ocorrem muitas violações de direitos. A vivência das temáticas de EDH é fundamental para começar a reverter essa história. Contudo, é importante que ocorram, também, mudanças num plano mais geral, na família, na sociedade, no

---

[88] Palestra de abertura do Seminário de Educação em Direitos Humanos, São Paulo, 18/02/2000.

Estado, embora experiências de respeito à dignidade por meio do reconhecimento da alteridade que contribuam para a autorrealização dos educandos devem e podem iniciar na escola.

Por isso, entende-se que a permanência da EDH apenas no plano discursivo pode tornar-se letra morta. Na contramão, se a sua vivência for fundada na prática social de professores, de técnicos, de gestores, de pessoal de apoio etc., a escola fomenta a instalação de uma cultura em prol dos Direitos Humanos, firmando-a mediante experiências concretas transcende a dimensão meramente cognitiva. Contudo, é importante compreender que um período governamental é tempo insuficiente para se chegar a mudanças significativas.

Outro aspecto a considerar é o desafio de se trabalhar os conteúdos da EDH em temas transversais, pois se a sua prática, no âmbito escolar, for realizada de forma participativa e bem articulada, tende a favorecer mais assimilação das temáticas da EDH, embora a pesquisa de Tavares (2013) mostre que a vivência da transversalidade, por si só, é insuficiente para a efetivação da EDH. Contudo, na medida em que os conteúdos são vivenciados de forma mista, isto é, disciplinar e interdisciplinar, os resultados são melhores, inclusive porque as Diretrizes para a EDH destacam como uma das opções trabalhar de forma mista a organização do currículo escolar.

No que diz respeito à luta pela afirmação das identidades, vemos que ela constitui um processo histórico. Maio de 1968, simbolicamente, pode ser considerado como um marco significativo dessa luta que, por meio do movimento estudantil e de outros movimentos sociais teve grande capacidade de mobilizar a sociedade como um todo mediante suas reivindicações e ações de lutas. Bittar (2009, p. 552) capta bem esse sentimento ao afirmar que

> Maio de 1968 pode ser tomado como um momento histórico de quebra de padrões comportamentais, de luta contra a autoridade familiar, reivindicação da alteração nos padrões de regulação da vida acadêmica, de ampliação da demanda por radicalização da liberdade política, dos direitos de minorias, de redefinição do papel político da estética, de redefinição do papel da moral em direção ao pluralismo ético, de luta por redemocratização e pelo reconhecimento da diferença, de ampliação da luta libertária para a sociedade civil organizada, questões que, em muitos de seus significados, redundaram em frutos muito concretos no plano da cultura e das relações humanas e sociais.

É, pois, com a compreensão histórica dessas lutas, que processualmente contribuíram para o surgimento de um novo paradigma, alicerçado no direito à diferença pelo reconhecimento da alteridade recíproca, que a luta por Direitos Humanos chega às escolas, embora tardiamente. Os princípios ético-filosóficos que, em parte, dão sustentação a essas lutas se encontram na Declaração Universal dos Direitos Humanos de 1948, que, em nossa realidade, muito lentamente foi se fortalecendo com a participação dos movimentos sociais e de alguns governos progressistas comprometidos com as mudanças sociais.

Assim, tomando por base esse escopo é que buscamos no discurso dos entrevistados a compreensão das escolas da rede estadual de Pernambuco no que se refere ao trato da Educação em Direitos Humanos.

Considerando a fala dos técnicos e professores anteriormente relatados, percebemos que seus discursos apresentam polifonias, isto é, posições diferentes quanto ao entendimento da EDH estar fomentando a criação de uma cultura em Direitos Humanos. Essa compreensão parece estar ligada aos avanços e limites na execução da política. Conforme estamos analisando, encontramos estágios diferenciados de vivência da referida política. Os limites apontados nas várias falas reproduzidas denotam, talvez, o pouco tempo que houve para assimilação dos conteúdos e práticas em Direitos Humanos.

Podemos notar que o discurso dos docentes, na sua maioria, ainda não está atingindo os corações e mentes dos alunos, pois no entendimento desses profissionais o sentido da prática social dos educandos não corresponde com o de atitudes cidadãs, isto é, com a defesa, promoção e respeito à dignidade humana, por meio do reconhecimento da diferença. Pelo contrário: persistem na sua violação, constituindo-se ainda como um desafio a ser perseguido na escola, embora com a clareza de que, pontualmente, encontrem-se avanços expressivos.

Os dispositivos legais promulgados após a Constituição Brasileira de 1988, a exemplo da Lei n.º 9.394/96, de Diretrizes e Bases da Educação Nacional, a Lei n.º 8.069/90, do Estatuto da Criança e do Adolescente, a Lei n.º 11.340/06, Maria da Penha, as leis n.º 10.639/03 e n.º 11.645/08 que, tratam da inclusão de temas ligados à história étnico-racial e afrodescendente nos currículos, sobretudo aqueles dispositivos que dispõem como crime de ódio o preconceito e a discriminação, têm favorecido a luta contra a violação de direitos, embora por si só sejam insuficientes.

A escola, enquanto instituição de formação e de convivência social, pode muito contribuir para a assimilação desses novos valores, pois ao disseminar no seu cotidiano conteúdos relacionados à ética e à dignidade das pessoas que propiciem a sua autorrealização como sujeitos de direitos, contribui muito para a formação da cidadania. Oportuniza, dessa forma, não apenas o ensino de conhecimentos cognitivos, mas também prepara o educando para o mundo do trabalho e para o mundo da vida, sensibilizando corações e mentes para a vivência de uma vida mais digna, interativa e de reconhecimento da alteridade.

Percebemos nas falas dos entrevistados que existem conflitos de interpretação entre eles. O discurso não é polifônico, talvez por lhes faltar uma visão de totalidade acerca da vivência da prática social da EDH nas escolas do estado e a dor e o sofrimento que a negação do reconhecimento da alteridade traz para aqueles discentes que têm seus direitos violados. De acordo com Honneth (2003), a autorrealização tem por princípio a provisoriedade, é um processo permanente, está sempre se fazendo num *continuum*.

Por outro lado, mesmo tomando amostras qualificadas para a realização desta pesquisa, apreendi vários limites na condução da política de EDH, sobretudo no que diz respeito à formação e à concessão de material didático-pedagógico para os docentes, questão que também apreendemos nas falas de técnicos da SE/PE e das GREs, conforme tratado anteriormente.

Nessa perspectiva, indaguei docentes, técnicos e gestores de escolas sobre a condução dos processos de formações continuadas para a execução da política de EDH. As vozes na maioria das escolas ratificam o fragmento do discurso a seguir:

- *A formação ainda é muito necessária. Precisa ser colocada uma formação continuada nesta área para que nós possamos ter subsídios para trabalhar com os alunos. Trabalhar primeiro a nossa mente, as nossas ideias para passar para o nosso aluno, para acolher esta diversidade da forma como os Direitos Humanos nos propõem, porque muitos de nós vemos várias situações na escola e também a escola se propõe a acolher esses alunos. Aqui nós temos também a questão da inclusão e nos sentimos muitas vezes despreparados para lidar com certas situações que acontecem no dia a dia. Então, eu espero que o Estado fortaleça ainda mais.*

> • *A gente vai mais por interesse próprio, procuramos dentro dos parâmetros curriculares ir montando o planejamento da gente, não com base nas políticas da secretaria*

Embora, na visão de alguns docentes, o estado tem se esforçado, tentando fortalecer esta política, sobretudo a partir de 2008, com a realização de várias formações e a distribuição de materiais didáticos, percebemos que o discurso predominante é de crítica às condições de materialização da política de EDH, pois persistem problemas como a falta de profissionais habilitados, recorrência de violência escolar contra alunos e professores, estrutura física precária das escolas, baixos salários e desvalorização dos profissionais da educação. Esses são problemas históricos que persistem, não obstante as inúmeras reivindicações dos movimentos docentes.

É importante ainda salientarmos que professores e técnicos de escolas não devem limitar seu trabalho educativo apenas à formação acadêmica, sendo imprescindível a pesquisa incessante, o estudo e a permanente atualização, pois a ressignificação dos discursos no espaço escolar precisa ser transformada em práticas sociais pelo conjunto de educadores que atuam nesse ambiente. Buscar, assim, dar sentido prático à EDH, tendo em vista atingir os corações e as mentes dos alunos, utilizando de uma linguagem acessível à sua compreensão e tornando, assim, mais assimilável o seu entendimento, é tarefa imprescindível dos que fazem a escola.

Ainda com relação à formação e à concessão de materiais didático-pedagógicos, cremos ser importante reproduzir, embora seja um trecho mais longo, um dos relatos fornecidos por um dos entrevistados das escolas, dada a relevância que ela apresenta para a nossa análise.

> *A gente vive, hoje, numa sociedade onde os Direitos Humanos são muito falados, mas que na prática como é difícil, como é difícil vivenciar em sala de aula. Como é difícil lidar com todos os preconceitos, com tudo aquilo que a gente vem vendo no geral. A gente percebe que esta política pública é fundamental porque é preciso que se desperte nas pessoas a questão da diversidade, a questão da diferença, a questão dos Direitos Humanos. As pessoas precisam se tornar mais humanas porque elas estão perdendo esta identidade e eu vejo a escola como essa aprendizagem da cidadania, onde o aluno, que é um ser que está construindo sua identidade, está se construindo para uma vida lá fora, ele precisa sair com esta marca, ele precisa sair com esse conceito de que existem os Direitos Humanos, de que existem as diferenças,*

ele precisa, acima de tudo, respeitar estas diferenças. E eu vejo a escola como uma mediadora muito importante para que isso aconteça, juntamente com a família. Mas como a família tem o lado do preconceito, do não aceitar, dos tabus, que a gente sabe que a escola precisa também aprender a lidar com as diferenças, porque nós temos profissionais preconceituosos, em todos os aspectos, porque a gente não foi preparada para isso culturalmente. A escola onde fomos formados não nos preparou para trabalhar questões como estas, muito relevantes, uma delas é a homossexualidade, que hoje a gente vê, assim, de uma forma gritante, cada vez mais cedo, jovens se apresentando na condição de homossexual. E a gente, muitas vezes, não sabe como vai lidar com aquilo. Como é que eu vou trabalhar essa questão com eles, e a família? E o comportamento deles, o que é que eu posso fazer para ajudar esses jovens que estão em construção de sua identidade, de personalidade, de conduta? Como é que a escola com esse mínimo material que tem, com a mínima experiência do professor, com a falta de capacitação, pode ajudar na construção de um adulto, de um indivíduo e não ter estas frustrações que o bullying traz, as gracinhas dos colegas trazem as marquinhas, os rótulos que eles veem com eles, para que a gente possa trabalhar para que eles se desenvolvam plenamente, uma pessoa plena, como cidadão qualquer, se realize como pessoa? É uma tarefa difícil.

Com base nesse dramático depoimento de um dos docentes entrevistados, apreendemos a importância da introdução da política de EDH nas escolas por diversos motivos, a exemplo:

1. a necessidade de formação das identidades dos alunos e de tornar a escola como lócus de aprendizagem da educação em direitos de cidadania;
2. o entendimento de que existem diferenças entre as pessoas e que se torna necessário aprender a conviver com elas e respeitá-las;
3. a importância da escola e da família na mediação dessa aprendizagem específica dos Direitos Humanos;
4. o reconhecimento de que família, escola e sociedade como um todo são preconceituosas em relação às temáticas dos Direitos Humanos, sobretudo, no que diz respeito à questão da homossexualidade;

5. a constatação de que os profissionais da educação também são preconceituosos em relação a temáticas de Direitos Humanos com respeito à homossexualidade;
6. a dificuldade e inexperiência da escola em incluir em seus planejamentos e na prática educativa o trabalho com as famílias e alunos com a temática da homossexualidade, considerada, ainda, um tabu;
7. a consequência direta, o *bullying* que se manifesta em chacotas, gracinhas, rótulos.

A interdiscursividade com relação a certas temáticas da EDH parece ser a grande recorrência entre os entrevistados. A voz reproduzida anteriormente expõe a preocupação dos docentes, denotando que eles têm a clareza de que as temáticas da EDH, nos dias de hoje, ocupam lugar central na sociedade e como tal precisam ser incluídas nos currículos e na prática pedagógica das escolas. Apreendemos que os docentes e técnicos "pedem socorro", ao mesmo tempo, estão ávidos por saberes que os tornem competentes no que se refere à forma de vivenciar as temáticas da Educação em Direitos Humanos. Em parte, isso se justifica por ser um tema que vem sendo trabalhado muito recentemente na sociedade brasileira e de forma ainda incipiente nas formações dos educadores.

Por outro lado, reconhecem, a exemplo da família, que ainda são preconceituosos em lidar com algumas temáticas dos Direitos Humanos, particularmente, temas relativos à homossexualidade, julgando-se despossuídos de traquejo suficiente para tratar desse conteúdo.

Compreendo, assim, que a concretização da política de EDH nas escolas enfrenta obstáculos nem tanto por resistência de técnicos e de docentes, mas sobretudo porque não se sentem com o domínio necessário para versar sobre os assuntos ligados aos Direitos Humanos. Muito pelo contrário, reconhecem a importância e a imprescindibilidade dos conteúdos, especialmente porque a tradição brasileira é marcada pela negação de direitos no passado, persistindo em larga escala nos dias de hoje.

Nessa perspectiva, a luta dos movimentos sociais, de alguns poucos partidos políticos e governos progressistas, ao denunciarem o nosso passado e os momentos hodiernos de violações de direitos, tem contribuído sobremaneira para a promulgação de vários diplomas legais de promoção, de proteção e de defesa dos Direitos Humanos. Na opinião de um professor, as leis têm contribuído para que haja mais respeito ao diferente, afirmando:

> *Precisamos ter o cuidado com o desagravo e com o desrespeito ao homossexual porque ao chamarmos alguém de gay ou de negro, certamente seremos processados. Então, esta questão do amparo legal ainda é o que resguarda os Direitos Humanos. Sem a lei, fica muito difícil. Infelizmente falta maior conscientização das pessoas. Ainda existe muito preconceito, a diversidade só existe para mim e não para os outros, eu quero que as pessoas me respeitem, aceitem o que eu quero o que eu gosto o que é bom para mim, mas o que é bom para o outro eu não vejo como opção.*

Observamos, nesse fragmento de entrevista, como a Teoria do Reconhecimento de Honneth[89], nos dias de hoje, torna-se imprescindível no campo educacional. O ato educativo precisa ser prazeroso para o discente, pois a sua realização como sujeito de direitos também necessita ocorrer no âmbito escolar. O processo do ensino e da aprendizagem acontece com mais qualidade quando os discentes se sentem felizes na escola na medida em que existe o respeito à sua dignidade, o que favorece a sua autoconfiança, autoestima e autorrespeito, elementos que se incluem na autorrealização das pessoas.

Por isso a escola ainda é um lócus em que a formação discursiva (difusão e circulação de discursos) e a vivência de práticas sociais efetivas de EDH podem muito contribuir para a instalação de uma nova cultura fundada na promoção, proteção e defesa dos Direitos Humanos.

Apreende-se, a partir das análises discursivas feitas, que os docentes optam por vivenciar temáticas menos conflituosas que sejam alicerçadas juridicamente e sobre as quais eles tenham relativo domínio, a exemplo das questões ligadas a temáticas étnico-raciais, de gênero, dos povos indígenas, de pessoas com deficiência, da criança e do adolescente etc., desde que não envolvam assuntos muito polêmicos. Isso pode encontrar justificação na persistência do preconceito e da discriminação tanto entre alunos como entre docentes, questão que é ratificada pela voz de um dos entrevistados:

> *A EDH entra nos PPP principalmente na questão da garantia dos direitos, na questão do respeito, pela questão da discriminação, sobretudo com relação aos homossexuais, porque tem muito conflito em relação a isto na escola. A gente procura trabalhar com os professores nessa perspectiva do respeito tanto deles, como deles com relação aos alunos.*

---

[89] Pelos estudos realizados nessa pesquisa, constata-se que a Teoria do Reconhecimento de Honneth tem sido pouco apropriada pelos pesquisadores da educação no Brasil.

Pelo exposto, talvez seja possível apreendermos que a promoção, a defesa e o respeito à dignidade das pessoas não penetraram ainda nos corações e mentes de muitos professores, os artífices da educação escolar, que de diversas formas podem favorecer o processo de mudança cultural. Os educadores, enquanto lideranças e autoridades acadêmicas, por meio de seu comportamento exemplar, influenciam educandos, pais e pessoas de sua comunidade, inclusive outros educadores. Entendemos que a posição firme do profissional da educação no combate ao preconceito e à discriminação tem rebatimento na formação e na personalidade das pessoas que o circundam.

De forma semelhante, se partirmos da compreensão de que o PPP representa a identidade da escola, e se nele as temáticas de EDH forem amplamente discutidas com efetiva participação dos gestores, técnicos e docentes, certamente haverá mais compromisso com a sua execução e os resultados poderão ser mais significativos.

Nessa direção, o Estado de Pernambuco, embora com as dificuldades destacadas neste estudo, conta com várias experiências significativas de que a gestão democrática da escola, inclusive na elaboração do PPP, concorre tanto para a ressignificação da qualidade da educação quanto para a melhoria das relações de convivência social e para a melhor satisfação pessoal e autoestima do docente, enquanto profissional da educação.

A título de exemplificação citamos as experiências bem sucedidas da Escola Polivalente de Abreu e Lima, que se notabilizou pela realização de trabalhos nas temáticas da orientação sexual e da tolerância religiosa, inclusive com recebimento de premiação e menção honrosa; a Escola Maria Gayão Pessoa Guerra, em Araçoiaba, visível também pelo engajamento interdisciplinar dos docentes e pela apresentação das temáticas ligadas à cidadania e à orientação sexual por meio da arte da representação teatral, ambas jurisdicionadas à Gerência Regional Recife Metro Norte; Escola Vicente Monteiro, em Caruaru, com importantes discussões acerca do respeito e reconhecimento à alteridade, à tolerância religiosa e à orientação sexual.

Por tais experiências, levantamos a questão da inclusão da EDH nos PPP, pois este tem um sentido fundamental para a vida das escolas, sobretudo porque inclui questões epistemológicas e teórico-metodológicas. Para Veiga (2004, p. 23), o PPP apresenta alguns elementos básicos, a exemplo das finalidades da escola, da estrutura organizacional, do currículo, do tempo escolar, do processo de decisão, das relações de trabalho e da avaliação. A transdisciplinaridade se caracteriza como formas de vivência do currículo escolar, tendo rebatimento na unidade pedagógica e na qualidade da educação.

Pelo que analisamos nos discursos de técnicos, gestores e professores, a maioria dos entrevistados admite que a EDH vem se constituindo como parte integrante dos projetos político-pedagógicos e que a sua vivência se processa ao longo do ano pelos diversos professores. É importante conferir o pronunciamento dos próprios entrevistados nesse sentido:

- *Temos ações já vivenciadas e ações a vivenciar com relação a isso. E ao longo do ano vão acontecendo essas ações.*
- *Ainda é um trabalho muito fragmentado, ainda não há um trabalho totalmente fortalecido, porque nós trabalhamos algumas temáticas, a gente tem até o apoio da regional com materiais que são enviados para que as educadoras de apoio repassem para os professores, mas, assim, é feito aquele trabalho, é vivenciado, mas vem logo um novo tema que já não aborda, é como se os Direitos Humanos não tivessem nada a ver com essa nova temática e aí não existe um trabalho realmente interligado.*
- *A ausência de temáticas relativas aos Direitos Humanos, então, isso já é um reflexo de como a escola trabalha essas questões, a escola não traduz em seu projeto essas questões.*

Tais depoimentos nos indicam a existência de discussões acerca de assuntos ligados à EDH e que se fazem presentes nos PPPs das escolas, não obstante de forma ainda fragmentada. Contudo, há grande ambiguidade polifônica em suas falas, parecendo faltar firmeza entre entrevistados quanto aos temas de EDH integrarem os PPPs, sugerindo que as respostas foram muito mais formais do que reais, tendo em vista não comprometer a gerência escolar nem a equipe técnica, tampouco a escola como um todo. Assim, a recorrência da interdiscursividade é conotativa, pois comporta várias interpretações.

Nesse contexto, a polifonia interdiscursiva entre os entrevistados deixa transparecer que a introdução das temáticas de EDH nos PPPs, em várias escolas, ou não existe ou está em lento processo de inclusão. O texto e o contexto evidenciam diferenças ao mostrar que entre a prática discursiva e a prática social há deslocamentos nas escolas que foram tomadas como campo de pesquisa.

O PPP se constitui como importante mecanismo de trabalho das escolas, pois define o que vai ser feito, quando, de que maneira e por quem, tendo em vista alcançar objetivos prescritos. Nesse sentido, deve explicitar um projeto de sociedade, de educação e de ser humano, apontando para uma sociedade equânime, solidária e justa, incluindo valores e princípios voltados para a formação e exercício da cidadania e para a vivência de relações sociais pautadas nos Direitos Humanos. Dessa forma, os conteúdos e as ações ligadas à cidadania e, portanto, à esfera dos direitos, assumem papel relevante na preparação do educando para viver em sociedade, constituindo a escola lócus privilegiado que permite aos alunos aprenderem que as pessoas são ao mesmo tempo iguais e diferentes, e que por isso devem ser respeitadas nas suas diversidades.

Não podemos esquecer que a luta por reconhecimento recíproco da diversidade, isto é, a convivência respeitosa com o diferente, constitui um dos maiores fundamentos da democracia contemporânea. O respeito à dignidade das pessoas na sua igualdade e diferença propicia autorrespeito, autoestima e autoconfiança.

Por outro lado, ao mencionarem em seus discursos que as temáticas de EDH pouco integraram os PPPs, os docentes fizeram referências à implementação das ações no cotidiano das escolas:

- *A gente vê na escola o individualismo, é o sujeito, o professor de História, o professor de Sociologia, o professor de Filosofia, talvez eles tenham uma facilidade maior de trabalhar essas temáticas. Mas o professor de exatas, o professor das linguagens, não tem tanto interesse. E aí, como é que fica essa transversalização? Transversalizar quanto e como? Com que atividades? Quando se tinha uma disciplina talvez, por que talvez? Porque esse profissional dava essa disciplina como complemento de carga horária, como Filosofia e Sociologia.*

- *E aí como é que fica o projeto de uma escola do curso noturno, de interdisciplinaridade, eu digo muito que muitas vezes é o próprio professor em sala de aula que vivencia e trabalha essa temática.*

- *Esse tema interessa não só a mim como professora de História, não só a Geografia, mas a todo o coletivo da escola. Quando a gente vai para as formações até voltadas para os Direitos Humanos se pega os professores de Filosofia, de Sociologia, de História, quando os Direitos Humanos vão muito além destes professores.*

Percebemos nessas falas a dificuldade mostrada pelos docentes quanto à execução das ações de forma transversal, sobretudo, para aqueles das ditas ciências duras (Física, Matemática, Química etc.), sendo mais accessível para os que ministram os componentes curriculares da área de humanas — História, Geografia, Filosofia e Sociologia. Trata-se de uma questão de cunho epistemológico e que ainda persiste na prática pedagógica das escolas. O paradigma da complexidade postula que o conhecimento deve ser socializado de forma interdisciplinar, sendo esse um dos maiores desafios da contemporaneidade nos processos de formação dos profissionais da educação.

Como sabemos, o pensamento científico clássico se estruturou em três pilastras: a ordem, a separabilidade e a razão. Embora essa abordagem dê sinais de esgotamento e de uma crise profunda, os conteúdos científicos, quase sempre, continuam a ser tratados pelas diversas disciplinas aos moldes do velho paradigma positivista, isto é, cada um em seu quadrado. Significa que os saberes que são organizados em ciências específicas são abordados de forma isolada, como se o conhecimento pudesse ser fragmentado, ficando, assim, cada um em sua caixinha sem articulação com os demais saberes acadêmicos.

Assim, tratar o conhecimento de forma transdisciplinar com temas transversais, possibilitando que todos os componentes curriculares abordem seus conteúdos com um olhar da continuidade científica, constitui-se um desafio que ainda não foi internalizado na prática educativa, dificultando a socialização e a promoção dos conteúdos relativos à EDH.

Dessa forma, ao circunscrever a promoção e socialização da EDH aos docentes da área de humanas reduz-se a possibilidade de que tais temáticas alcancem mais intensamente os discentes, dificultando a constituição de uma cultura em Direitos Humanos para os profissionais das outras áreas de conhecimento. Por isso, os docentes que ministram as ditas ciências duras reivindicam que a formação continuada deva ser ofertada a todos, conforme afirma uma das entrevistadas, e não apenas àqueles que socializam conhecimentos na área das ciências humanas, pois esses professores, em suas formações acadêmicas, por princípio, têm e/ou deveriam ter acesso a tais saberes.

É, pois, nessa direção que, no próximo item, vamos analisar se a teoria e a prática da EDH, ou seja, se os conhecimentos perpassados pelos docentes em seu fazer pedagógico cotidiano, foram assimilados pelos educandos em sua prática social, denotando, assim, uma mudança cultural.

7.3 A política de EDH nas escolas: as vozes dos alunos

A questão que, inicialmente, chamou atenção no processo de escuta das vozes dos alunos foi o fato de eles apresentarem muita tranquilidade, sem nenhuma inibição, manifestando seus pontos de vista, mesmo estando frente a frente com pessoas que representavam autoridade tanto na escola como na GRE.

O destemor dos alunos ao expressarem o seu pensamento, embora muitas vezes em rota de colisão com os valores dominantes, permitiu-lhes mostrar que suas formas de entendimento da sociedade contemporânea vão para além do monoculturalismo colonizador. Nesse sentido, percebemos que o discurso, mediado pela linguagem, pode vir a constituir uma rede de significações e de ressignificações na medida em que o eco da polifonia contraditória invade os diversos campos da sociedade, ratificando, assim, o discurso de Fairclough (2001, p. 82): "[...] a natureza discursiva da mudança social — as práticas discursivas em mutação são um elemento importante na mudança social".

Tomando por base o propósito assumido no presente item, a primeira intenção nas entrevistas realizadas com os grupos focais foi captar, no discurso dos alunos, o seu entendimento acerca dos fundamentos teórico-conceituais dos Direitos Humanos. Partimos da pressuposição de que uma *conditio sine qua non* para se começar a respeitar e reconhecer o direito dos outros na igualdade e na diversidade é ter uma compreensão dos fundamentos teórico-conceituais que informam os Direitos Humanos.

Nesse sentido, de início, como primeira indagação para ser refletida pelos alunos nos grupos focais, buscava-se saber que percepção eles tinham dos Direitos Humanos. Em outras palavras, a partir do trabalho docente vivenciado pelos professores das escolas em estudo, **como eles definiam os Direitos Humanos?** Com essa questão busca-se apreender a noção que os alunos haviam fixado, do ponto de vista mais teórico--conceitual, sobre os Direitos Humanos como resultado do processo de ensino e aprendizagem.

Analisando o discurso dos entrevistados, percebemos que eles detinham uma vaga noção acerca do significado teórico-conceitual dos Direitos Humanos, embora os grupos focais estivessem representados por quase todas aquelas categorias sociais informadas nos procedimentos metodológicos, isto é, a maioria daqueles segmentos que compõem as diversidades/diferenças, objeto do presente estudo. É importante mostrarmos alguns dos discursos proferidos pelos grupos focais entrevistados, tendo em vista ratificar nosso entendimento.

- *Algo que é meu, do ser humano, nasce com a gente; é da vida; quando a gente nasce já tem direito, direito à vida, todos os direitos, de liberdade, de trabalho, de votar.*
- *Garantir que todos sejam respeitados por suas diferenças.*
- *É ser respeitado pelos outros e também respeitar os outros, isto é o que garante a organização da sociedade, os seres se respeitarem entre si.*

Pelos fragmentos dessas vozes, podemos apreender que a compreensão dos grupos focais se traduziu numa visão aparentemente superficial acerca dos fundamentos que informam os Direitos Humanos. Por mais que insistíssemos na tentativa de extrair deles mais aprofundamento sobre as temáticas dos Direitos Humanos, a maioria das respostas foi muito limitada, pontual, sintética. No entanto, não podemos deixar de considerar que em suas afirmações há sinalização de aspectos relevantes atinentes aos Direitos Humanos.

Comparando discursos dos grupos focais das escolas dessa mesma região educacional[90], observei que existia bastante similaridade na compreensão dos fundamentos teórico-conceituais acerca dos Direitos Humanos, pois tais grupos expressaram os mesmos aspectos revelados: "Respeito às pessoas; saber respeitar o outro; igualdade social, respeito; o Brasil é um país que tem muita diversidade; o Brasil é o país que tem mais felicidade e mesmo assim não se respeita o outro".

Assim, ao analisarmos a visão teórico-conceitual dos Direitos Humanos explicitada nos discursos dos entrevistados, por um lado, percebemos o pouco aprofundamento apreendido por eles como resultado do processo do ensino e da aprendizagem. Por outro lado, em que pese constatarmos essa aparente fragilidade teórico-conceitual, observamos uma ressignificação prático-racional no discurso, contemplando "[...] o modo como os participantes produzem e interpretam textos com base no recurso dos membros" (FAIRCLOUGH, 2001, p. 115) dos grupos focais.

Por outro lado, embora os alunos apresentem ainda uma simplificação do entendimento teórico-conceitual dos Direitos Humanos, isso

---
[90] GRE de Caruaru.

não condiz com a clareza das respostas mostradas nas questões seguintes (como veremos mais adiante), sobretudo naquelas ligadas à violação de direitos. Dessa forma, ao expressarem sua compreensão de forma simples, empírica, experiencial, partem de suas realidades, de suas percepções prático-racionais acerca do que informam os Direitos Humanos.

Nessa direção, as vozes dos grupos focais, ao reinterpretarem de forma simples as noções de Direitos Humanos em seus discursos, aparentemente não apresentam polifonia, isto é, suas falas não são divergentes, ratificando, de forma coletiva, o entendimento dos entrevistados sobre os fundamentos teórico-conceituais que informam os Direitos Humanos.

Conforme se viu em capítulos anteriores, o discurso sobre os Direitos Humanos vai se forjando de forma mais intensa com o início da modernidade, tendo uma trajetória histórico-conjuntural que culmina nos direitos consagrados nas revoluções inglesa, americana e francesa, sobretudo aqueles direitos que garantiam, do ponto de vista formal, a igualdade jurídica.

Como podemos perceber, os entrevistados dos grupos focais não fizeram nenhuma alusão à constituição histórica dos Direitos Humanos e, sobretudo, não mencionaram a Declaração Universal dos Direitos Humanos que se instituiu frente à barbárie da Segunda Guerra Mundial, entre 1939 e 1945.

A pouca referência a algumas expressões linguísticas que denotariam a compreensão conceitual do significado dos Direitos Humanos, a exemplo da universalidade da dignidade, da indivisibilidade e da interdependência — termos que se consagraram juridicamente na igualdade e na liberdade inerentes a todos os seres humanos — não foram evidenciados. Contudo, é importante destacar que os estudantes conseguem apreender os sentidos e significados dos DH, até porque a compreensão dos termos mencionados vai além do nível de escolaridade dos alunos.

Quando eles definiram um conjunto de direitos concernentes à humanidade também não diferenciaram os direitos civis dos políticos nem os sociais dos culturais. Então, pelo visto, parece que os entrevistados careciam de mais aprofundamento teórico-conceitual sobre o significado dos Direitos Humanos.

Contudo, é importante mencionar que temos a compreensão da complexidade que essas expressões denotam, pois não explicitam apenas conceitos e sim um longo processo histórico de lutas políticas e sociais que moveram a humanidade nos últimos três séculos na reivindicação por direitos e sua efetivação. A clara compreensão dessas noções teóricas é difícil até mesmo para discentes em outros níveis de escolaridade pela abstração de seus significados. O mais importante nessa discussão é que fosse evidenciada a abordagem dessas temáticas na prática docente em sala de aula.

Isso ficou observado ao captarmos nos entrevistados os seus entendimentos quanto aos princípios que caracterizam os Direitos Humanos, sobretudo aqueles que garantem o direito à vida, à liberdade, ao trabalho e ao respeito às diferenças. Os entrevistados reforçam essa análise à medida que demonstraram bom entendimento quando foram indagados sobre a violação de direitos.

Na mesma linha de análise, levantou-se a seguinte questão para ser debatida: **qual o entendimento que eles tinham sobre a diversidade/diferença?**

Mais uma vez, sem revelar grande compreensão teórica quanto ao conceito de diversidade/diferença, eles foram capazes de caracterizá-las de forma empírica, isto é, na dimensão prático-racional. Assim, em que pese a fragilidade conceitual, três discursos proferidos pelos alunos em um dos grupos focais permitem entender que eles assimilaram aqueles conceitos, conforme demonstram suas falas:

- *As pessoas são diferentes na forma de pensar, de se vestir, nos gostos; ninguém é igual.*
- *Tem gente que é magro ou que é gordo, que tem defeito;*
- *Se uma pessoa é gay, eu posso não concordar, mas tenho que respeitar, pois é um direito dele, é a vontade dele escolher o que quer ser e tenho de respeitar do mesmo modo que ele tem de me respeitar.*

Com base nessas vozes, parece ser possível apreendermos que eles têm a compreensão de que a marca da divergência/diferença se expressa pelo afastamento da padronização ou normalização. Ao mesmo tempo, percebemos em suas falas que o respeito à diferença é um direito que todos têm, na medida em que evidenciaram conhecimento de que a igualdade na diferença é um direito de todos e garantido em muitos dispositivos legais. Contudo, mesmo com essa compreensão, na maioria das vezes o discurso se distancia da prática, pois constatamos nos depoimentos denúncias de muitas formas de violação de direitos, como veremos mais adiante.

Assim, pois, percebemos que os alunos evidenciam ter a consciência da importância do respeito e do reconhecimento do outro na igualdade e na diferença, embora nem sempre demonstrem essa atitude no convívio cotidiano. Nesse contexto, Candau et al. (2014)[91] entendem que "[...] quando ocorrem mudanças na autoconsciência e na autopercepção, podem ser mobilizados energias e dinamismos que favoreçam transformações explosivamente criativas e libertadoras".

A formação de hábitos e atitudes com a introdução das temáticas de Educação em Direitos Humanos nas escolas visitadas ainda está distante da prática. Por outro lado, a exemplo do que parece acontecer de forma ampla no Brasil e quiçá nas sociedades ocidentais, tem-se a clareza de que a dignidade das pessoas se expressa pelo respeito e pelo reconhecimento recíproco em suas igualdades, sobretudo nas suas diferenças. Parece existir a consciência dos direitos e dos deveres, mas ao mesmo tempo persiste um largo distanciamento nas condições objetivas de vida.

Por isso compreendemos que as mudanças acontecem principalmente com o reconhecimento social da dignidade das pessoas, conforme entende Honneth (2003). A EDH contribui, a instituição de leis reforça, pois se constitui como um reflexo das lutas sociais, segundo a análise de Herrera Flores (2009). Contudo, as mudanças de atitude se concretizam com o reconhecimento social de que cada pessoa tem uma identidade e que precisa ser respeitada, embora na maioria das vezes, observamos a predominância da intolerância e da violação do direito à diferença.

Ratifica essa análise a afirmação dos entrevistados de que se espera das pessoas uma padronização/normalização do comportamento, pois essa ideia ainda está bastante enraizada na visão das famílias em geral e da sociedade como um todo. Assim, os alunos percebem a grande dificuldade que têm os diferentes de

> *Sair do que a sociedade impôs à força, como padrão há séculos atrás; então, tais pessoas não se enquadram naquele padrão; tudo o que é diferente, a sociedade exclui totalmente; O senhor pode fazer o que quiser, a questão maior é da família, é que os pais têm a cabeça fechada. Geralmente se acha que o homem tem que ser homem e a mulher tem que ser mulher, a questão é da sociedade que ainda precisa entender as diferenças, tentando assimilar as mudanças que estão acontecendo atualmente. Você*

---

[91] Livro eletrônico.

> *pode dizer isso é azul e eu dizer, não, isso é rosa, como é que eu vou convencer ela que é outra cor? Eu acho que Deus não ia criar uma coisa assim, errada, eu não concordo.*

De modo geral, parece ser possível afirmar que, no olhar da família e da sociedade, os segmentos sociais que são mais discriminados são aqueles ligados à problemática da orientação sexual e que compõem o grupo do LGBTQIA+. Os alunos deixam claro um nítido choque de gerações, pois enquanto ainda há muita resistência nas famílias e em parcela significativa da sociedade, entre vários entrevistados dos grupos focais, a abordagem da temática ocorreu de forma muito natural, parecendo não haver entre eles marcas significativas de preconceitos.

- *Eu acho que a discriminação começa em casa porque, eu contei a minha mãe que era lésbica e ela me virou as costas, no outro dia teve um derrame facial, eu fui com ela para o médico, mas ela não entendeu e disse: eu criei você para casar com homem e ter filhos. Eu virei para ela e disse: eu acho melhor estar com uma menina que eu gosto do que estar mascarando a verdade. Se eu quiser ficar com a menina eu vou ficar, não é porque eu queira, é porque eu me sinto atraída.*
- *Particularmente meus pais não sabiam; eu comecei a namorar com um menino e minha mãe descobriu e não foi tão mal, meus pais me chamaram para uma conversa e eu falei que era desde criança, desde 13 anos de idade. Hoje eu tenho 16, eles ficaram muito surpresos, se afastaram uns dias de mim, porque meu pai ele era mais fechado e minha mãe ficou doente uma semana depois de saber, e eu procurei mostrar para ela que independente disto eu estaria com ela em todos os momentos, que eu ia ser o filho que sempre ela gostou porque eu sou o caçula. Então, eu fui conquistando-a aos poucos, mostrando a ela que o homossexualismo não é algo horroroso, doença, todos os dias eu ia conversando com ela e fui ganhando-a.*

Por outro lado, cabe destacar que o tratamento dessa mesma temática com o corpo dos docentes e de técnicos foi bastante diferente, pois eles admitiram explicitamente ter dificuldades em discorrer sobre essa questão, ou por falta de aprofundamentos ou por preconceitos mesmo.

É relevante afirmarmos, conforme ratifica Stancki e Casagrande (2016, p. 23) que as

> [...] mobilizações sociais possibilitaram uma alteração sobre o conceito de Direitos Humanos e principalmente

> sobre a ideia de sujeito de direitos — os Direitos Humanos passam a reconhecer a pluralidade e a diversidade desses sujeitos. Lutas de movimentos específicos, dentre os quais mulheres, negros, LGBTQUIA+ (Lésbicas, Gays, Bissexuais, Transexuais ou Transgêneros, Queer, Intersexo, Assexual e outras possibilidades de orientação sexual e identidade de gênero), explicitam que tais direitos foram historicamente negados a uma grande parcela da humanidade e que não seria possível a efetivação dos Direitos Humanos sem o reconhecimento da igualdade de direitos para as mulheres, negros, analfabetos, homossexuais, travestis, idosos, ou seja, para toda a humanidade.

Conforme depoimentos, entendemos que existem perceptíveis mudanças e que parecem estar num processo de concretização, pois alunos que compunham grupos focais ressignificaram o discurso/cultura[92] conservadora ao tomar uma posição diferente com relação às suas famílias e ao que eles denominaram, de forma ainda muito abstrata de sociedade. A postura assumida, em nítida rota de colisão com os pais e famílias em geral, sugere que a luta dos movimentos sociais está repercutindo entre as gerações mais novas, pois a mudança discursiva dos entrevistados aponta rebatimento em suas práticas sociais.

Esses fragmentos discursivos ratificam, mais uma vez, as análises de Herrera Flores de que a instituição de direitos e as declarações de organismos internacionais não se contrapõem às lutas sociais. Muito pelo contrário, reforçam-nas. Muitas lutas começam pelos direitos já instituídos e que precisam ser efetivados e/ou regulamentados.

Em várias situações apreendemos que a luta por reconhecimento de suas identidades e por autorrealização como pessoas de direitos indica uma busca pela afirmação de seu modo de pensar e de viver, mesmo que isso implique numa relação de conflito com entes queridos.

Parece que o discurso por reconhecimento e por autorrealização das muitas vozes da sociedade civil, como um eco, está refletindo no processo de empoderamento social, entendido como

---

[92] Estamos tomando, neste trabalho, o sentido de cultura a noção apresentada por Candau (2014) ao entender "[...] cultura como processo contínuo de criação e recriação coletiva, de atribuição de sentido, de interpretação do vivido. A cultura é um fenômeno plural e multiforme, configura profundamente nosso modo de ser e de situar-nos no mundo, bem como a maneira como cada grupo humano organiza a vida; manifesta-se nos gestos simples da vida cotidiana, configura mentalidades, imaginários e subjetividades".

> O processo que procura potencializar grupos ou pessoas que têm menos poder na sociedade e que estão dominados, submetidos ou silenciados, em relação à vida e aos processos sociais e políticos, econômicos, culturais etc. O empoderamento tem duas dimensões básicas intimamente ligadas uma à outra: a pessoal e a social. (CANDAU et al., 2014).[93]

Nessa perspectiva, apreendemos que o discurso moral de grande poder apelativo e presente em parte considerável da sociedade, sobretudo entre os adeptos das religiões cristãs, parece estar perdendo força entre os alunos, pois afirmaram não se constranger, incluindo-se aqueles que se declararam cristãos, católicos e evangélicos, respeitando a "opção sexual" de cada um.

Ratifica essa compreensão a voz de um dos entrevistados ao afirmar que:

> *As pessoas não precisam aceitar, mas respeitar a opinião das outras pessoas; Eu, particularmente, sou homossexual, eu tenho orgulho de ser homossexual e aqui no colégio não sou discriminado por ninguém. Sou respeitado pelos professores, pelos colegas. Acredito que o homossexualismo não é uma doença e muito menos um disfarce, não fui eu que escolhi, não foi eu que procurei, se eu tivesse que escolher eu escolheria ser mulher. A gente não pede para nascer desse jeito, daquela cor, do mesmo jeito de ser católico, ateu ou outra coisa. Isso não vem da nossa escolha, vem do nosso gen.*

A clareza discursiva desse aluno sugere que a construção das identidades sexuais, isto é, das subjetividades, constitui um longo processo penoso e doloroso. Ao que parece, se as pessoas pudessem fazer uma escolha, optariam pela "normalidade/padronização", embora quando elas estão inteiramente resolvidas, assumem a sua identidade de gênero independentemente das opiniões do mundo que os cerca. Como sabemos, esse processo de luta por reconhecimento e por afirmação da dignidade, no Brasil, vem produzindo inúmeras vítimas pelo crime de ódio. Contudo, observamos que, embora em contexto adverso, a luta por reconhecimento avança na medida em que as pessoas assumem a sua identidade, autorrealizando-se como sujeitos de direitos. Somente assim será possível alcançar a autoconfiança, o autorrespeito e a autoestima.

---

[93] Livro eletrônico sem paginação. Referência na bibliografia.

Talvez, ainda no discurso do entrevistado, seja possível apreendermos a concretização das três funções da linguagem, conforme analisa Fairclough (2001, p. 92). A identitária, que se relaciona "[...] aos modos pelos quais as identidades sociais são estabelecidas no discurso"; a relacional, que nos informa "[...] como as relações sociais entre os participantes do discurso são representadas e negociadas"; e, por fim, a ideacional, que anuncia os "[...] modos pelos quais os textos significam o mundo e seus processos, identidades e relações".

A identificação das três funções da linguagem no discurso do entrevistado mostra que, em várias situações, existe uma luta com as estruturas sociais as quais podem manifestar uma fixidez, mas que, contraditoriamente, vão se moldando na construção de uma nova estrutura social.

Percebemos que a intolerância com o diferente, especialmente no que diz respeito à homossexualidade, parece remeter à tradição autoritária que marcou, historicamente, a realidade brasileira e que ainda se expressa de muitas maneiras. A breve alusão feita anteriormente quanto à visão dos docentes e técnicos de uma determinada escola mostrou que a temática da orientação sexual ainda é tabu, isto é, parece existir uma interdição silenciosa, mascarada pelo medo de se discutir de frente a questão, sobretudo pela polêmica que pode gerar no âmbito da escola se a discussão não for bem conduzida[94].

Em tempos de democracia, embora não exista uma ordem do discurso expressa, como informa Foucault (1999), persiste uma clara intenção de interdição, um pacto de silêncio de não se debater, cotidianamente, a temática da orientação sexual. Ainda que consideremos progressos no atual momento histórico em que a grande mídia, de forma muito geral, difusa e, na maioria das vezes, exageradamente patética, trata da questão de forma superficial, vemos que a escola está a um passo atrás por não fomentar, de forma mais intensa, um assunto tão importante para a formação da cidadania e para a instalação de uma cultura em Direitos Humanos.

Alunos percebem com clareza que a luta dos movimentos sociais ligados ao LGBTQIA+ vem apresentando visibilidade, pois valores morais tradicionais passam por um processo de ressignificação. Tomando por base essa compreensão, expressaram que "[...] *antigamente já existia, só que não era aceito, as pessoas viviam escondidas, e como hoje em dia a sociedade está aceitando mais, começa a aparecer mais, antes era muito escondidinho*".

---

[94] Mais à frente, abordaremos a bela experiência vivida em uma das escolas do Grande Recife.

Essa compreensão é ratificada na medida em que os entrevistados, alunos e alunas, cada vez mais revelaram a sua identidade sexual, conforme podemos perceber no depoimento de uma jovem e bem revolvida adolescente ao narrar: "[...] *quando minha mãe soube que eu era lésbica me mandou até para o psicólogo[95], eu acho que nem eu estava aceitando minha condição*". Talvez possamos afirmar que o espaço entre a descoberta da identidade de gênero e a constituição da orientação sexual homo gera uma situação de conflito originando medo, vergonha e desapreço ao projetar o futuro, antevisto apenas como discriminação, preconceito, sofrimento, tortura e muitas vezes crime de ódio.

Por outro lado, apreendemos que existe a formação de uma consciência de respeito à orientação sexual. *"A gente sempre debate, quem é quem, qual a diferença do gay para as outras pessoas, nenhuma, somos todos iguais como pessoas humanas."*

Por esses e outros depoimentos, entendemos que, embrionariamente, vai se engendrando uma cultura em Direitos Humanos e de respeito à alteridade, especialmente com relação à orientação sexual, sugerindo ser fruto das lutas sociais e da instituição de diplomas jurídicos que reprimem o preconceito, a discriminação e os crimes de ódio. Conforme abordou-se no primeiro capítulo, de acordo com Honneth, o reconhecimento no plano afetivo, nas relações jurídicas e na comunidade de valores gera uma situação de autorrealização, de felicidade, de satisfação e de prazer. Em que pesem os conflitos que afloram ao assumir a identidade sexual em contextos adversos, apreendemos, em alguns dos entrevistados, na proporção em que expressaram diante de todos(as), a sua orientação sexual, um estado de bem-estar como se esse segredo os estivesse sufocando. Esses fatos são indicativos de pequenas mudanças de atitudes comportamentais e de valores, denotando mudança de cultura.

Como sabemos, talvez uma das imensas dificuldades na família tradicional resida na adoção de profissões de fé que privilegiem ensinamentos religiosos e morais muito rígidos. Na escola, instituição que, na visão de algumas tendências, é considerada como a extensão da própria

---

[95] Percebe-se, nesse depoimento, que em muitas situações a questão da homossexualidade ainda é tratada como se fosse uma doença. Polêmica semelhante vem sendo abordada na grande mídia e, especialmente, no Congresso Nacional a partir do momento em que o Deputado Pastor Marcos Feliciano assumiu a Presidência da Comissão de Direitos Humanos. Os projetos que foram priorizados para discussão tratavam da cura da homossexualidade um deles, foi ironicamente apelidado pelos movimentos sociais ligados ao LGBTQIA+ de "cura gay".

família, parece existir a patrulha ideológica das identidades sexuais em detrimento de uma abordagem mais epistemológica, isto é, como alternativa para a compreensão e a socialização de princípios e de valores éticos que favoreçam o bem viver, constituindo-se como espaço privilegiado para a formação da cidadania.

Todo esse movimento de mudanças que apreendemos nas vozes dos entrevistados vai se contrapondo à concepção de moral cristã e de muitos outros valores dominantes pondo em xeque; desse modo, a cultura ainda prevalecente.

Na esteira da questão abordada anteriormente, o debate junto aos grupos focais passou à seguinte indagação: **no dia a dia da escola existe respeito ao diferente?** A seguir reproduzo algumas das respostas mais relevantes dos entrevistados:

- *Estudo aqui há um tempo bom e já vi vários casos de meninas que se diziam lésbicas e que as pessoas falavam muito delas, chegando até a baterem nelas só pelo fato de elas terem uma 'opção sexual'[96] diferente. Bateram nelas e ficou por isso mesmo.*

- *Ano passado, tinha um menino na sala que ele era gay, assumido mesmo, disse na sala a todo mundo e pediu que o respeitassem. Depois, com o tempo os meninos começaram a observar quando ele ia ao banheiro, ficavam atrás dele; eu e outras pessoas da sala conversávamos com ele. Fizeram até, embrulharam um pênis de metal num papel de presente e colocaram por escrito: se você quiser o meu, venha me encontrar no banheiro da escola, colocando o nome da pessoa, telefone, tudo. Ele foi para a diretoria, mas não aconteceu nada, foi o ano passado. Ele disse que aqui ele estava sofrendo mais do que na escola de onde veio. Lá ele sofria xingamento e aqui os alunos gritavam na sala de aula mesmo. No final do ano a gente fez amigo secreto na sala, aí, chegou um menino de outra sala entregou uma caixa e quando foi ver estava um ovo com um pênis de borracha lá e entregaram a ele. Ele ficou muito triste, já era final do ano, já tinha terminado as provas, ele estava em prova final e nem fez aqui foi fazer na outra escola.*

Discutir a temática da diferença com os alunos parece nos aproximar de uma máxima que privilegia, sobretudo, as questões da orientação

---

[96] Colocamos o relato tal qual o discurso da aluna. Contudo, ao longo das muitas entrevistas ocorreram várias recorrências quanto ao tratamento da orientação sexual como sendo uma opção. Essas recorrências nas vozes dos entrevistados denotam que a temática da sexualidade não vem sendo bem abordada pelas escolas.

sexual. As respostas que se sobressaem fazem imediata vinculação com o conteúdo discursivo da orientação sexual, parecendo um indicativo de que, embora nos enunciados dos entrevistados, conforme visto anteriormente, exista respeito ao diferente, a premissa não parece ser tão verdadeira quando analisamos as falas dos depoimentos anteriores. Entendemos que ainda está distante a tolerância ao diferente, especialmente se essa diferença estiver ligada a temas da orientação sexual e a constituição das identidades. Por isso uma das entrevistadas muito bem se expressou ao comentar que: "[...] *depende de que tipo de diferença. Eu sou respeitada, mas muitos outros não o são*".

Nesses discursos, percebemos altíssimos índices de negação dos direitos subjetivos e de rejeição ao reconhecimento da alteridade. Os ataques com "xingamentos" e agressões físicas e morais aos alunos de orientação sexual homo prevaleceram nos discursos dos alunos. A intolerância declarada pela verbalização das ofensas parece ter engendrado as condições para o desenvolvimento de pessoas inseguras e de baixa estima social, dificultando a sua integração na escola, dificultando, assim, a construção de sua autonomia e da autoconfiança necessárias para o cotidiano da convivência social e para o encampamento da luta política por reconhecimento e respeito à sua identidade. O sofrimento e a dor revelados nas expressões de humilhação e tristeza culminaram com a falta de motivação para conclusão do ano letivo na escola em que estuda, conforme afirma um dos entrevistados.

Esse fato não é um episódio isolado, muito pelo contrário. Em outras entrevistas constatamos que tais acontecimentos são relativamente comuns e não apenas com relação à orientação sexual, evidenciando-se de forma semelhante em relação ao gordinho, aos adeptos de religiões afrodescendentes, às pessoas com deficiência etc. Ratificam tais fatos que a violação dos direitos pela falta de reconhecimento da alteridade, quiçá, representa um dos maiores problemas de indisciplina, sendo possivelmente responsável pela evasão escolar de boa parte desses alunos que têm seus direitos negados.

Essa análise parece nos aproximar do que Fairclough (2001, p. 91) entende por "prática social":

> O discurso contribui para a constituição de todas as dimensões da estrutura social que, direta ou indiretamente, o moldam e o restringem: suas próprias normas e convenções,

> como também relações, identidades e instituições que lhe são subjacentes. O discurso é uma prática, não apenas de representação do mundo, mas de significação do mundo, constituindo e construindo o mundo em significados.

Nessa perspectiva, entendemos que o termo "discurso" não pode ser visto como uma mera atividade de natureza individual do uso da linguagem, mas se constitui como uma prática social.

Isso nos leva a perceber o ambiente escolar como sendo um espaço perpassado por relações sociais de poder, parecendo existir um controle do que é permissivo e não permissivo. Nesse sentido, o controle intraescolar não se dá apenas por parte de quem está na gerência da instituição, mas, paradoxalmente, somos induzidos a compreender que existe uma relação de poder entre os alunos. Dentre eles, também parece existir a negociação das identidades e dos processos de subjetivação. Cabe mencionar que, em pesquisa realizada nas escolas estaduais do Rio de Janeiro, Anderson Ferrari (2012, p. 75) identificou que,

> De forma geral, uma das questões que as pesquisas nos apontam e nos ajudam a olhar com mais atenção para o que ocorre nas escolas é que um dos grandes desafios está nas relações do cotidiano escolar. Assim, a intolerância, a agressividade, a violência, a falta de habilidade para resolver conflitos e a dificuldade de reconhecimento da alteridade se tornam muito presentes nas falas dos alunos e professores, se constituindo como momento importante para problematizar a nossa sociedade. As relações humanas são marcadas pelo conflito e a escola é um desses campos, visto que é um dos locais de negociação das identidades.

As palavras de Ferrari nos ajudam a perceber que o conflito entre os alunos parece se tornar ainda mais agressivo à proporção que os diferentes assumem a sua orientação sexual se afastando da "normalidade padrão". Ao declararem a identidade sexual não negociando com as ditas "lideranças de sala", parecem convergir para o aguçamento dos conflitos que se materializam, em maior escala, na discriminação, no preconceito, chegando ao extremo de agressões físicas e morais. Nessa direção, Ferrari (2012, p. 75) afirma:

> A partir daí foi possível perceber como a humilhação está presente nas definições de gênero. Principalmente como está servindo para construir a noção de diferença e do diferente,

a noção de pertencimento e de grupo como algo separado entre "nós" e "eles" e, como os discursos da homossexualidade estão sendo utilizados para agredir, entendidos quase sempre de forma pejorativa.

Toda essa análise nos confirma que a escola é realmente um espaço favorável à formação humana, e que não deve se limitar somente ao aspecto cognitivo. A criança em formação já se constitui como um cidadão plurifacetado, incorporando as dimensões social, afetiva e cognitiva e que recebe, constantemente, influências históricas, culturais e materiais do meio em que está inserida, podendo ao mesmo tempo interagir dialeticamente com esta realidade, influenciando-a e assim contribuindo para a constituição de uma sociedade mais humana, solidária e justa.

É, pois, nesse sentido, que a firme orientação da escola na EDH torna-se imprescindível no sentido de indicar caminhos para a formação integral dos(as) alunos(as), ajudando-os(as) a discernirem que o outro tem igualmente direito a ter direitos.

O bombardeamento polissêmico de vozes a que os(as) alunos(as) são submetidos(as) diariamente, por um universo de discursos da mídia digital, especialmente da internet, precisa ser bem digerido e debatido no âmbito escolar na medida em que pode contribuir com a sistematização, internalização e socialização de uma concepção de mundo que auxilie na formação de um cidadão capaz de reconhecer a alteridade com respeito independentemente de sua natureza.

Com relação ainda a essa mesma questão, identificamos outra importante forma de preconceito, conforme narrado tensamente por duas das alunas de um dos grupos focais:

- *Eu fui discriminada porque sou gorda. Veja, eu sou gordinha, se eu falar que vou usar biquíni, as pessoas podem até não falar na minha frente, mas falam por trás.*
- *Sou muito "caçoado, debochado e zoado" porque sou gordo. Me chamam de gordinho, bola, balofo, redondo.*

Dessas vozes é possível entendermos as pessoas que estão acima do peso (ou "gordinhas") passam igualmente por situações de constrangimentos, de preconceitos, de discriminações e de *bullying*. A voz de um dos entrevistados ratifica essa compreensão ao afirmar literalmente que "[...] *as pessoas que mais sofrem discriminações é a pessoa de opção sexual homo, o negro e o gordinho*".

Num dos grupos focais realizados, senti grande desconforto de um dos alunos ao nos revelar que era constantemente menosprezado pelos colegas de classe por estar acima do peso e que, segundo ele, a escola não tomara medidas efetivas para coibir essa situação de violência.

Parece que esse aluno tomou o momento da realização do grupo focal, como um espaço de denúncia, de catarse e de um pedido de socorro, pois em vários momentos ele interrompia a fala dos outros colegas para relatar mais uma situação de desalento, porque fava em termos de abusos e de desrespeito a sua pessoa por se afastar dos padrões culturalmente valorizados.

Tomando como exemplos a violência contra a homossexualidade e especificamente contra as pessoas em condição de obesidade, parece podermos evidenciar clara situação de *bullying*, pois identificam-se dois tipos de agressões: a psicológica e a física. Percebemos que a linguagem, por um lado, pode contribuir para a mudança social, e por outro, pode ferir as pessoas humanas, criando-lhes traumas pelas agressões sofridas. O desrespeito e a violência à intimidade dos diferentes, por meio da recorrência abusiva de vocábulos linguísticos que denotam intolerância, parecem concorrer para a sua baixa estima. Pesquisa realizada por Strauss *et al.* (1984, p. 339) mostrou que "Crianças obesas, quando comparadas às não obesas, eram menos desejáveis como amigas e rejeitadas com frequência maior pelos colegas de classe. As crianças obesas, em sua autoavaliação, também relataram maior nível de depressão e baixa autoestima".

Essa situação de conflito entre as pessoas e a cultura dominante parece conduzir para formas de reconhecimentos ou de negação em que a resposta mais provável desloca-se, como se fosse um pêndulo, oscilando positivamente na direção de interações sociais de autorrealização que, de acordo com Honneth, concretiza-se nas relações afetivas, jurídicas e de solidariedade. Paradoxalmente, o reverso dessas circunstâncias parece se consubstanciar na constituição de pessoas com baixa autoconfiança, autorrespeito e autoestima, efetivando-se sobretudo na denegação de direitos de cidadania, no sentimento de não pertença ao status de igualdade, na falta de sentido de autovalorização e de respeito próprio, respectivamente.

Percebemos, assim, como a prática discursiva se concretiza na prática social. Não existe monossemia nas muitas vozes proferidas no todo social, por isso, na maioria das vezes, os discursos passam por ressignificações, são reinterpretados polissemicamente ao transitarem na sociedade, pois as pessoas podem atribuir novas significações a fatos sociais a partir de sua própria visão de mundo.

É, pois, nesse sentido, que entendemos o discurso de outro entrevistado ao afirmar que:

> Em relação ao racismo, acho que o Brasil já está superando, pois, muita gente é negra. Eu gostava de chamar uma colega de neguinha, abusava muito com ela, mas aprendi que a cor é dada por Deus, aí eu deixei de abusar e hoje eu respeito os que são negros. Eles são seres humanos iguais a mim.

É possível até admitirmos que em raros momentos os enunciados desses discursos possam ser verdadeiros, contudo, não é real na maioria das situações, pois estudos e pesquisas revelam que, em nosso país, a discriminação e o preconceito com as pessoas negras ainda estão longe de superação.

A sanção da Lei n.º 10.639/2003 e sua alteração pela Lei n.º 11.645/08, dispondo acerca da obrigatoriedade do ensino de história e da cultura afro-brasileira e africana nos currículos das escolas, ressaltando a importância da cultura negra na formação da sociedade brasileira, indica estar contribuindo para desmistificar ideias distorcidas e preconceituosas. Essas leis vêm conferindo mais relevância e visibilidade à herança cultural das etnias do continente africano que, arrancadas à força de sua terra natal, aqui desaguaram por conta do tráfico negreiro.

Quando, em sala de aula, faz-se referência ao negro como escravo africano, comete-se um grande equívoco, pois ninguém é escravo — as pessoas foram escravizadas pela sede de lucro na incipiente sociedade capitalista do século XVI. Por isso, com relação à questão da negritude é possível identificarmos pelo menos dois tipos de superação que se fazem necessárias: a luta pela igualdade e a luta pelo reconhecimento das diferenças. Candau (2012, p. 239) faz uma relevante distinção entre essas duas categorias ao afirmar que "[...] a igualdade não está oposta à diferença, e sim à desigualdade, a diferença não se opõe à igualdade e sim à padronização, à produção em série, à uniformidade, a sempre o 'mesmo', à mesmice".

De fato, a luta pelo reconhecimento da cultura afrodescendente e de sua história está em processo na medida em que a temática, obrigatoriamente, passa a ser contemplada nos currículos das escolas oficiais e particulares, objetivando, sobretudo, desmistificar e combater o preconceito e a discriminação. Por outro lado, a luta contra a desigualdade se constitui como a outra face que precisa ser combatida, pois a população negra vem sendo submetida, ao longo dos séculos, a amplos processos de exclusão econômico-social.

Não precisamos recorrer a observações minuciosas ou acuradas, pois qualquer pessoa leiga percebe que na mendicância das ruas, nos bairros pobres, nas favelas, entre os desempregados e subempregados ou naquelas ocupações de baixa remuneração, entre os indigentes dos hospitais, nas prisões, enfim: entre os excluídos, encontramos os miseráveis, os apartados, esquecidos e invisíveis da sociedade e que são representados, na sua grande maioria, pela população negra[97].

Essa forma de dominação socioeconômica é secular em nossa história, por isso as políticas de inclusão social, por meio das ações afirmativas, são imprescindíveis por contribuírem para redimir a população negra[98] da opressão moral e da miséria social. A sua vivência, durante certo período, vai possibilitar maiores oportunidades para aquela parcela da população historicamente excluída.

Por outro lado, evidenciamos que, não obstante tal exclusão, parcela da população negra vem ascendendo na pirâmide social ao ocupar, hoje, postos de trabalho importantes, embora ainda de forma minoritária. Nesse sentido, entende-se que a mobilidade social a que assistimos resulta das muitas lutas travadas da sociedade civil que, aliadas a governos que abraçaram as causas populares, têm contribuído para mudar a face da dominação econômica e social em nossa realidade. Ainda que se apresente com avanços e muitos limites, o nosso processo de democratização, sobretudo nas duas últimas décadas, tem favorecido a ascensão de parte considerável da população negra mais carente na hierarquia social, segundo atestam informações oficiais do Instituto Brasileiro de Geografia e Estatística (IBGE).

---

[97] A *BBC Brasil* estampou como manchete que "[...] o genocídio de jovens negros é alvo de nova campanha da anistia no Brasil". Essa matéria afirma que "[...] do total de 56.337 homicídios ocorridos no Brasil em 2012, 57,6% tiveram com vítimas jovens com idade entre 15 e 29 anos. Destes, 93,3%, eram homens e 77%, negros". A matéria completa está disponível em: http://www.bbc.co.uk/portuguese/noticias/2014/11/141108_genocidio_jovens_negros_anistia_jp_rb. Acesso em: 28 fev. 2021.

[98] E, de modo geral, todas as categorias sociais que passam por situações semelhantes de degradação, preconceitos e discriminações.

Outra forma recorrente de preconceito, de discriminação e, sobretudo, de intolerância muito presente — nos dias de hoje mais evidente do que no passado — está relacionada às questões de cunho religioso, pois, contraditoriamente, em um discurso analisado fala-se de respeito, enquanto em outras vozes captamos que o preconceito e a intolerância convivem no dia a dia da escola[99], conforme observamos nas falas a seguir:

- *Eu tenho colegas de sala que antes sofreram preconceito em outras escolas, hoje não. Aqui não, os professores têm aquele respeito pelos alunos. Eles não só falam como aplicam em sala de aula, exigem que os alunos respeitem os colegas.*
- *Quando as pessoas se dizem de religiões afrodescendentes são chamadas de macumbeiras. Pessoas católicas adoram imagens, já os evangélicos criticam a sociedade, só aceitam as pessoas que andam com saias lá embaixo, deveriam pensar mais do que falar.*
- *As religiões afrodescendentes são muito discriminadas aqui no Brasil, são coisas do demônio [...]. Parece que a gente é o demônio, fica todo mundo afastado, eu passei um ano lendo o kardecismo e muitas vezes eu estava lendo e se afastavam de mim. Isso já é uma coisa que é colocada na cabeça das pessoas há muito tempo. Eu procuro entender, sabe. A maioria das pessoas discrimina.*

O enunciado dessas vozes mostra que a intolerância se revela, sobretudo, contra as religiões de matrizes afrodescendentes e, em escala menor, às cristãs, católicas e evangélicas. Ao pensar no desenvolvimento da metodologia dessa pesquisa, acreditava-se a impressão de que o ranço religioso envolvia apenas as religiões não cristãs[100]. Diferentemente do

---

[99] Entendemos que em toda pesquisa de campo com grupos focais representados por alunos o quadro analítico precisa estabelecer critérios bem objetivos e rígidos, pois ao examinarmos o corpus extraído das entrevistas ele nos parece, muitas vezes, contraditório entre declarações e práticas sociais, sobretudo no que diz respeito ao reconhecimento das identidades.

[100] Dentre os diversos grupos focais entrevistados, encontramos uma simpatizante de uma religião não cristã, aparentemente, ainda pouco conhecida no Brasil denominada de Wicca e que também revelou situação de mal-estar ao afirmar que "as pessoas sempre falam, tu és o que mesmo? Que religião é essa? Por que tu és tão diferente?". Wicca é uma religião neopagã influenciada por crenças pré-cristãs e práticas da Europa ocidental que afirma a existência do poder sobrenatural (como a magia) e os princípios físicos e espirituais masculinos e femininos que interagem com a natureza, e que celebra os ciclos da vida e os festivais sazonais, conhecidos como Sabbats, os quais ocorrem, normalmente, oito vezes por ano. É uma religião politeísta, de culto basicamente dualista, que crê tradicionalmente na Mãe Tríplice e no Deus Cornífero, ou religião matriarcal de adoração à deusa-mãe. A Wicca também envolve a prática ritual da magia, em grande parte influenciada pela magia cerimonial do passado, muitas vezes em conjunto com um código de moralidade liberal conhecida como Wiccan Rede, embora não seja uma regra. Para mais informações, consultar http://pt.wikipedia.org/wiki/Wicca. Acesso em: 28 fev. 2021.

hipotético-dedutivo, constatou-se, ao longo das entrevistas, que a intolerância religiosa se estende a quase todas as religiões em razão da crença ou do culto, inclusive entre as próprias denominações judaico-cristãs. A intolerância dos cristãos evangélicos, especialmente os neopentecostais, às religiões de matrizes afrodescendentes[101] deve-se ao fato de eles não a considerarem como sendo parte de sua tradição e cultura, como por exemplo, a invocação e o culto a suas forças divinizadas, genericamente denominadas de Orixás[102] (Oxalá, Exu, Xangô, Ogum, Obaluaiê, Oxóssi), mas como sendo uma espécie de adoração ao demônio.

Ao analisar o mapa da intolerância no Brasil, Gualberto (2011, p. 12) afirma que "[...] o negro, herege, pagão, não tinha alma, não era 'filho de Deus', em última análise, não era nem mesmo um ser humano podendo, portanto, ser transformado em objeto, coisa, mão-de-obra escrava, enfim". Esses argumentos foram defendidos, inclusive pela igreja judaico-cristã, durante séculos, justificando, assim, a reintrodução das relações escravocratas, no século XVI — agora, a dos povos africanos[103], com a ocupação do novo mundo americano, do norte e latino. Legitimou, também, em pleno século XX, o "[...] holocausto a milhões de judeus, ciganos, homossexuais, deficientes físicos e mentais [...] por não se adequarem ao ideário ariano de Adolf Hitler" (GUALBERTO, 2011, p. 12).

Detectamos a intolerância[104] até na forma de se dirigir ao outro, por exemplo, ao se utilizar a expressão "macumbeira", conforme se refere um dos entrevistados, denota-se um significado depreciativo ao termo. Quando recorremos ao dicionário, encontramos que o vocábulo "macumba" pode

---

[101] Paulo Freire (apud OLIVEIRA, 2011, p. 41) afirma que "[...] a linguagem e a cultura sempre imbuídas de uma pluralidade de valores, vozes e intenções que são, por sua própria natureza, dialógicos. [...]. A cultura não é nunca despolitizada; ela permanece sempre conectada à vida social e às relações de classe que a inspiram".

[102] Os Orixás são deuses africanos que correspondem a pontos de força da natureza, e os seus arquétipos estão relacionados às manifestações dessas forças. As características de cada Orixá se aproximam dos seres humanos, pois se manifestam por meio de emoções, como nós. Sentem raiva, ciúmes, amam em excesso, são passionais. Cada Orixá tem o seu sistema simbólico particular, composto de cores, comidas, cantigas, rezas, ambientes espaços físicos e até horários. Para saber mais, acesse http://pt.wikipedia.org/wiki/Orix%C3%A1. Acesso em: 28 fev. 2021.

[103] Processo de escravização semelhante ocorreu com a população indígena nativa, do Brasil e dos EUA, no século XVI, com a anuência da igreja judaico-cristã.

[104] Segundo o relatório de Casos Assistidos e Monitoramento pela Comissão de Combate à intolerância Religiosa no Estado do Rio de Janeiro e no Brasil, a Igreja Universal do Reino de Deus (Iurd) iniciou o fenômeno da expansão das chamadas igrejas neopentecostais, que têm como base a difusão da "Teologia da Prosperidade" e a demonização das religiões de matriz africana, protestantes históricos (presbiterianos, batistas, mórmons etc.), católicos, judeus e muçulmanos. Todas as demais crenças são menosprezadas e descredenciadas quando a questão é salvífica. Para mais informações, acesse www.eutenhofe.org.br. Acesso em: 28 fev. 2021.

conter mais de uma acepção. Como primeira definição "[...] antigo instrumento musical de percussão, espécie de reco-reco de origem africana, que dá um som de rapa (rascante); e macumbeiro é o tocador desse instrumento" (Macumba, significado no Wikipédia, a enciclopédia livre). O outro sentido seria de designação genérica aos cultos africanos (Babaçuê, Candomblé, Catimbau, Catimbó, Pajelança, Umbanda, Vodu, Xangô). Talvez a voz do entrevistado se confunda com o sentido de bruxaria, bruxedo, feitiçaria, feitiço, magia, malefício, mandinga, trangomango — termos que, na acepção dos dominantes, denotam o sentido mais pejorativo e agressivo da expressão.

Nesse contexto, entendemos que enquanto não houver reconhecimento e respeito às religiões, aos ritos e tradições afro-brasileiras não haverá dignidade, pois o sagrado se identifica com os costumes e crenças, com a história de uma nação. Está presente nos símbolos, nos mitos, na poética, pois narra a sua relação com o divino e com o secular, sendo um dos aspectos que melhor define as memórias de uma etnia ou nação, por isso,

> [...] A tolerância deve ser banida dos pleitos dos afro-religiosos, sim, o respeito que deve se materializar no cotidiano das relações mediante a compreensão política e conceitual das invariantes teológicas e filosóficas entre as tradições religiosas da humanidade tendo em mente que o Sagrado é um todo indivisível, mas que foi compartimentado pelos grupos humanos em que o ideário da dominação funciona como norteador desse processo em que algumas tradições religiosas se colocam como detentoras únicas dos meios de salvação. (GUALBERTO, 2011, p. 6).

Por outro lado, a intolerância religiosa da maioria das denominações evangélicas também se estende aos ritos e devoções da Igreja Católica Romana, sobretudo com relação a Maria de Nazaré, mãe de Jesus. A rejeição à santificação e à devoção que a Igreja Romana tem por Maria, mãe de Jesus, bem como a sua proclamação, por Paulo VI, como Mãe da Igreja, nega um dogma que é fundamento na Igreja Católica. Esse conflito doutrinário com os ensinamentos católicos resulta do histórico antagonismo entre protestantismo e catolicismo.

Atingimos um estágio de democratização em que a convivência com as opiniões contrárias, com os diferentes, com a diversidade cultural, deveria estar num patamar muito mais superior. Um dos princípios que melhor define a democracia é a capacidade de convivência com os interesses antagônicos; contudo, observamos, contraditoriamente, que especificamente nessa questão parece que estamos regredindo, pois a relação de coexistência entre as opções religiosas permanece difícil com o desencadeamento de nossa democracia.

É importante considerarmos que a vida democrática se traduz "[...] no reconhecimento dos saberes e conhecimentos dos grupos subalternizados que implica ética e politicamente respeito ao outro, diferente, e a sua cultura, e um dos pressupostos da educação em Direitos Humanos" (CANDAU et al., 2014).

Por isso, uma das bandeiras de lutas, no patamar de democratização que alcançamos, nos dias de hoje, deve voltar-se para a constituição de

> Instrumentos de luta contra a afrotheofobia que vem sendo disseminada pelas denominações religiosas intolerantes e que está sendo introjetada pela população e traduzindo-se em violências das mais variadas naturezas como semiológica, semântica, subjetivas e materiais. (GUALBERTO, 2011, p. 6).

Os mesmos estudos e pesquisas realizados mostram que denúncias de intolerância vêm aumentando, de forma sistemática a partir da década de 1980. Esse processo permanente de intolerância religiosa inspirou a criação da Lei Caó (Lei n.º 7.716/1989), que, no seu artigo 1º, dispõe:

> Serão punidos, na forma desta lei, os crimes de discriminação ou preconceito de raça, cor, religião ou procedência nacional. Art. 20. Praticar, induzir ou incitar a discriminação ou preconceito de raça, cor, etnia, religião ou procedência nacional pena de reclusão de um a três anos.
>
> § 2º Se qualquer dos crimes previstos no caput é cometido por intermédio dos meios de comunicação social ou publicação de qualquer natureza reclusão de dois a cinco anos e multa.

As denúncias de intolerância atingem, principalmente, os devotos das religiões Candomblé e Umbanda, enquanto evangélicos e judeus estatisticamente não aparecem nos registros.

Vale lembrar que a separação entre Estado e Igreja, em nossa realidade, ocorreu com a Proclamação da República, em 1889. Isso implica afirmar que o Estado brasileiro não adota nenhuma religião oficial, é laico. Acrescente-se que a Constituição Federal de 1988 em seu Art. 5º, inciso

VI, afirma que: "É inviolável a liberdade de consciência e de crença sendo assegurado o livre exercício dos cultos religiosos e garantia, na forma da lei, a proteção aos locais de culto e a suas liturgias". No entanto, em que pesem os dispositivos legais garantirem a liberdade de crença, os devotos das religiões afrodescendentes, com muita frequência, passam por situações de preconceitos, de discriminações e de intolerância.

Essas expressões de intolerância parecem se agravar se a pessoa adota a religião cristã como concepção de vida e de orientação sexual gay ou lésbica ou de qualquer categoria social que integre o grupo do LGBTQIA+. Para as igrejas cristãs evangélicas, sobretudo as neopentecostais, o proselitismo dos dirigentes e lideranças condenam qualquer orientação sexual diferente da hétero.

Contudo, nos grupos focais, mesmo entre aqueles que se assumiram como cristãos, essa visão dogmática e conservadora de entendimento doutrinário parece que se encontra em processo de relativização, pois nos deparamos com vozes que se colocavam a favor do respeito à "opção sexual" de cada um.

> *Eu sou protestante da Assembleia de Deus; os protestantes dessa igreja ensinam a gente a respeitar, só que muita gente por ser homossexual se afasta de a gente com medo da a gente não aceitar. Eu tenho uma amiga lésbica e ela tinha medo de contar para mim que gostava de mulher com medo de eu me afastar dela, por causa da opinião dela. Ela pensava que eu ia me afastar dela, só que não. E quando eu soube continuou tudo normal. Só que as pessoas veem o protestantismo como coisa de outro mundo, um mundo fechado, só que ele tem suas tradições, só que é preciso saber respeitar o outro,* **eu não vou deixar de respeitar o homossexual só porque minha igreja não aceita.** *Respeitar o outro é um direito. Você não é obrigado a aceitar, mas a respeitar. O evangelismo, o protestantismo mandam amar as pessoas. Não é eu me afastar de todo o mundo.* (Grifos nossos).

Nessas vozes, percebemos que começa a se formar uma consciência de que o outro, o diferente, têm direitos de cidadania, Direitos Humanos e que deve ser reconhecido e respeitado por todos. A nação brasileira é resultante da miscigenação de várias raças, etnias, culturas e, portanto, igualmente, estas também têm garantido, enquanto direito fundamental, a sua liberdade de devoção ao seu Deus ou deuses e a seus Santos ou Orixás.

Fato que merece ser mencionado foi a constatação de que jovens cristãos mostraram posição diferente dos dogmas difundidos secularmente por suas religiões, pois identificam-se nas vozes dos alunos avanços, sobretudo porque em seus discursos apareceram termos linguísticos que denotam aproximação etimológica com os vocábulos "respeito", "tolerância", "acatamento", "aceitação", "acolhimento", "solidariedade", "amor".

Em que pese constatarmos pequenos avanços, conforme análise dos parágrafos anteriores, entendemos que o tratamento da temática das religiões ainda precisa ser explorado de forma mais incisiva nas escolas, campo empírico desta pesquisa. Reforça essa análise os estudos de Streck (2004) ao verificar que a vivência do conteúdo programático da disciplina Ensino Religioso, em vez de partir de uma abordagem mais histórica por meio de um tratamento filosófico, é ofertada prioritariamente de forma doutrinária, isto é, com proselitismo, sobretudo judaico cristão. Em seus estudos, mostra que,

> O ensino religioso é uma disciplina escolar, e seu objetivo não é converter alunos e alunas, nem ensinar a ter fé ou convencê-los a aderirem a uma determinada confissão religiosa. Como disciplina escolar, no entanto, acompanha o desenvolvimento da religiosidade do ser humano, desde a infância até a adolescência. (STRECK, 2004, p. 126).

Além do mais, acrescentamos que a temática das religiões parece estar sendo pouco explorada no âmbito escolar, em que pese a obrigatoriedade infligida pela Lei n.º 9394/96. Contata-se esse fato ao se desdobrar essa questão indagando aos alunos como a temática das religiões era tratada pelos professores em sala de aula ou se existia algum projeto em execução. Para um dos grupos focais,

> *Já teve trabalho. [...]., atividades como gincanas que tiveram maior participação, porque as pessoas não estavam acostumadas a falar. As pessoas tinham medo de falar. Tinha os debates só que eu achava que eles deviam ser mais amplos, porque eram feitos nas salas de aula. Deviam ser mais abertos, porque eram por sala. Debatiam-se temas como racismo, etnia, religião, só que em cada sala havia um tema diferente, um dia diferente. Nem todo mundo falava, tinha medo de falar, de dizer coisa errada, de não falar bonito, se um aluno falasse mais bonito os outros ficavam com vergonha de falar.*

A pouca menção nos depoimentos, em quase todos os grupos focais, parece revelar a ausência de discussões com relação à referida temática, tampouco conseguimos apreender mais interesse por parte dos professores que nos indicaram ser a vivência dos temas da religiosidade pouco enfatizada nas escolas, em que pese a maioria dos alunos se declarar como cristãos, católicos ou protestantes.

Paralelamente a essa análise, Shaheed, em estudos recentes realizados[105] para a ONU (2016), denuncia que "[...] centenas de escolas públicas em pelo menos 11 estados do Brasil não seguem os preceitos do caráter laico do Estado e impõem o ensino religioso". O mesmo relatório denuncia que a intolerância religiosa, o desrespeito e o racismo persistem na sociedade brasileira. A imposição da disciplina parece ser um indicador de que existe pouco interesse em abordar de forma mais sistemática a questão da religião.

Talvez esse fato seja mais um componente que contribua para esclarecer a intolerância e o desrespeito aos Direitos Humanos com relação às religiões de origem afrodescendentes.

Uma questão final foi levantada para todos os grupos focais, dirigida, especialmente, para aqueles alunos mais antigos na escola, buscando assim apreender se ao longo dos anos (a partir da implantação da política em 2007) se fomentou na escola uma cultura de mais respeito à diversidade. A seguir relaciono alguns dos depoimentos mais significativos:

- *Dentro de sala de aula eu vejo que houve até um pouco de melhora, porque eu prestei atenção que tiveram alunos que **viram as consequências**, não só pelos pais, a metade dos pais da minha sala foi chamada, houve uma diferença, os pais provavelmente conversaram com os filhos e houve uma melhora.*
- *Eu não vejo mais caso de discriminação racial na escola, mas em relação aos homossexuais existe.*
- *O colégio começou com a nova diretora a **impor lei** para que não haja discriminação.*
- *Piorou assim, em termos de ameaças, a **direção não tomou nenhuma atitude** na hora que aconteceu. [...].*
- *Quando eu entrei na escola até à sétima série eu tive preconceito por ser gorda, aí, eu fui à secretaria e **tomaram as***

---

[105] Disponível em: http://jornalggn.com.br/noticia/onu-critica-ensino-religioso-em-escolas-publicas-brasileiras. Acesso em: 28 fev. 2021.

> ***providências***, *mas ainda continuaram, avisei aos meus pais e daí por diante não sofri mais preconceito. Se eu sou gorda é porque tenho comida lá em casa.*
> - *Estou aqui há nove anos e nunca vi uma violência tão grande como a que Bruno falou, com o professor [agressão física]. Eu vejo violência por causa de namorado, coisa assim. Em relação ao racismo, acho que o Brasil já está superando, pois, muita gente é negra.*

Ao analisarmos os discursos mencionados, percebemos que parece existir recorrência de várias expressões linguísticas que denotam disciplina, ordem, norma, obediência: *"alunos que viram as consequências"; "impor lei"; "tomaram as providências"* ou contrariamente ao esperado, a gestão fica alheia às ações desrespeitosas entre os alunos ao não se posicionar: *"a diretora não tomou nenhuma atitude".*

Ao olharmos para os relatos dos alunos, é fácil captar uma interdiscursividade que aparece com grande frequência nos vários grupos focais, sugerindo mais respeito às questões relativas aos Direitos Humanos. Contudo, nitidamente é também possível apreendermos que esse fato não se traduz como uma consequência direta da Educação em Direitos Humanos (EDH) mediante a instituição de uma cultura em Direitos Humanos; trata-se, sim, de uma ação interventora da gestão escolar visando manter a disciplina aos reclamos dos alunos.

Pelo visto, evidencia-se que a formação discursiva dos vários grupos focais parece que vai se constituindo como uma rede na medida em que uma formação discursiva é invadida por elementos que vêm de outras formações discursivas, recorrentemente. Parece que, em parte, o discurso dos Direitos Humanos, na acepção de vários entrevistados, em vez de se concretizar pela ação transformadora das mentes e corações — isto é, por meio de atitudes de respeito ao outro, tendo por fundamento o reconhecimento da alteridade —, desvirtua-se em reivindicação por mais respeito. Isso não como corolário de uma atitude de mudança cultural, mas pelo império da força mediante ações de intervenção administrativa por parte da gerência escolar, coibindo a violação de direitos.

Em vários outros depoimentos, encontramos o mesmo discurso, denotando uma espera de uma ação enérgica da gerência escolar com relação à violação de direitos, evidenciando que a instituição de uma cultura em Direitos Humanos ainda está em lento processo de constituição. Nessa perspectiva, entendo ser essencial educar para a cidadania, pois partimos do princípio de que o papel da educação consiste em possibilitar "[...] a divulgação de conteúdos que valorizem a cidadania, reconheçam as diferenças e promovam a diversidade cultural, base para a construção de uma cultura de paz" (BRASIL, 2007, p. 47).

Assim, ao partirmos do pressuposto de que os Direitos Humanos se constituem como direitos designados a proteger, garantir e promover a dignidade de toda e qualquer pessoa humana pelo simples fato de ser humana, a EDH surge como seu mais importante instrumento para formar e transformar corações e mentes em prol da concretização de uma cultura em Direitos Humanos. Com base no entendimento de que o discurso dos Direitos Humanos se constitui como uma forma hegemônica acidental de tratar a luta pela dignidade humana é que a sua produção, conforme afirma Foucault (1999), é controlada.

Por outro lado, o discurso tanto pode contribuir para a reprodução do sujeito social, quanto para a sua transformação. Ele age de forma dialética, pois, segundo Fairclough (2001, p. 22), ao considerar "[...] a prática e o evento contraditórios e em luta, com relação complexa e variável com as estruturas, as quais manifestam apenas uma fixidez temporária, parcial e contraditória". Dessa forma, a mudança discursiva decorre da reconfiguração dos elementos da ordem de discurso atuando dinamicamente na relação entre as práticas discursivas.

Assim, a mudança discursiva pode estender seus efeitos sobre os sujeitos e suas identidades, as relações sociais e os sistemas de conhecimento e crença.

Percebemos que o sentido das expressões linguísticas dos alunos sugere que as práticas docentes, não obstante apontarem avanços concretos na política de EDH em várias escolas da rede oficial de Pernambuco, apresentam-se ainda de forma pontual, vislumbradas nas belas experiências de professores que se identificaram com a proposta. De fato, vários professores demonstram abraçar a proposta da EDH, desenvolvendo suas práticas pedagógicas com muito profissionalismo e afinco, em que pesem as limitações que a política governamental apresentou ao longo de sua implementação.

Dessa forma, as três dimensões apreendidas no discurso dos alunos reveladas no texto na prática discursiva e na prática social reforçam a interpretação de que faltou à política de EDH mais intensidade e continuidade na sua implementação. Pelas entrevistas parece podermos constatar que a efetivação da política em sala de aula, não obstante as boas experiências observadas, precisa avançar no sentido de instituir uma cultura em Direitos Humanos. A descontinuidade na eficiência da execução por parte da comunidade escolar, talvez esteja convergindo para a sua pouca eficácia, isto é, para o seu maior êxito, sobretudo porque as ações elaboradas pelos gestores e técnicos das equipes centrais parecem que não estão chegando à ponta do sistema, ou seja, nas escolas, com a amplitude e a intensidade desejadas.

Além do mais, concordo com Herrera Flores (2009, p. 30) ao afirmar que os Direitos Humanos

> Não devem ser enfrentados teoricamente apenas como questões epistemológicas a serem discutidas nas correspondentes mesas redondas. Estamos diante de temas que, além de seu caráter epistemológico, têm um forte conteúdo ontológico, ético, e, nunca o esqueçamos, político.

Ou seja, os Direitos Humanos devem ser entendidos simultaneamente como uma temática de cunho filosófico, ontológico, ético e, sobretudo, político, o que implica olhá-los a partir de ampla visão de totalidade, tendo em vista a perspectiva da mudança social na direção de uma sociedade mais humana e justa. No contexto escolar, talvez a dimensão ética seja a que deva adquirir mais visibilidade e materialidade, pois pressupõe o reconhecimento da diferença, da alteridade das identidades sociais e, portanto, da autorrealização dos discentes como pessoas de direitos.

Por toda essa análise, entendo que a autorrealização é uma condição indispensável para a conquista da liberdade e para o bem-viver. Se, por um lado, o discurso, mediado pela linguagem, pode construir uma rede de significações e de ressignificações, e que aliado às lutas dos movimentos sociais gera mudanças nas práticas sociais, por outro, o reconhecimento na dimensão afetiva, no direito e na comunidade de valores propicia um estado de satisfação e de felicidade. Assim, ao produzir essas autorrelações práticas nos sujeitos de autoconfiança nas relações amorosas e de amizade, de autorrespeito nas relações jurídicas, e de autoestima na comunidade de valores contribuem para autorrealização das pessoas como sujeitos de direitos, além do mais, para o reconhecimento social.

A ruptura nessas autorrelações, conforme vimos ao longo da análise, pode gerar sentimentos negativos de desconfiança, de desrespeito e de baixa autoestima, respectivamente no amor, no direito e na comunidade, e que têm intima interligações ao se influenciarem mutuamente.

Dentre as violências de desrespeito à alteridade nas escolas investigadas, segundo depoimentos, destacamos as realizadas contra as pessoas com deficiência, contra os homossexuais e as lésbicas, contra as pessoas que estão acima do peso e contra as raças. Tais violações são perpetradas, na maioria das vezes, pelos próprios colegas de sala de aula e, ocasionalmente, pelos próprios docentes. Todas as escolas visitadas têm alguma das formas de violências mencionadas.

Entendo, por fim, que a autorrealização tomada enquanto uma condição humana apresenta como princípio a incompletude. É um estado que está num contínuo processo de construção e de reconstrução porque intimamente se vincula à formação das identidades e, portanto, ao reconhecimento da alteridade. Esse processo se constitui como um dos fundamentos da liberdade, na medida em que se criam as condições para que os indivíduos se descubram e se desenvolvam como pessoas humanas e de direitos.

8 CONSIDERAÇÕES FINAIS

Ao chegarmos a essa derradeira etapa da pesquisa, até aqui informada à luz dos fundamentos teórico-conceituais da Teoria do Reconhecimento de Axel Honneth, da Teoria Crítica dos Direitos Humanos de Herrera Flores, da Educação em Direitos Humanos a partir de Candau e auxiliada pelos princípios teórico-metodológicos da análise de discurso (ADC) de Fairclough, buscou-se confrontar documentos da SE/PE com as vozes dos atores da equipe central, das GREs e das escolas.

Com base no percurso teórico-metodológico adotado, é importante colocar em revista alguns dos achados do presente estudo.

Conforme vimos nas amostras de escolas estaduais selecionadas como campo de investigação, muitas formas de violência à alteridade foram detectadas. Os preconceitos, discriminações e agressões morais aos grupos do LGBTQIA+, a persistência do racismo, do desrespeito às pessoas com deficiências, às pessoas acima do peso e de religiões alternativas, mostram que a gramática moral dos conflitos sociais que se reproduziram nas amostras de escolas escolhidas precisa passar por processos de ressignificação com base na EDH, cuja principal tarefa consiste em instaurar e fomentar uma cultura de Direitos Humanos.

Todas essas formas de violências percebidas a partir das entrevistas realizadas com técnicos, gestores, professores e alunos, incluindo-se entre estes últimos as diversas representações da diversidade, produzem dor, sofrimento, tortura moral e psicológica nas pessoas atingidas pelo não reconhecimento de suas identidades e especificidades.

A negação desse reconhecimento, conforme vimos com Honneth, favorece o desenvolvimento de sentimento de tristeza, de desânimo contribuindo para aflorar estados depressivos nas pessoas feridas por ofensas morais, às vezes progredindo para gerar sujeitos com perda da autoconfiança e de baixa autoestima.

Em contrapartida, percebemos que a política de EDH favoreceu a vivência de experiências exitosas, identificadas em várias escolas da amostra qualificada selecionada, confirmando que é possível engendrar-se mudanças culturais a partir da educação.

Ao final, evidenciamos que as ações ligadas à diversidade e ao gênero contribuíram para a instalação e fomentação de uma cultura em Direitos

Humanos e para mudanças nas práticas sociais, embora de forma limitada. As escolas que adotaram a política de EDH com mais compromisso e profissionalismo, vivenciando ações que deram visibilidade à dignidade da pessoa humana com relação à diferença, obtiveram mais êxito.

Nessa perspectiva, cabe indagarmos como políticas, programas e ações de Educação em Direitos Humanos se concretizaram no trabalho educativo das escolas favorecendo a instalação e a fomentação de uma cultura em defesa e ampliação dos Direitos Humanos.

Parte-se do pressuposto de que a prática discursiva em diversidade, foco do presente estudo, tem contribuído para a promoção de mudanças nas relações intersubjetivas da escola, criando espaços para instalação de uma cultura de Direitos Humanos.

Nessa perspectiva, fato relevante a ser destacado é que o Estado de Pernambuco, entre 2007 e 2010, era o único no Brasil que estabelecera uma política de Educação em Direitos Humanos, de forma sistemática, para toda a rede estadual de educação.

Entendemos, assim, que existia importante mobilização no Estado, no sentido de combater a violação de direitos, especialmente aqueles ligados à preservação da vida.

Especificamente no campo da educação, ao longo dessa investigação, mostramos, com base nos fundamentados teórico-conceituais e metodológicos adotados, que a execução da política de EDH se efetivou com nuances diferentes nas escolas eleitas como campo de investigação no presente estudo.

Em que pese a seleção qualificada de escolas como campo de pesquisa, percebemos que havia unidades escolares em que a EDH ganhou mais visibilidade com a realização de experiências bem sucedidas, a exemplo da Escola Polivalente de Abreu e Lima, que se notabilizou pela realização de trabalhos nas temáticas da orientação sexual e da tolerância religiosa, inclusive com recebimento de premiação e menção honrosa; a Escola Maria Gayão Pessoa Guerra, em Araçoiaba, visível também pelo engajamento interdisciplinar dos docentes e pela apresentação das temáticas ligadas à cidadania e a orientação sexual por meio da arte da representação teatral, ambas jurisdicionadas à Gerência Regional Recife Metro Norte; Escola Vicente Monteiro, em Caruaru, com importantes discussões acerca do respeito e reconhecimento à alteridade, à tolerância religiosa e à orientação sexual.

É importante ainda lembrar que a própria política da SE/PE foi contemplada, em 2008, com o recebimento de Prêmio Nacional de Educação em Direitos Humanos pela Secretaria de Direitos Humanos da Presidência da República, o que mostra a visibilidade da política estadual de EDH em nível nacional.

Pelas vozes dos técnicos e professores, apreendemos que nos quatro anos de governo, embora a disciplina Direitos Humanos tenha sido introduzida como componente curricular optativo, o que surpreendeu é que 80% das escolas escolheram esse componente cuja responsabilidade ficava a cargo de um professor da área de humanas. Nas vozes dos técnicos entrevistados, esse momento obteve relativo sucesso porque contou com a participação de um docente que assumira a responsabilidade direta de executar as ações da política de EDH na prática educativa da escola. Foi nessa perspectiva que identificamos experiências bem sucedidas nas escolas, devido sobretudo à iniciativa de algumas escolas e de docentes que abraçaram a política de EDH com muita persistência, empenho e esforço.

Contudo, o alcance da prática educativa em EDH foi relativamente tímido nas escolas selecionadas, pois as condições concretas dificultaram a maioria dos docentes no desempenho das tarefas com mais eficiência e efetividade.

Por outro lado, nas escolas em que além da presença do professor responsável pela condução da disciplina de Direitos Humanos adotaram o princípio da interdisciplinaridade, os resultados foram mais efetivos, a exemplo da Escola Polivalente de Abreu e Lima. Como sabemos, a interdisciplinaridade implica em que as temáticas de Direitos Humanos perpassamos diferentes componentes curriculares de forma transversal, independentemente de seu escopo teórico-epistemológico.

É importante ainda destacar que os conhecimentos relativos à Educação em Direitos Humanos, pelas vozes dos entrevistados, constituem-se como um saber necessário a todos(as), sobretudo se a escola tem como horizonte a formação de alunos/cidadãos capazes de intervir criticamente na realidade social. Contudo, muitos docentes não se sentiam com a preparação e segurança suficientes para abordar os conhecimentos relativos aos Direitos Humanos, segundo ratificaram suas próprias vozes.

Por isso, captou-se no discurso dos entrevistados que a implementação das ações ligadas à EDH, particularmente aquelas vinculadas à ação diversidade, deram-se de forma bastante descontinuada tanto nas diversas GREs quanto nas escolas. Os docentes, sobretudo aqueles das áreas de Física, Matemática e Biologia, sentiram-se desamparados para a execução do trabalho docente em sala de aula pela ausência de formações específicas e de materiais didáticos (vídeos, livros, textos, periódicos, portfólios, software, roteiros de ações etc.) que os apoiassem na sua prática de ensino.

Para os docentes, a EDH tratava-se não apenas da introdução de novos conhecimentos cognitivos de forma interdisciplinar, mas de conteúdos que precisavam, acima de tudo, ser oferecidos a partir de situações-problema pela utilização de metodologias ativas. Desse modo, a sua abordagem, de forma competente, no cotidiano da vida escolar, passava a exigir fundamentos teórico-conceituais e teórico-metodológicos de que muitos docentes careciam. Daí a constatação de que os processos de formação foram insuficientes para dotar os docentes dos instrumentos teóricos e metodológicos requeridos para o exercício do processo de ensino em EDH.

Segundo depoimento de técnicos da SE/PE, as formações realizadas com professores e técnicos nos anos de 2007, 2008 e 2009 privilegiaram mais participação de educadores de apoio e gestores, inclusive com ofertas de cursos de especialização nas universidades que incluíram, entre outras temáticas, a de gênero e a de educação indígena. Esses técnicos tinham a tarefa de serem os multiplicadores de tais formações para o conjunto de docentes de suas respectivas escolas. Contudo, esses processos formativos poucas vezes ocorreram no espaço escolar, em virtude da falta de disponibilidade dos técnicos e docentes, e até mesmo porque aqueles não se consideravam com a devida preparação para serem os multiplicadores.

Essas limitações de ordem técnica e operacional, segundo as vozes dos entrevistados, obstacularizaram bastante a efetivação de uma prática educativa em EDH que aponta para desencadeamento de mudanças nas relações sociais que favorecesse a instalação e fomento de uma cultura em Direitos Humanos.

Nessa perspectiva, diante da realidade constatada, é importante indagar: em que medida uma prática de Educação em Direitos Humanos pode ter algum grau de efetividade num contexto marcado por inúmeras formas de violação de direitos e de carências sociais, de modo a garantir a existência de uma vida digna? Será possível se vivenciar uma EDH em contextos educacionais tão adversos, marcados por diferentes limitações, a exemplo de formações insuficientes, carência de materiais didáticos e da presença de professores, de certa forma, desmotivados pelas precárias condições estruturais de trabalho e de salários?

Entendo que a mudança cultural na sociedade não é uma tarefa fácil, muito menos na escola, por ser esta uma invenção daquela e estar predisposta às suas determinações. Por isso, Gadotti (1984, p. 63) adverte que "[...] a educação não é certamente, alavanca da transformação social. Porém, se ela não pode fazer a transformação, essa transformação não se efetivará, não se consolida sem ela". A educação é, por sua própria natureza, uma prática social dialética, estando, portanto, permeada pela contradição.

Com essa compreensão, mostrou-se que as relações entre educação e sociedade e educação e poder exigem a politização da prática docente, o que significa indagar por que, para que e para quem eu faço educação, assim como ter a clareza dos valores a favor de quem são ministrados. Por isso, é fundamental conhecer o contexto social em que a escola está inserida e ouvir as vozes, democraticamente, de quem faz a sua história. O eco dessas vozes pode trazer a invenção de uma nova postura social, de uma nova forma de olhar uma mesma situação, constituindo-se como embrião de uma nova cultura.

Assim, a prática de uma Educação em Direitos Humanos deve estar atenta e bem articulada com as lutas que se desenvolvem na sociedade, pois as leis que verdadeiramente se cumprem são aquelas emanadas das lutas sociais em cada momento histórico. Não basta ter boas leis (a exemplo dos discursos da universalização dos Direitos Humanos da ONU, da UNESCO, da UNICEF, da Anistia Internacional etc.), sobretudo se forem gestadas no âmbito das elites dirigentes, tal qual foi abordado por Herrera Flores ao longo deste trabalho. Desse modo, as lutas sociais por mais direitos ou por efetivação de direitos são contínuas e provisórias. Somente algumas vezes são contingentes.

Foi com esse olhar que percebi a existência de mudanças culturais nas falas dos alunos que participaram dos grupos focais, sobretudo daqueles ligados à orientação sexual, ao racismo e à tolerância religiosa, em que pese sinalizarem a persistência de amplos processos de preconceito e de discriminação. Isso porque, independentemente de tais violações à alteridade, os(as) alunos(as) vão se assumindo como lésbicas, gays, bissexuais, transexuais, negros(as), ou como adeptos de religiões afrodescendentes ou de outras, a exemplo da religião Wicca etc. como forma de se autorrealizarem como pessoas e como cidadãos de direitos.

Talvez, como destacou um dos docentes entrevistados, a afirmação da identidade de gênero e da negritude não estejam nem tanto ligadas ao processo de ensino e de aprendizagem em EDH, mas com o eco que vem das ruas, da grande mídia, das paradas da diversidade, das lutas sociais e das leis instituídas que penalizam a prática do preconceito e da discriminação. Tal análise merece ser relativizada, pois não obstante ser verdadeira a constatação da relevância dos diferentes ecos mencionados pelo docente referido, não podemos deixar de levar em conta que existe uma íntima relação entre escola e sociedade, sobretudo se a escola faz uma educação centrada nessa relação, com um olhar no que ocorre fora de seus muros, fazendo acontecer uma educação para a vida.

Outro importante achado foi percebermos que grupos de alunos religiosos, devotos de tradições fundamentalistas que demonizam veementemente a prática da homoafetividade e dos ritos religiosos afrodescendentes foram capazes de se mostrarem tolerantes a tais práticas, pelo menos em seus discursos proferidos em público. Vale a pena lembrar que as igrejas da Assembleia de Deus e as doutrinas neopentecostais são aquelas que tomam uma posição mais radical com relação à moral cristã.

Com essa apreensão, infere-se que para os alunos pouco vale o discurso da universalidade. Para eles, o mais importa é viver sua autorrealização, independente do que pesam o restante da sociedade, colocando em xeque valores que são tomados como universais segundo a moral cristã, embora entendamos que permanece uma tensão entre universalismo e culturalismo.

Outro fato observado é que, à semelhança da pesquisa de Abramowicz, Rodrigues e Cruz (2011), os conceitos de "diferença" e de "diversidade" são utilizados indiferentemente, isto é, como tendo o mesmo sentido, o que reforça o estudo das autoras.

Por outro lado, considero que a política de EDH poderia ter avançado muito mais se não fosse o monitoramento do Programa de Modernização da Gestão Pública (PMPG). Ao operar na busca da modernização gerencial da administração escolar, aos moldes das estratégias neoliberais fundamentados no controle excessivo, na eficiência, na competitividade e nos resultados, a Secretaria de Educação privilegiou os componentes curriculares de Língua Portuguesa e de Matemática. Esse monitoramento institucional desmoderado, nas vozes dos docentes, visava elevar o Ideb do Estado, "sufocando e engolindo" os outros componentes curriculares, fragilizando a implementação das ações ligadas à política de EDH.

Em que pese esses aspectos mencionados terem dificultado a implementação dos programas e ações de EDH, entendo que a sua formulação, pelos gestores governamentais da SE/PE, tendo por pretensão desencadear ampla discussão de temáticas ligadas aos Direitos Humanos, nas escolas da rede estadual de Pernambuco, entre 2007 e 2010, foi alcançada.

Fica, no entanto, uma questão aberta: a política de EDH se constituiu como uma política de Estado ou de governo na SE/PE? Pelas vozes dos entrevistados (técnicos de GREs, de escolas e docentes), nem uma nem outra. Talvez, muito mais, como uma política de pessoas que, em determinado momento histórico, estavam à frente da máquina estatal e que militavam e se identificavam com as causas dos Direitos Humanos. Isso talvez seja reforçado pela fragilização da política na medida em que tais pessoas se retiraram da sua condução, sobretudo no segundo governo de Eduardo Campos (2011–2014).

Contudo, com base nas análises feitas, entende-se que a política de EDH se constituiu como política de governo e não como de Estado. Embora a União venha sistematicamente incentivando e investindo na produção de estudos e pesquisas em EDH no Brasil, com a produção de títulos, de vídeos, na elaboração do Plano Nacional de Educação em Direitos Humanos (BRASIL, 2007), nas Diretrizes Nacionais de EDH (BRASIL, 2012), por meio do Conselho Nacional de Educação (CNE) e na promulgação de um conjunto de leis que promovem, protegem e defendem os Direitos Humanos, ainda se constituem como medidas insuficientes para a concretização da EDH como política de Estado capaz de favorecer a instalação de uma cultura em Direitos Humanos.

De outra parte, não obstante os percalços, pode-se afirmar que a semente foi plantada e se os resultados práticos ainda são tímidos, apesar da relevância e do alcance visualizados em muitas das experiências exitosas comprovadas, a sua continuidade como política de governo ou de Estado pode vir a se consolidar. A EDH que se faz nas escolas poderá oferecer importante contribuição à instalação e fomentação de uma cultura de resistência em Direitos Humanos, conforme atestam muitos dos resultados apresentados na pesquisa.

A participação da União, em articulação com os entes federados, como vem ocorrendo desde a década de 1990, com sistemáticas políticas e ações ligadas aos Direitos Humanos, é fundamental. Assistimos à formulação de importantes políticas a exemplos dos Programas Nacionais de Direitos Humanos 1, 2 e 3, do Plano Nacional de Educação em Direitos Humanos e das Diretrizes Nacionais para a EDH.

Acrescente-se que os movimentos sociais também, há um bom tempo, vêm abraçando as causas ligadas aos Direitos Humanos, resultando como fruto dessas lutas muitas leis que protegem, promovem e garantem a defesa de muitos desses direitos.

Por fim, tenho a clareza de que na sociedade capitalista neoliberal a afirmação dos Direitos Humanos é complexa, polêmica e muito tensa. Somente com muita tenacidade, determinação e firmeza é que os embates sociais poderão se aproximar da concretização do *nunca mais* o que significa "[...] promover o sentido histórico e resgatar a memória em lugar do esquecimento" (CAUDAU, 2014). É importante lembrar que os processos sociais são contraditórios, com avanços e muitos limites, ou, como diria Lenin, com um passo para frente e dois passos para trás.

REFERÊNCIAS

I - LEGISLAÇÃO, NORMATIZAÇÕES E DOCUMENTOS OFICIAIS

ANISTIA INTERNACIONAL. **Fiscalizando e informando sobre as violações dos Direitos Humanos na África.** Tradução de Mizé Anastácio. Londres, 2002.

ANISTIA INTERNACIONAL. Informe 2014/2015. **O Estado dos Direitos Humanos no mundo.** Londres, 2015.

BRASIL. [Constituição (1988)]. **Constituição da República Federativa do Brasil de 1988.** Brasília, DF: Presidência da República, [2016]. Disponível em: http://www.planalto.gov.br/ccivil_03/Constituicao/Constituiçao.htm. Acesso em: 28 fev. 2021.

BRASIL. **Lei nº 7.716, de 5 de janeiro de 1989.** Define os crimes resultantes de preconceito de raça ou de cor. Disponível em: http://www.planalto.gov.br/ccivil_03/LEIS/L7716compilado.htm. Acesso em: 28 fev. 2021.

BRASIL. **Lei 8.069, de 13 de julho de 1990.** Dispõe sobre o Estatuto da Criança e do Adolescente. Disponível em: http://www.planalto.gov.br/ccivil_03/LEIS/L8069.htm. Acesso em: 28 fev. 2021.

BRASIL. **Pacto Internacional dos Direitos Civis e Políticos** (1966). Adotado pela Resolução n. 2.200 A (XXI) da Assembleia Geral das Nações Unidas, em 16 de dezembro de 1966 e ratificado pelo Brasil em 24 de janeiro de 1992. Brasília, DF: 1992.

BRASIL. **Lei 9.140, de 04 de dezembro de 1995.** Reconhece como mortas pessoas desaparecidas em razão de participação, ou acusação de participação, em atividades políticas, no período de 2 de setembro de 1961 a 15 de agosto de 1979, e dá outras providências. Disponível em: http://www.planalto.gov.br/ccivil_03/leis/L9140compilada.htm. Acesso em: 28 fev. 2021.

BRASIL. **Programa Nacional de Direitos Humanos** (PNDH-1). Brasília: SEDH/PR, 1996.

BRASIL. **Lei n. 9.394, de 20 de dezembro de 1996.** Estabelece as diretrizes e bases da educação nacional. Brasília, DF: Presidência da República, [1996].

Disponível em: http://www.planalto.gov.br/ccivil_03/leis/l9394.htm. Acesso em: 28 fev. 2021.

BRASIL. **Lei n. 10.098, de 19 de dezembro de 2000.** Estabelece normas gerais e critérios básicos para a promoção da acessibilidade das pessoas portadoras de deficiência ou com mobilidade reduzida, e dá outras providências. Brasília, DF: Presidência da República, [2000]. Disponível em: http://www.planalto.gov.br/ccivil_03/leis/l10098.htm. Acesso em: 28 fev. 2021.

BRASIL. **Lei n. 10.639, de 9 de janeiro de 2003.** Altera a Lei no 9.394, de 20 de dezembro de 1996, que estabelece as diretrizes e bases da educação nacional, para incluir no currículo oficial da Rede de Ensino a obrigatoriedade da temática "História e Cultura Afro-Brasileira", e dá outras providências. Brasília, DF: Presidência da República, [2003]. Disponível em: www.planalto.gov.br/ccivil_03/leis/2003/l10.639.htm. Acesso em: 28 fev. 2021.

BRASIL. **Lei 11.340, de 7 de agosto de 2006.** Cria mecanismos para coibir e prevenir a violência doméstica e familiar contra a mulher. Brasília, DF: Presidência da República, [2006]. Disponível em: http://www.jusbrasil.com.br/legislacao/anotada/2445633/art-12-da-lei-maria-da-penha-lei-11340-06. Acesso em: 28 fev. 2021.

BRASIL. **Lei n. 11.645, de 10 de março de 2008.** Altera a Lei no 9.394, de 20 de dezembro de 1996, modificada pela Lei no 10.639, de 9 de janeiro de 2003, que estabelece as diretrizes e bases da educação nacional, para incluir no currículo oficial da rede de ensino a obrigatoriedade da temática "História e Cultura Afro-Brasileira e Indígena". Brasília, DF: Presidência da República, [2008]. Disponível em: http://www.planalto.gov.br/ccivil_03/_ato2007-2010/2008/lei/l11645.htm. Acesso em: 28 fev. 2021.

BRASIL. Ministério da Educação. **Programa Nacional de Direitos Humanos** (PNDH-2). Brasília: SEDH/PR, 2002.

BRASIL. Ministério da Educação. **Plano Nacional de Educação em Direitos Humanos.** Brasília: MEC, MJ, UNESCO, 2007.

BRASIL. Ministério da Educação. **Conselho Escolar e Direitos Humanos** (Programa Nacional de Fortalecimento dos Conselhos Escolares. Caderno 11). Brasília, MEC, 2008.

BRASIL. Ministério da Educação. Conselho Nacional de Educação. **Diretrizes Nacionais para Educação em Direitos Humanos.** Brasília, DF, 2012.

BRASIL. Procuradoria-Geral da República. **Conferência Mundial contra racismo, a discriminação racial, a xenofobia e formas correlatas de intolerância.** Brasília, DF, 2001.

BRASIL. Secretaria Especial dos Direitos Humanos da Presidência da República. **Programa Nacional de Direitos Humanos** (PNDH-3). Brasília: SEDH/PR, 2009.

BRASIL. Comitê Nacional de Educação em Direitos Humanos. **Plano Nacional de Educação em Direitos Humanos.** Brasília: Secretaria Especial dos Direitos Humanos, 2007. 76 p.

FRENTE POPULAR DE PERNAMBUCO. **Programa de Governo Eduardo Campos:** um novo Pernambuco. Recife: [s.n.], 2006. Disponível em: https://www.acervo.pe.gov.br/uploads/r/arquivo-publico-estadual-jordao-emerenciano/f/a/e/fae-faab48a8dedc8d61e7d5dd9b1632d4f2a3081d065f55787013af52c53457a/94c6a-586-3624-440c-9186-4844e743b238-_1_Programa_de_Governo_-_eduardo_campos_1.pdf. Acesso em: 28 fev. 2021.

FUNDAÇÃO INSTITUTO BRASILEIRO DE GEOGRAFIA E ESTATÍSTICA – IBGE. **Indicadores conjunturais em 2015.** Disponível em: http://www.ibge.gov.br/home/estatistica/pesquisas/indicadores.php. Acesso em: 28 fev. 2021.

NAÇÕES UNIDAS. **Diretrizes para a formulação de planos nacionais de ação para a educação em direitos humanos.** Assembleia Geral Quinquagésima segunda sessão, 20 de outubro de 1997. (mimeo)

ORGANIZAÇÃO DAS NAÇÕES UNIDAS – ONU. **Declaração Universal dos Direitos Humanos.** Paris: ONU, 1948. Disponível em: https://brasil.un.org/pt-br/91601-declaracao-universal-dos-direitos-humanos. Acesso em: 28 fev. 2021.

ORGANIZAÇÃO DAS NAÇÕES UNIDAS – ONU. **Relatório sobre o impacto do Marketing na fruição dos direitos humanos.** SHAHEED, Farida. (Relatora Especial da Organização das Nações Unidas (ONU) no campo dos direitos culturais). Trad. Projeto Criança e Consumo. 2016.

ORGANIZAÇÃO DAS NAÇÕES UNIDAS – ONU. **Pacto Internacional sobre Direitos Civis e Políticos.** ONU, 1966.

ORGANIZAÇÃO DAS NAÇÕES UNIDAS – ONU. Conferência Mundial dos Direitos Humanos, 2., 1993, Viena. **Declaração e Programa de Ação de Viena.** Viena: ONU, 1993.

PERNAMBUCO. **Relatório de atividades 2011.** Recife: SE/GEDH, 2011b.

PERNAMBUCO. **Componentes curriculares**. Recife, SE/GEDH, 2008b.

PERNAMBUCO. **Relatório de atividades 2007-2010**, dezembro de 2010. Recife: SE/GEDH, 2010a.

PERNAMBUCO. **Discurso de posse de Eduardo Campos na ALEPE**, 2007. Texto Mimeografado.

PERNAMBUCO. **Políticas de Educação do Estado de Pernambuco 2007-2010**. Recife: SE/Sede, 2010b.

PERNAMBUCO. **Proposta de formação continuada**. Recife, SE/GEDH, 2008c.

PERNAMBUCO. **Instrução Normativa n. º 03/2008, de 4 de março de 2008**. Dispõe sobre a implantação/operacionalização das Matrizes Curriculares nas Escolas da Rede Estadual de Educação a partir do ano letivo de 2008. Recife: Diário Oficial do Estado, 4 mar. 2008a.

PERNAMBUCO. SEDE. **Educação em Direitos Humanos como Política de Estado**: Políticas, Programas e Ações. 2007, p. 8.

PERNAMBUCO. Secretaria de Educação de Pernambuco. **Programa de modernização da gestão pública**. Recife: SE, 2007a. Disponível em: http://www.educacao.pe.gov.br/portal/?pag=1&men=69. Acesso em: 28 fev. 2021.

PERNAMBUCO. Secretaria de Educação de Pernambuco. **Orientações teórico-metodológicas de história: ensino fundamental**. Recife: SE, 2011.

PERNAMBUCO. Secretaria de Educação de Pernambuco. **Diretrizes, competências e atribuições.** Recife: SE, 2007b.

PERNAMBUCO. Secretaria de Educação de Pernambuco. **Base curricular comum para as redes públicas de ensino de Pernambuco**: língua portuguesa. Recife, SE, 2008.

PERNAMBUCO. **Programa de Governo da Frente Popular de Pernambuco – 2007-2010.** Recife, 2007.

PERNAMBUCO. **Orientações curriculares de educação em Direitos Humanos.** Recife: SE/Sede, 2012b.

PERNAMBUCO. Instituto de Pesquisas Sociais Aplicadas (IPEA). Disponível em: http://www.brasil.gov.br/governo/2011/06/extremamente-pobres-sao-1-37-milhao-em-pernambuco. Acesso em: 28 fev. 2021.

PERNAMBUCO. **III Mostra de Experiências Pedagógicas bem-sucedidas na escola pública de Pernambuco.** Recife: SE/Sede, 2011a.

PERNAMBUCO. **Construindo a excelência em gestão escolar:** curso de aperfeiçoamento: Módulo II Gestão com foco na educação em valores, cultura de paz e sustentabilidade. Recife: SE, 2012a.

UNITED NATIONS EDUCATIONAL, SCIENTIFIC AND CULTURAL ORGANIZATION – UNESCO. **Convention on the Protection and Promotion of the Diversity of Cultural Expressions**, Paris, 20 October 2005, 33rd session of the General Conference. Paris: UNESCO, 2005. Disponível em: http://www.ibermuseus.org/wp-content/uploads/2014/07/convencao-sobre-a-diversidade-das-expressoes-culturais-unesco-2005.pdf. Acesso em: 28 fev. 2021.

UNITED NATIONS EDUCATIONAL, SCIENTIFIC AND CULTURAL ORGANIZATION – UNESCO. **Plano de ação:** Programa Mundial para a Educação em Direitos Humanos. Primeira fase. UNESCO, 2006. Disponível em: http://unesdoc.unesco.org/images/0014/001478/147853por.pdf. Acesso em: 20 out. 2014.

II – LIVROS, ARTIGOS, DISSERTAÇÕES E TESES

ABBAGNANO, Nicola. **Dicionário de Filosofia.** 5. ed. Tradução de Alfredo Bossi e Ivone Castilho Beneditti. São Paulo: Martins Fontes, 2007.

ABRAMOWICZ, Anete; RODRIGUES, Tatiane Cosentino; CRUZ, Ana Cristina Juvenal da. A diferença e a diversidade na educação. **Contemporânea:** Revista de Sociologia da UFSCar, São Paulo, Departamento e Programa de Pós-Graduação em Sociologia da UFCar, n. 2, p. 85-97, 2011.

ABRUCIO, Fernando L. O impacto do modelo gerencial público: um breve estudo sobre a experiência internacional recente. **Cadernos ENAP**, Brasília, n. 10, 1997.

ALBORNOZ, Suzana Guerra. As esferas do reconhecimento: uma introdução a Axel Honneth. **Cadernos de Psicologia do trabalho**, v. 14, n. 1, p. 127-143, 2011.

ALMEIDA, Manoel Donato de. **Neoliberalismo, privatização e desemprego no Brasil (1980-1998)**. 2009. Tese (Doutorado) Universidade Estadual de Campinas, Instituto de Filosofia e Ciências Humanas, Campinas, 2009.

ALTHUSSER, L. **Ideologie et appareils ideologiques d'État:** Positions. Paris: Ed. Sociales, 1976.

ALVES, Ana Rodrigues Cavalcanti. O conceito de hegemonia: de Gramsci a Laclau e Mouffe. **Lua Nova**, São Paulo, n. 80, p. 71-96, 2010.

ANSIÓN, Jean. Educar en la interculturalidad. **Revista Páginas**, Lima, v. XXV, n. 165, p. 40-47, out. 2000.

ARAGÃO, Lúcia Maria de Carvalho. **Razão comunicativa e teoria social crítica em Jürgen Habermas**. Rio de Janeiro: Tempo Brasileiro, 1992.

ARAGÃO, Lúcia Maria de Carvalho. **Habermas**: filósofo e sociólogo de nosso tempo. Rio de Janeiro: Tempo Brasileiro, 2003.

ARAÚJO, José Aldo Camurça de Neto. A categoria do reconhecimento na teoria de Axel Honneth. **Argumentos**, [S. l.], ano 3, n. 5, p. 140-147, 2011.

BAKHTIN, Mikhaïl. **Marxismo e filosofia da linguagem**. 6. ed. São Paulo: Hucitec, 1992.

BAKHTIN, Mikhaïl. **Marxismo e filosofia da linguagem**. Problemas fundamentais do método sociológico na ciência da linguagem. Tradução de Michel Lahud e Yara Frateschi Vieira. São Paulo: Hucitec, 1997.

BARROS, D. E. C.; SILVA, D. E. G. Práticas Lingüístico-Discursivas sob a lupa da Análise de Discurso Crítica. **Gláuks – Revista de Letras e Artes**, v. 8, n. 2, p. 124-147, jul./dez., 2008.

BARRETO, Túlio Velho. **Vitoria de Eduardo Campos (PSB):** o fim de um ciclo político em Pernambuco. 2008. http://www.fundaj.gov.br/geral/observanordeste/ixedicao/OBSERVANORDESTE_IX_Edicao_texto_PE_rev.pdf. Acesso em: 3 jun. 2014.

BARTHES, Roland. Texte (théorie du). In: OEUVRES completes. Torne II (1966-1973). Édition établie et presentée par Eric Marry. Paris: Seuil, 1994. p. 1.677-1.689.

BAUER, Martin W.; GASKELL, George. (org.). **Pesquisa qualitativa com texto, imagem e som**: um manual prático. Petrópolis: Vozes, 2002.

BAUMAN. Zygmunt. **O mal-estar da pós-modernidade**. Rio de Janeiro: Jorge Zahar editor, 1998.

BEAUVOIR, Simone. **O Segundo Sexo**: fatos e mitos. 4. ed. Tradução de Sérgio Milliet. São Paulo: Librairie Gallimard, 1970.

BENEVIDES, Vitória. **A cidadania ativa**: referendo, plebiscito e iniciativa popular. São Paulo: Editora Ática, 1991.

BENEVIDES, Vitória. **Educação em Direitos Humanos**: de que se trata? Palestra de abertura do Seminário de Educação em Direitos Humanos, São Paulo, 2000. Disponível em: http://hottopos.com/convenit6/victoria.htm. Acesso em: 1 mar. 2021.

BERGMANN, Barbara R. **In defense of affirmative action**. New York: Basic Books, 1996.

BITTAR, Eduardo. Reconhecimento e Direito à diferença: teoria crítica, diversidade e a cultura dos Direitos Humanos. **Revista da Faculdade de Direito da Universidade de São Paulo**, São Paulo, v. 104, p. 551-565, jan./dez. 2009.

BOBBIO, Norberto. **A era dos Direitos**. Rio de Janeiro: Campus, 1992.

BOBBIO, Norberto. **O futuro da democracia:** uma defesa das regras do jogo. 6. ed. Tradução de Marco Aurélio Nogueira. Rio de Janeiro: Paz e Terra, 1997.

BOBBIO, Norberto; MATTEUCCI, Nicola; PASQUINO, Gianfranco. **Dicionário de política**. Tradução de Carmen C. Varriale *et al.*; Coordenação de tradução João Ferreira; Revisão geral João Ferreira e Luis Guerreiro Pinto Cacais. 11. ed. Brasília: Editora Universidade de Brasília, 1998. v. 1.

BODIN, Jean. **Los seis livros de la república**. Tradução de Pedro Bravo Gala. 3. ed. Madrid: Tecnos, 1997.

BURR, Vivien. **An introduction to Social Constructionism**. London: Routledge, 1995.

CAMURÇA, José Aldo de Araújo Neto. A categoria do reconhecimento na teoria de Axel Honneth. **Argumentos**, [*S. l.*], ano 3, n. 5, p. 140-147, 2011.

CANDAU, Vera Maria. Educação em Direitos Humanos: desafios para a formação de professores. **Novamérica**, [*S. l.*], n. 78, p. 36-39, 1998.

CANDAU, Vera Maria. Educação em Direitos Humanos: desafios atuais. *In:* SILVEIRA, Rosa Maria Godoy; DIAS, Adelaide Alves; FERREIRA, Lúcia de Fátima Guerra; FEITOSA, Maria Luíza Pereira de Alencar Mayer; ZENAIDE, Maria de Nazaré Tavares (org.). **Educação em Direitos Humanos**: fundamentos teórico-metodológicos. João Pessoa: Editora Universitária, 2007. p. 399-412.

CANDAU, Vera Maria. Diferenças culturais, interculturalidade e educação em direitos humanos. **Revista Educação e Sociedade**, Campinas, 2012. v. 33, n. 118, p. 235-250, jan.-mar. 2012.

CANDAU, Vera Maria. Direitos Humanos, educação e interculturalidade: as tensões entre igualdade e diferença. **Revista Brasileira de Educação**, [S. l.], v. 13, n. 37, p. 45-56, jan./abr. 2008.

CANDAU, Vera Maria; ANHORN, Carmen Teresa Gabriel. A questão didática e a perspectiva multicultural: uma articulação necessária. *In*: REUNIÃO ANUAL DA ANPED, 23., Caxambu. **Anais [...]**. Rio de Janeiro: Associação Nacional de Pós-Graduação e Pesquisa em Educação, 2000. Disponível em: https://anped.org.br/biblioteca/item/questao-didatica-e-perspectiva-multicultural-uma-articulacao-necessaria. Acesso em: 1 mar. 2021.

CANDAU, Vera Maria; PAULO, Iliana; ANDRADE, Marcelo; LUCINDA, Maria da Consolação; SACAVINO, Susana; AMORIM, Viviane. **Educação em Direitos Humanos e formação de professores**. São Paulo: Cortez, 2014.

CANTRELL, Gary. **Wicca:** crenças e práticas. Tradução de Ana Claudia Ceciliato. São Paulo: Madras Editora, 2002.

CAPLAN, Stanley. Using focus group methodology for ergonomic design. **Ergonomics**, [S. l.], v. 33, n. 5, p. 527-33, 1990.

CARBONARI, Paulo César. Para fazer da educação ação em direitos humanos: por uma educação direitoshumanizante. *In:* VELTEN, Paulo. (org.). **Educação em direitos humanos 3**. 1. ed. Vitória: UFES, v. 3, p. 38-53, 2014.

CARNOY, Martin. **Estado e teoria política**. 2. ed. Campinas: Papirus, 1988.

CARVALHO, Rosângela Tenório. **Discursos pela interculturalidade no campo curricular da educação de jovens e adultos no Brasil nos anos de 1990**. Recife: Bagaço, 2004.

CHAIB, André Nunes. Os direitos fundamentais e a possibilidade de uma comunidade internacional de valores. **Revista Eletrônica Direito e Política**, Itajaí, v. 3, n. 3, 3º quadrimestre de 2008. Disponível em: www.univali.br/direitoepolitica - ISSN 1980-7791. Acesso em: 1 mar. 2021.

CHOULIARAKI, Lilie; FAIRCLOUGH, Norman. **Discourse in late modernity**: rethinking Critical Discourse Analysis. Edinburgh: Edinburgh University, 1999.

CÍCERO, Marco Túlio. **Tratado da Republica**. Clássicos da Política. Traduzido por Francisco Oliveira. Lisboa Portugal: Editora Círculo de Leitores, 2008.

GUALBERTO, Alexandre M. **Mapa da intolerância religiosa**. Violação do Direito de Culto no Brasil. 2011. Disponível em: www.psb40Gualberto.org.br/bib/b6.pdf. Acessado em: 1 mar. 2021.

COMPARATO, Fabio Konder. **Fundamento dos Direitos Humanos**. [*S. l.*]: Instituto de Estudos Avançados da USP, 1977. Disponível em: http://www.iea.usp.br/publicacoes/textos/comparatodireitoshumanos.pdf. Acesso em: 1 mar. 2021.

CORREIA, Mauricio da Silva. **Capacidade do núcleo estratégico na contratualização por resultados**: análise da trajetória de Pernambuco. 2011. Dissertação (Mestrado em Administração Pública e Governo) – Fundação Getúlio Vargas, São Paulo, 2011.

COSTA, Jean Carlo de Carvalho, ESPÍNDOLA, Maíra Lewtchuk. Teoria crítica, reconhecimento social e política educacional: uma análise do discurso do Programa Nacional de Inclusão de Jovens. **Educação**, Porto Alegre, v. 35, n. 1, p. 89-101, jan./abr. 2012.

COSTA, Sergio. A mestiçagem e seus contrários: etnicidade e nacionalidade no Brasil contemporâneo. **Tempo social,** São Paulo, v. 13, n. 1, p. 143-158, maio 2001.

COUTINHO, Carlos Nelson. As categorias de Gramsci e a realidade brasileira. *In:* COUTINHO, Carlos Nelson (org.). **Gramsci e a América Latina**. Rio de Janeiro: Paz e Terra, 1988.

COUTINHO, Carlos Nelson. O conceito de política nos Cadernos do Cárcere. *In:* COUTINHO, Carlos Nelson; TEIXEIRA, Andréa de Paula (org.). **Ler Gramsci, entender a realidade**. Rio de Janeiro: Civilização Brasileira, 2003.

CRUZ SOBRINHO, Sidinei. **Direitos Humanos e Democracia em Jürgen Habermas**. 2005. Dissertação (Mestrado em Filosofia) – Pontifícia Universidade Católica do Rio Grande do Sul, Porto Alegre, 2005.

DAHL, Robert. **Um prefácio à teoria democrática**. Rio de Janeiro: Jorge Zahar, 1989.

DAHL, Robert. **On democracy**. New Haven: Yale University Press, 1998.

DAHL, Robert. **Poliarquia**: participação e oposição. São Paulo: Edusp, 2005.

DENZIN, Norman K.; LINCOLN, Yvonna S. **O planejamento da pesquisa qualitativa**: teorias e abordagens. 2. ed. Tradução de Sandra Regina Netz. Porto Alegre: Artmed, 2006.

DEWEY, John. **Liberalismo, liberdade e cultura**. São Paulo: Companhia Editora Nacional, 1970.

DEWEY, John. **The Public and its problems**. Chicago: The Swallon, 1954.

DERRIDA, Jacques. **Margens da filosofia**. Tradução de Joaquim Torres Costa; Antonio M. Magalhães. Campinas, São Paulo: Papirus, 1991.

DORNELLES, João Ricardo. Reflexões sobre os desafios para a educação em Direitos Humanos e a questão democrática na América Latina. *In:* TOSI, Giuseppe; RODINO, Ana Maria; FERNANDEZ, Mónica Beatriz; ZENAIDE, Maria de Nazaré Tavares (org.). **Cultura e educação em Direitos Humanos na América Latina**. João Pessoa: Editora da UFPB, 2014. p. 201-224

DREIFUSS, René A. **1964 a conquista do Estado**. São Paulo: Vozes, 1981.

DUCROT, Oswald. **O Dizer e o Dito**. Campinas: Pontes, 1987.

DURÃO, Aylton Barbieri. A tensão entre facticidade e validade no direito segundo Habermas. **ethic@**, Florianópolis, v. 5, n. 1, p. 103-120, jun. 2006.

FAIRCLOUGH, Norman. **Language and power**. New York: Longman, 1989.

FAIRCLOUGH, Norman. Discourse in late modernity: rethinking critical discourse analysis. Edinburgh: Edinburgh University Press, 1999.

FAIRCLOUGH, Norman. **Discurso e mudança social**. Tradução de Izabel Magalhães. Brasília: Editora da UNB, 2001.

FAIRCLOUGH, Norman; WODAK, Ruth. Critical discourse analysis. *In:* VAN DIJK, Teun A. (ed.). **Discourse as social interaction**. London: Sage, 1997. p. 258-284.

FARACO, Carlos Alberto. **Linguagem e diálogo**: as ideias linguísticas do círculo de Bakhtin. Curitiba: Criar Edições, 2003.

FERNÁNDEZ, Mónica Beatriz. Identidades y relaciones interculturais. Hacia la elaboración de um proyecto participativo. *In:* TOSI, Giuseppe; RODINO, Ana Maria; FERNANDEZ, Mónica Beatriz; ZENAIDE, Maria de Nazaré Tavares (org.). **Cultura e educação em Direitos Humanos na América Latina**. João Pessoa: Editora da UFPB, 2014. p. 692-707.

FERRARI, Anderson. Cultura visual e homossexualidades na constituição de "novas" infâncias e "novos" docentes. **Revista Brasileira de Educação**, [S. l.], v. 17 n. 49, p. 107-120, jan./abr. 2012.

FIORIN, José Luís. Estado do Bem-Estar Social: padrões e crise. **Physis**, [S. l.], v. 7, n. 2, p. 129-147, 1997.

FIORIN, José Luiz. Intertextualidade e interdiscursividade. *In:* BRAIT, Beth. **Bakht*In***: outros conceitos-chave. São Paulo: Contexto, 2006. p. 157-193.

FLORES, Joaquín Herrera. **El vuelo de Anteo**: Derechos Humanos y crítica de la razón liberal. Bilbao: Desclée de Brouwer, 2001.

FLORES, Joaquín Herrera. **Los derechos humanos como productos culturales**: crítica del humanismo abstracto. Madrid: Los Libros de la Catarata, 2005.

FLORES, Joaquín Herrera. **A (re)invenção dos Direitos Humanos**. Florianópolis: Fundação Boiteaux, 2009a.

FLORES, Joaquín Herrera. **Teoria crítica dos Direitos Humanos**. Florianópolis: Fundação Boiteux, 2009b.

FLORES, Joaquín Herrera; RÚBIO, David Sánchez; CARVALHO, Salo (org.). **Direitos Humanos e globalização**: fundamentos e possibilidades desde a teoria crítica. 2. ed. Porto Alegre: EDIPUCRS, 2010.

FOUCAULT, Michel, A arqueologia do saber. Tradução de Luiz Felipe Baeta Neves. Rio de Janeiro: Forense Universitária, 1972.

FOUCAULT, Michel. **A ordem do discurso**. 5. ed. Tradução de Laura Fraga de Almeida Sampaio. São Paulo: Ed. Loyola, 1999.

FRASER, Nancy. Social justice in the Age of identity politics: redistribution, recognition, and participation. *In:* FRASER, Nancy; HONNETH, Axel (org.). **Redistribution or recogntion?** A Political-Philosophical Exchange. New York: Verso, 2003. p. 7-109.

FRASER, Nancy. Da redistribuição ao reconhecimento? Dilemas da justiça numa era "pós-socialista". **Cadernos de Campo**, São Paulo, n. 14/15, p. 231-239, 2006.

FREIRE, Paulo. **Pedagogia da indignação**: cartas pedagógicas e outros escritos. São Paulo: Editora UNESP, 2000.

FRIEDRICH, Tatyana Scheila; TORRES, Paula Ritzmann. A relativização de princípios clássicos de direito internacional no mundo globalizado no caso líbio: apontamentos sobre soberania, não-intervenção em assuntos internos e conselho de segurança da ONU. **Revista de Direitos Fundamentais e Democracia**, Curitiba, v. 14, n. 14, p. 96-112, jul./dez., 2013.

GADOTTI, Moacir. **Educação e poder**: introdução à pedagogia do conflito. 5. ed. São Paulo: Cortez, 1984.

GALLO, Silvio. Eu, o outro e tantos outros: educação, alteridade e filosofia da diferença. In: GARCIA, Regina Leite (org.). Diálogos cotidianos. Petrópolis: DP, 2010. v. 1, p. 231-246.

GILL, Rosalind. Análise de discurso. *In:* BAUER, Martin W.; GASKELL, George. (org.). **Pesquisa qualitativa com texto, imagem e som**: um manual prático. Petrópolis: Vozes, 2002. p. 244-270.

GODOY, Rosa Maria Silveira. Educação em/para os direitos humanos: entre a universalidade e as particularidades, uma perspectiva histórica. *In:* GODOY, Rosa Maria Rosa Maria Silveira (org.). **Educação em Direitos Humanos**: fundamentos teórico-metodológicos. João Pessoa: Editora Universitária, 2007. p. 245-273.

GOHN, Maria da Glória. **O protagonismo da sociedade civil**: movimentos sociais, ONGs e redes solidárias. 2. ed. São Paulo: Cortez, 2008.

GOHN, Maria da Glória. **Movimentos e lutas sociais na história do Brasil**. 5. ed. São Paulo: Loyola, 2009a.

GOHN, Maria da Glória. **Movimentos sociais e educação.** 7. ed. São Paulo: Cortez, 2009b.

GOHN, Maria da Glória. **Novas teorias dos movimentos sociais.** 2. ed. São Paulo: Loyola, 2009c.

GOHN, Maria da Glória. **Educação não formal e o educador social.** São Paulo: Cortez, 2010a.

GOHN, Maria da Glória. **Movimentos sociais e redes de mobilizações civis no Brasil contemporâneo.** Petrópolis: Vozes, 2010b.

GOHN, Maria da Glória. Movimentos sociais na contemporaneidade. **Revista Brasileira de Educação**, Rio de Janeiro, v. 16, n. 47, p. 333-361, ago. 2011a.

GOHN, Maria da Glória. **Teorias dos movimentos sociais.** Paradigmas clássicos e contemporâneos. 9. ed. São Paulo: Loyola, 2011b.

GOHN, Maria da Glória. A sociedade brasileira em movimento: vozes das ruas e seus ecos políticos e sociais. **Caderno CRH**, Salvador, v. 27, n. 71, p. 431-441, maio/ago. 2014.

GONÇALVES, Luiz Alberto Oliveira; SILVA, Petronilha Beatriz Gonçalves e. Multiculturalismo e Educação: do protesto de rua a propostas e políticas. **Educação e Pesquisa**, São Paulo, v. 29, n. 1, p. 109-123, jan./jun. 2003.

GORENDER, Jacob. **Combate nas Trevas:** das ilusões perdidas à luta armada. 5. ed. São Paulo: Ática, 1998.

GUALBERTO, Alexandre M. **Mapa da intolerância religiosa.** Violação do Direito de Culto no Brasil. 2011. Disponível em: www.psb40Gualberto.org.br/bib/b6.pdf. Acessado em: 1 mar. 2021.

GUABERTO, Marcio Alexandre M. **Mapa da intolerância religiosa, 2011.** Violação do direito de culto no Brasil. Disponível em: www.mapadaintolerancia.com.br. Acesso em: 28 jan. 2025.

GUARNIERI, Fernanda Viera; MELO-SILVA, Lucy Leal. Ações afirmativas na educação superior: rumos da discussão nos últimos cinco anos. **Revista Psicologia e Sociedade**, Porto Alegre, v. 19, n. 2, p. 70-78, 2007.

HABERMAS, Jürgen. **A crise de legitimação do capitalismo tardio.** Rio de Janeiro: Tempo Brasileiro, 1980.

HABERMAS, Jürgen. A nova intransparência. A crise do Estado de bem-estar social e o esgotamento das energias utópicas. **Novos Estudos CEBRAP**, São Paulo, n. 18, p. 103-114, set. 1987.

HABERMAS, Jürgen. **Teoría de la acción comunicativa:** complementos y estudios previos. Madrid: Cátedra, 1989.

HABERMAS, Jürgen. **Pensamento pós-metafísico:** estudos filosóficos. Traduzido por Flávio Beno Seibeneichler. Rio de Janeiro: Tempo Brasileiro, 1990. (Série Estudos Alemães, n. 90).

HABERMAS, Jürgen. Três modelos normativos de democracia. **Lua Nova**, [S. l.], n. 36, p. 39-53, 1995.

HABERMAS, Jürgen. **Direito e democracia**: entre facticidade e validade. Traduzido por Flávio Beno Seibeneichler. Rio de Janeiro: Tempo Brasileiro, 1997. 2 v.

HABERMAS, Jürgen. **A inclusão do outro**: estudos de teoria política. Traduzido por George Sperber e Paulo Astor Soethe. São Paulo: Loyola, 2002a.

HABERMAS, Jürgen. **O discurso filosófico da modernidade**. Traduzido por Luiz Sérgio Repa e Rodnei Nascimento. São Paulo: Martins Fontes, 2002b.

HABERMAS, Jürgen. **Verdad y justificación**: ensayos filosóficos. Traduzido por Pere Fabra e Luis Díez. Madrid: Trotta, 2002c.

HAGUETTE, Teresa Maria Frota. **Metodologia qualitativa na sociologia**. 10. ed. Petrópolis: Vozes, 2003.

HALL, Stuart. **Da diáspora**: identidades e mediações culturais. Organização de Liv Sovik. Tradução de Adelaine La Guardia Resende. Belo Horizonte: Editora UFMG; Brasília: Representação da Unesco no Brasil, 2003.

HEGEL, Georg Wilhelm Friedrich. **Enciclopédia das ciências filosóficas em epítome**. Tradução de Artur Mourão. Lisboa: Edições 70, 1992a. v. 3.

HEGEL, Georg Wilhelm Friedrich. **Fenomenologia do espírito**. Tradução de Paulo Menezes. Rio de Janeiro: Editora Vozes, 1992b.

HEGEL, Georg Wilhelm Friedrich. **Princípios da filosofia do direito**. São Paulo: Martins Fontes Editora, 2002.

HERRERA FLORES, Joaquín. **A reinvenção dos direitos humanos**. Tradução: Carlos Roberto Diogo Garcia; Antônio Henrique Graciano Suxberger; Jefferson Aparecido Dias. – Florianópolis: Fundação Boiteux, 2009a.

HERRERA FLORES, Joaquín. **Teoria crítica dos Direitos Humanos**: os direitos humanos como produtos culturais. Rio de Janeiro: Lumen Juris, 2009b.

HOBBES, Thomas. **Leviatã**. São Paulo: Ed. Martin Claret, 2006.

HOBSBAWN, Eric. **Era dos Extremos**: o breve século XX: 1914-1991. Tradução de Marcos Santarrita. Revisão técnica de Maria Célia Paoli. São Paulo: Companhia das Letras, 1995.

HORKHEIMER, Max. **Teoria tradicional e teoria crítica**. São Paulo: Abril Cultural, 1980. (Coleção Os Pensadores).

HOLANDA, Sérgio Buarque. **Raízes do Brasil**. 4. ed. revista pelo autor. São Paulo: Companhia das Letras, 1963.

HONNETH, Axel. Democracia como cooperação reflexiva. John Dewey e a teoria democrática hoje. Tradução de Lúcio Rennó. *In:* SOUZA, Jessé (org.). **Democracia hoje**: novos desafios para a teoria democrática contemporânea. Brasília: Editora Universidade de Brasília, 2001. p. 63-91.

HONNETH, Axel. **Luta por reconhecimento**: a gramática moral dos conflitos sociais. São Paulo: Ed. 34, 2003a.

HONNETH, Axel. The point of recognition: a rejoinder to the rejoinder. *In:* FRASER, Nancy; HONNETH, Axel. **Redistribution or recognition**: a political-philosophical exchange. Londres: Verso, 2003b. p. 237-267.

HONNETH, Axel. **Sofrimento de indeterminação**: uma reatualização do Direito de Hegel. Tradução de Rúrion Soares Melo. São Paulo: Editora Singular/Esfera Pública, 2007.

HUNTINGTON, Samuel. The clash of civilizations? **Foreign Affair**, [S. l.], v. 72, n. 3, p. 21-49, 1993.

KELSEN, Hans. **A teoria pura do direito**. Tradução de João B. Machado. São Paulo: Martins Fontes, 2003.

KOJÉVE, Alexandre. **Introdução à leitura de Hegel**. Tradução de Estela dos Santos Abreu. Rio de Janeiro: Contraponto: EDUERJ, 2002.

LACLAU, Ernesto; MOUFFE Chantal. **Misticismo, retorica y política**. Buenos Aires: Talleres Gráficos Nuevo FOCET, 2002.

LACLAU, Ernesto; MOUFFE Chantal. **Hegemonía y estrategia socialista**: hacia una radicalización de la democracia. Buenos Aires: Fondo de Cultura Económica de Argentina, 2004.

LACZYNSKI, Patrícia; PACHECO, Regina Silva. Reformas Administrativas e sua continuidade com mudanças de governo: os casos da Bahia e de Pernambuco. *In:* CONGRESSO DE GESTÃO, 2. Brasília, 2009. **Anais** [...]. Brasília: Consad, 2009.

LAFER, Celso. **A reconstrução dos Direitos Humanos**: um diálogo com o pensamento Hannah Arendt. São Paulo: Companhia das Letras, 1998.

LAKOFF, George; JOHNSON, Mark. **Metáforas da vida cotidiana**. Campinas: Mercado de Letras. São Paulo: Educ., 2002.

LEFORT, Claude. **A invenção democrática**: os limites da dominação totalitária. Belo Horizonte: Autêntica, 2011.

LIAZU, Claude. **Race et civilisation**. Paris: Syros: Alternatives, 1992.

LOCKE, John. **Segundo Tratado sobre o Governo Civil e outros escritos**: ensaio sobre a origem, os limites e os fins verdadeiros do governo civil. Tradução de Magda Lopes e Maria Lobo da Costa. Petrópolis: Vozes, 1994.

LOVIBOND, Sabina. Feminism and Postmodernism. **New Left Review**, [S. l.], n. 178, p. 5-28, 1989.

LÖWY, Michael (org.). **O marxismo na América Latina**. São Paulo: Ed. Fundação Perseu Abramo, 1999.

LUCHI, José Pedro. Democracia, exigências normativas e possibilidades empíricas. **Revista de Informação Legislativa**, Brasília, v. 45, n. 180, p. 146-160, out./dez. 2008.

LUDKE, Menga; ANDRÉ, Marli. Abordagens qualitativas de pesquisa: a pesquisa etnográfica e o estudo de caso. *In:* LUDKE, Menga; ANDRÉ, Marli (org.). **Pesquisa em educação**: abordagens qualitativas. São Paulo: EPU, 1986, p. 11-14.

LYOTARD, Jean. François. **The postmodern condition**: a report on knowledge. Manchester: MUP, 1984.

MAINGUENEAU, Dominique. **Nouvelles tendances em analyse du discours**. Paris: Hachette, 1987.

MARCON, Fernanda Hilzendeger. **A construção discursiva dos direitos fundamentais**: uma análise a partir da teoria da ação comunicativa de Jürgen Habermas. 2006. Dissertação (Mestrado em Direito) – Universidade Federal do Paraná, Curitiba, 2006.

MARSHALL, Thomas Humphrey. **Cidadania, classe social e status**. Rio de Janeiro: Zahar Editores, 1967.

MARTUCCELLI, Danilo. As contradições políticas do multiculturalismo. **Revista Brasileira de Educação**, São Paulo, n.2, p. 18-32, maio/ago. 1996.

MARX, Karl; ENGELS, Friedrich. Manifesto do Partido Comunista. 9. ed. Petrópolis: Vozes, 1999.

MCLAREN, Peter. **A vida nas escolas**. Porto Alegre: Artes Médicas, 1997.

MENDONÇA, Ricardo Fabiano. Democracia e desigualdade: as contribuições da teoria do reconhecimento. **Revista Brasileira de Ciência Política**, Brasília, n. 9, p. 119-146, set./dez. de 2012.

MEYER, Dagmar Estermann; RIBEIRO, Claudia; RIBEIRO, Paulo Rennes Marçal. Gênero, sexualidade e educação. 'Olhares' sobre algumas das perspectivas teórico-metodológicas que instituem um novo G.E. *In:* REUNIÃO ANUAL DA ANPED, 27., 2004, Caxambu. **Anais** [...]. Rio de Janeiro: Associação Nacional de Pós-Graduação e Pesquisa em Educação, 2004. Disponível em: http://www.ded.ufla.br/gt23/trabalhos_27.pdf. Acesso em: 1 mar. 2021.

MIGUEL, Luiz Felipe. A democracia domesticada: bases antidemocráticas do pensamento democrático contemporâneo. **Dados**: Revista de Ciências Sociais, Rio de Janeiro, v. 45, n. 3, p. 483-511, 2002.

MINAYO, Maria Cecília de Souza. O conceito de Representações sociais dentro da Sociologia Clássica. *In:* GUARESCHI, Pedrinho; JOVCHELOVITCH, Sandra (org.). **Textos em representações sociais**. 8. ed. Petrópolis, RJ: Vozes, 1994. p. 89-111.

MINAYO, Maria Cecília de Souza. **Caminhos do pensamento**: epistemologia e método. São Paulo, Rio de Janeiro: Fiocruz, 2002.

MINAYO, Maria Cecília de Souza (org.). Trabalho de campo: contexto de observação, interação e descoberta. *In:* MINAYO, Maria Cecília de Souza; DESLANDES, Suely Ferreira; CRUZ NETO, Otávio; GOMES, Romeu. **Pesquisa social**: teoria, método e criatividade. 27. ed. Petrópolis, RJ: Editora Vozes, 2008. p. 30-71.

MOEHLECKE, Sabina. **Fronteira da igualdade no ensino superior**: excelência e justiça social. 2004. Tese (Doutorado em Educação) – Universidade de São Paulo, São Paulo, 2004.

MONTESQUIEU, Charles de Secondat. **O espírito das leis**. Introdução, tradução e notas de Pedro Vieira Mota. 7. ed. São Paulo: Saraiva, 2000.

NANCY, Fraser; HONNETH, Axel. **Redistribution or recognition:** a political philosophical exchange. Londres/Nova York: Verso, 2003. p. 237-267.

NÓVOA, Antônio. **Os professores e sua formação**. Lisboa: Dom Quixote, 1992.

NUNES, Itamar Silva; COSTA, Célia Maria. Direitos Humanos, Universidade e movimentos sociais: uma articulação possível na UFPE e na UFPB. *In*: TOSI, Giuseppe; FERREIRA, Lúcia de Fátima Guerra; ZENAIDE, Maria de Nazaré (org.). **A** formação em Direitos Humanos na educação superior no Brasil: trajetórias, desafios e perspectivas. João Pessoa: Editora da UFPB, 2014.

OLIVEIRA, Dalila Andrade. Das políticas de governo à política de Estado: reflexões sobre a atual agenda educacional brasileira. **Educação e Sociedade**, [S. l.], v. 32, n. 115, p. 323-337, abr./jun., 2011.

OLIVEIRA, Manfred Araújo de. **A filosofia na crise da modernidade**. São Paulo: Loyola, 1989.

ORLANDI, Eni Pulcinelli. **Análise de discurso**: princípios e procedimentos. 5. ed. Campinas, SP: Pontes, 2003.

ORLANDI, Eni Pulcinelli. **Análise de discurso**: princípios e procedimentos. 5. ed. Campinas, SP: Pontes, 2001.

OWEN, David. Reflections on Honneth's Social and Political Ideal. *In:* BRINK, Bert van den; OWEN, David (ed.). **Recognition and power**: Axel Honneth and the tradition of critical social theory. Cambridge: Cambridge University Press 2007, p. 300-307.

PARO, Vitor H. A Gestão da Educação ante as Exigências de Qualidade e Produtividade da Escola Pública. *In:* SILVA, Luiz H. da (org.). **A Escola Cidadã no Contexto da Globalização**. Petrópolis, Rio de Janeiro: Editora Vozes, 1998, p. 300-307.

PEREIRA, Célia Maria Rodrigues da Costa. **Democratização da política educacional brasileira e o Fundef**: uma análise de suas práticas discursivas. Do dito feito ao feito dito. Recife: Edições bagaço, 2009.

PEREIRA, Célia Maria Rodrigues da Costa. Paulo Freire e os Direitos Humanos: a prática pedagógica e a efetivação de uma educação em Direitos Humanos. *In:* PEREIRA, Célia Maria Rodrigues da Costa; SABBATINI, Marcelo; VOSS, Rita Ribeiro (org.). **Paulo Freire em debate**. Recife: Ed. Universitária da UFPE, 2013, p. 9-19.

PEREIRA, Célia Maria Rodrigues da Costa; SILVA, Itamar Nunes da. Introdução. *In*: FERREIRA, Lúcia de Fátima Guerra; ZENAIDE, Maria de Nazaré Tavares; PEREIRA, Célia Maria da Costa; SILVA, Itamar Nunes da. **Direitos Humanos na educação superior**: subsídios para a educação em Direitos Humanos nas Ciências Sociais. João Pessoa: Editora Universitária da UFPB, 2010. v. 1, p. 15-23.

PEREIRA, Luiz Carlos Bresser. **Reforma do Estado para a cidadania**: a reforma gerencial brasileira na perspectiva internacional. São Paulo: Nobel S/A, 1998.

PETERS, Michael. **Pós-estruturalismo e filosofia da diferença**. Tradução de Tomaz Tadeu da Silva. Belo Horizonte: Autêntica, 2000.

POULANTZAS, Nicos. **O Estado, o Poder, o Socialismo**. São Paulo: Paz e Terra, 2000.

QUARESMA, Valdete Boni e Silvia Jurema. Aprendendo a entrevistar: como fazer entrevistas em Ciências Sociais. **Revista eletrônica dos pós-graduandos em Sociologia Política da UFSC**, Florianópolis, v.2, n. 1, p. 68-80, jan./jul. 2005.

REALE, Miguel. **Filosofia do direito**. São Paulo: Saraiva, 1990.

RESENDE, Viviane de Melo; RAMALHO, Viviane. **Análise de discurso crítica**. São Paulo: Contexto, 2006.

RETONDAR, Anderson Moebus. A (re)construção do indivíduo: a sociedade de consumo como "contexto social" de produção de subjetividades. **Sociedade e Estado**, Brasília, v. 23, n. 1, p. 137-160, jan./abr. 2008.

RIBEIRO, Marcus Vinicius. **Coletânea de tratados de Direitos Humanos**. São Paulo: Montecristo Editora, 2011.

RODRIGUES, Tatiane C. **A ascensão da diversidade nas políticas educacionais contemporâneas**. 2011. Tese (Doutorado em Educação) – Universidade Federal de São Carlos, São Carlos, 2011.

ROUANET, Sérgio Paulo. **As raízes do iluminismo**. São Paulo: Cia. das Letras, 1987.

ROUSSEAU, Jean-Jacques. **O contrato social**. São Paulo: Martins Fontes, 1989.

SAAVEDRA, Giovani A.; SOBOTTKA, Emil A. Discursos filosóficos do reconhecimento. **Civitas**, Porto Alegre, v. 9, n, 3, p. 386-401, set./dez. 2009.

SACAVINO, Susana. Interculturalidade e Educação: desafios para a reinvenção da escola. *In*: ENCONYTO NACIONAL DE DIDÁTICA E PRÁTICAS DE ENSINO, 16., 2012, Campinas. **Anais** [...]. Unicamp: Campinas, 2012.

SANTOS, Boaventura de Sousa (org.). **Democratizar a democracia**: caminhos da democracia participativa. Rio de Janeiro: Civilização Brasileira, 2002.

SANTOS, Boaventura de Sousa. Direitos Humanos: o desafio da interculturalidade. **Revista Direitos Humanos**, [S. l.], n. 2, p. 10-18, jun. 2009.

SANTOS, Boaventura de Sousa. **Se Deus fosse um ativista dos Direitos Humanos**. 2.

SANTOS, Eli Izidro dos; CARVALHO, Ícaro Célio Santos de; BARRETO, Ricardo Candéa Sá. **Análise espacial da pobreza no Nordeste brasileiro**: uma aplicação do IMP. Disponível em: http://www.eeb.sei.ba.gov.br/pdf/2015/er/analise_espacial_da_pobreza_no_nordeste.pdf. Acesso em: 28 fev. 2021.

SARLET, Ingo Wolfgang. **A dignidade da pessoa humana e direitos fundamentais**. Porto Alegre: Livraria do Advogado, 2001.

SARFATI, Gilberto. **Manual de Negociação**. 1. ed. São Paulo: Editora Saraiva, 2010.

SCHRIFT, Alan. **Nietzsche's French Legacy**: a genealogy of post-structuralism. New York: Routledge, 1995.

SCHUMPETER, J. A. **Capitalism, socialism, and democracy**. New York: Harper & Brothers, 1942.

SEMERARO, Giovanni. Da Sociedade de massa à sociedade civil: a concepção da subjetividade em Gramsci. **Educação e Sociedade**, [S. l.], ano XX, n. 66, p. 65-83, abr. de 1999.

SHÖN, Donald. Formar professores como profissionais reflexivos. *In:* NÓVOA, A. (org.). **Educando o profissional reflexivo**. Porto Alegre: Artmed Editora, 2000. p. 1-8

SILVA, Aída M. M. **Escola pública e a formação da cidadania**: possibilidades e limites. 2000. Tese (Doutorado em Educação) – Universidade de São Paulo, São Paulo, 2000.

SILVA, Aída M. M. Direitos Humanos na Docência Universitária. *In:* PIMENTA, Selma Garrido; ALMEIDA, Maria Isabel de (org.). **Pedagogia Universitária**: caminhos para formação de professores. São Paulo: Cortez, 2011. p. 103-127.

SILVA, Petronilha Beatriz Gonçalves; GONÇALVES, Luiz Alberto Oliveira. **O jogo das diferenças**: o multiculturalismo e seus contextos. 3. ed. Belo Horizonte: Autêntica, 2001.

SILVA, Petronilha Beatriz Gonçalves e; GONÇALVES, Luiz Alberto Oliveira. Multiculturalismo e Educação: do protesto de rua a propostas políticas. **Educação e Pesquisa**, São Paulo, v. 29, n. 1, p. 109-123, 2003.

STANCKI, Nancy da Luz; CASAGRANDE, Lindamir Salete (org.). **Entrelaçando gênero e diversidade**: matizes da divisão sexual no trabalho. Curitiba: UTFPR, 2016.

SIRKIS, Alfredo. **Os carbonários**. Rio de Janeiro: Globo, 1994.

SLOTERDIJK, Peter. **Regras para o parque humano: uma resposta à Declaração de Heidegger sobre o humanismo**. Tradução de José Oscar de Almeida Marques. São Paulo: Estação da Liberdade, 2000.

SOARES, André Marcelo M. Um breve apontamento sobre o conceito de dignidade da pessoa humana. **Presbíteros**, São Paulo, 1 set. 2009. Disponível em: https://www.presbiteros.org.br/um-breve-apontamento-sobre-o-conceito-de-dignidade-da-pessoa-humana/. Acesso em: 1 mar. 2021.

SOUSA, Luis Carlos Marques. **A autonomia da escola nas políticas educacionais de Pernambuco, de 1995 a 2002**. 2002. Dissertação (Mestrado em Educação) – Universidade Federal da Paraíba, João Pessoa, 2002.

SOUSA, Luis Carlos Marques. **A neoliberalização das Políticas Educacionais em Pernambuco**. Disponível em: http://www.joinpp.ufma.br/jornadas/joinppIV/eixos/11_educacao/a-neoliberalizacao-das-politicas-educacionais-em-pernambuco-sob-o-prisma-da-autonomia-e-da-ges.pdf. Acesso em: 28 fev. 2021.

SOUZA, Celine. Políticas públicas: uma revisão da literatura. **Sociologias**, Porto Alegre, ano 8, n. 16, p. 20-45, jul./dez. 2006.

SOUZA, Jessé. O direito e a democracia moderna: a crítica de Habermas a Weber. *In*: ARRUDA JUNIOR, Edmundo Lima de (org.). **Max Weber**: Direito e modernidade. Florianópolis: Letras Contemporâneas, 1996. p. 203-204.

SOUZA, Rodrigues Augusto. A filosofia de John Dewey e a epistemologia pragmatista. **Revista Redescrições** – Revista online do GT de Pragmatismo e Filosofia Norte Americana, ano 2, n. 1, 2010.

STRAUSS, Cyd C. *et al*. Personal and interpersonal characteristics associated with childhood obesity. **Journal of Pediatric Psychology**, [S. l.], v. 10, n. 3, p. 337-343, 1984.

STRECK, Gisela Isolde Waechter. A disciplina Ensino Religioso com adolescentes. **Estudos Tecnológicos**, [S. l.], v. 44, n. 2, p. 125-137, 2004. Disponível em: http://periodicos.est.edu.br/index.php/estudos_teologicos/article/viewFile/559/517. Acesso em: 15 ago. 2015.

TAVARES, Celma Fernanda de Almeida. A política de Educação em Direitos Humanos na rede pública Estadual de Pernambuco: um processo em construção.

In: SIMPÓSIO BRASILEIRO DE POLÍTICA E ADMINISTRAÇÃO DA EDUCAÇÃO, 24., 2013, Recife. **Cadernos da ANPAE**. Recife: ANPAE, 2013. v. 17, p. 1-18.

TAVARES, Celma. **A política de educação em Direitos Humanos na rede pública estadual de Pernambuco**: um processo em construção. [*S. l.*]: NEPEDH, 2008.

TAYLOR, Charles. **El multiculturalismo y la política del reconocimiento**. México: Fondo de Cultura Económica, 1993.

TAYLOR, Charles. **A ética da autenticidade**. São Paulo: Editora É Realizações, 2011.

TAYLOR, Charles. **Hegel**: sistema, método e estrutura. São Paulo: Editora É Realizações, 2014.

THOREAU, Henry David. **A desobediência civil**. Tradução de Sérgio Karam. Porto Alegre: L&PM, 1997.

TOSI, Giuseppe; GUERRA, Lúcia de Fátima Ferreira; ZENAIDE, Maria de Nazaré Tavares (org.). **A formação em Direitos Humanos na educação superior no Brasil**: trajetórias, desafios e perspectivas. João Pessoa: Editora da UFPB, 2014.

VAUGHN, S. *et al*. **Focus Group Interviews in Education and Psychology**. Thousand Oaks, CA: Sage Publications, 1996.

VEIGA, Ilma Passos. **Educação básica e educação superior**: projeto político-pedagógico. Campinas: Papirus, 2004.

VIANNA, Francisco José de Oliveira. **Instituições políticas brasileiras**. 3. ed. Rio de Janeiro: Record, 1974. 2 v.

WEBER, Thadeu. Autonomia e dignidade da pessoa humana em Kant. **Direitos Fundamentais e Justiça**, [*S. l.*], n. 9, p. 232-259, out./dez. 2009.

WOLKMER. Antonio Carlos. Novos pressupostos para a temática dos Direitos Humanos. *In:* RÚBIO, David Sánchez; FLORES, Joaquín Herrera; CARVALHO, Salo de Carvalho. **Direitos Humanos e globalização**: fundamentos e possibilidades desde a teoria crítica. 2. ed. Porto Alegre: EDIPURCRS, 2010.

ZENAIDE, Maria de Nazaré Tavares. A Linha do Tempo da Educação em Direitos Humanos na América Latina. *In:* TOSI, Giuseppe; RODINO, Ana Maria; FERNANDEZ, Mónica Beatriz; ZENAIDE, Maria de Nazaré Tavares (org.). **Cultura e educação em Direitos Humanos na América Latina**. João Pessoa: EditBora da UFPB, 2014. p. 38-89.